대한민국
史
03

대한민국 史

야스쿠니의 악몽에서 간첩의 추억까지

03

한겨레출판

| 머리말 |

'역사' — 희망과 반전의 드라마

지금 한국 사회는 엄청난 변화를 겪고 있습니다. 이 변화를 직접 겪으면서도 마음으로 받아들인다는 게 그리 쉽지는 않습니다. 저도 국정원 과거사건 진실규명을 통한 발전위원회 일로 자주 국정원에 가서 회의를 한 지 반년이 넘었지만, 가끔 허벅지를 꼬집어봅니다. 이게 꿈인지 생시인지 알아보려고요. 중앙정보부나 안기부, 국정원이라면 지하 조사실에 거꾸로 매달려 있는 거나 떠올렸지, 어디 '무시무시한' 간부들과 마주 앉아 회의도 하고 농담도 하게 되리라고 생각이나 해보았겠습니까? 〈한겨레21〉에 역사이야기를 연재하면서 과거 청산을 시급히 해야 한다고 수없이 주장했지만, '통일'도 되기 전에 내가 국정원 조사관들과 정과 신뢰를 쌓아가면서 자료도 같이 읽고 보고도 받고 토론도 하면서 조사활동에 참가하는 모습을 상상해본 적은 없었습니다.

2002년의 대통령 선거도 너무나 극적이었고, 후보 시절 "반미감정 좀 가지면 어떠냐"던 대통령이 그토록 화끈하게 이라크에 파병을 결정한 것도 참으로 놀라운 일이었습니다. 그래도 역시 절정은 탄핵이었지요. "설마가 사람 잡는다"고 하지만 설마 협박용이겠지 했는데, 탄핵을 진짜 가결해버릴 줄 누가 알았겠습니까? 긴급 뉴스를 보면서 혹시 1991년과 같은 절망적인 분신이 줄을 잇는 것 아닌가 걱정했지만, 희희낙락하던 탄핵의 주역들이 불과 며칠 만에 "이게 다 꿈이었음 좋겠어"라며 질질 짜며 돌아다니는 모습이 인터넷의 인기 패러디물이 될 줄은 정말 꿈에도 몰랐지요. 지금까지 하루에 집회 두 번 참가한 게 한두 번이겠습니까만, 오후에는 파병반대 집회에 가서 대통령을 성토하고 저녁때는 그를 지키기 위해 촛불을 밝히다니, 오래 살지도 않았는데 참 별짓을 다 해보기도 했습니다. 누가 각본을 써도 이런 반전 드라마 쓰지는 못할 것이라는 말에 고개를 끄덕여보기도 합니다.

그러나 사실 돌이켜 보면 지금 우리만 예상치 못했던 시대를 살아가고 있는 건 아닙니다. 19세기 말에서 20세기 초에 나라가 어지럽긴 했지만, 설마 나라를 일본에 송두리째 빼앗기리라고 생각이나 했겠습니까? 해방이 또 그렇게 도둑처럼 찾아오리라고 누군들 미리 알았겠습니까? 일본이 불과 몇 달 후에 패망하리란 것을 알았더라면, 설마 서정주가 가미카제로 나간 조선 청년 마쓰이 히데오의 죽음을 "너로 하여 향기로운 삼천리의 산천이여/한결 더 짙푸르른 우리의 하늘이여"라고 찬양했겠습니까? 그게 1944년 12월이었습니다. 분단은 어느 독립운동가도, 어느 친일파도 상상할 수 없었던 일이었습니다.

곧 돌아오겠다며 나선 사립문을 60년이 다 되어가도록 다시 열어보지 못한 이가 한둘이 아닙니다. 해방된 새 나라를 "조선말 하는 일본놈"들이 다스리리라고 누가 상상이나 했을까요? 그 참혹한 전쟁은 또 누군들 예상했겠습니까? 실내에서도 선글라스를 벗지 않는 이상한 버릇을 가진, 이름도 모르던 육군 소장이 총칼로 정권을 잡더니 18년이나 나라를 농단할 줄 누가 또 알았겠습니까? 그리고 그의 딸을 그가 죽은 지 25년이 지나 텔레비전에서 매일 보게 될 줄 또 누가 생각이나 했겠습니까? 한때 내로라하던 민주투사들이 저렇게 처참하게 망가질 줄이야 또 누가 알았겠습니까? "하늘 아래 새로운 것이 없다"고 하지만, 참으로 우리 역사는 날로 새롭습니다.

돌이켜 보면 해마다 전환기였고, 달마다 위기였습니다. 지난 달력에 일일이 표시해본다면 한 해에도 한두 차례씩 몇 월 위기설, 몇 월 대란설이 없었던 해가 없었던 것 같습니다. 상상을 초월하는 일들이 이렇게 연달아 벌어져온 것을 보면서 저는 한편으로 우리의 상상력이 너무나 메말라 있었구나 하는 생각을 해봅니다. 태어날 때부터 국가로부터 "민족중흥의 역사적 사명"을 부여받고 나온 처지에, 모든 것에 '정답'이 미리 정해져 있는 입시에서 살아남도록 훈련받은 처지에 딴생각을 한다는 것은 있어서는 안 되는 일이었지요.

어린 시절 대한민국은 섬이었습니다. 휴전선은 대한민국을 아시아 대륙으로부터 완전히 떼어놓은 건널 수 없는 강이었습니다. 미국은 너무 먼 나라였고, 일본도 그리 가까운 나라는 아니었지요. 바다 건너 뭍으로는 갈 수 없으니까 중국은 "중공 오랑캐"의 나라였습니다. 일제 시기의 빛바랜 사진 속에서 학생들이 평양이나 만주로 수학여행을 갔다는 것을 보고 충격을 받았던 기억이 납니다. 냉전과 분단이 지배한 사회, '애비'가 지배한 사회에서 우리의 상상력은 그만큼 제약을 받았던 것입니다. 그러나 상상을 초월하는 일들이 한국에서만 일어나는 것은 아닙니다. 훗날 21세기의 역사 방향을 바꾸어놓은 사건으로 평가될지도 모를 9·11 사건은 할리우드의 상상력을 훌쩍 뛰어넘었으니까요.

과연 이렇게 상상도 못하던 역사의 변화는 좋은 방향으로만 진행되어 온 것일까요? 통일이 이루어진 것도 아니고, 노동해방이 이루어진 것도 아니니 아직 갈 길은 멀었지요. 그래도 뒤돌아보면 우리가 걸어온 길도 만만치 않습니다. 뒤돌아보면 상당히 왔는데, 앞을 보면 더 멀어진 듯한 느낌이 들기도 하고, 민주화가 된 건지 아닌지도 마구 헷갈리기만 합니다. 그리고 전에는 미처 생각하지 못했던 새로운 문제들이 생겨나고 있습니다. 1980년 광주를 겪은 뒤, 반미 구호가 등장했지요. 그야말로 '가열찬' 반미운동이 1980년대 내내 전개되었고, 미국과 관련된 우리 사회의 의식도, 제도도 상당한 변화를 겪었습니다.

2000년대 들어와선 오노 사건이 일어났고, 촛불시위를 치렀지요. 그런데 이라크 전쟁과 파병 논란을 겪고 보니 머리 까맣고 한국말 능한 미국 사람들이 너무 많더군요. 정부, 언론, 학계 곳곳에 본토의 미국 사람보다 더 미국을 생각하는 사람들이 엄청나게 많다는 것을 알게 되었습니다. 과거의 친일파들이 조선 사람으로서 일본 이익을 위해 복무하는 자들이었다면, 이들의 짓거리를 보고 있노라면 이들은 친미파라기보다는 그냥 미국 사람이라 부르는 게 더 정확한 표현일 것이라는 생각이 듭니다. 1980년대 처음 반미운동이 벌어질 때 상황이 이렇지는 않았거든요. 20년 넘게 반미운동이 벌어졌고 상당한 성과가 있었다고 생각했는데, 이런 모습을 어떻게 받아들여야 할지 당혹스러웠습니다. 기층 민중들의 생존권을 위한 노력도 지난 30여 년 동안 무시 못할 성과를 거두었지요. 그런데 세상이 그만큼 평등해진 것인가요? 외환위기 이후 부의 편중은 훨씬 더 심화되었습니다. 사교육의 광풍은 그나마 계층 이동의 좁은 통로로 기능해온 대학 입학시험을 가진 자들의 잔치로 만들어버렸습니다. 평등을 향한 그동안의 노력을 삼켜버릴 만큼 교육과 빈곤의 대물림은 날로 악화되고 있고요. 몰아치는 신자유주의의 거센 바람은 우리의 예상보다 훨씬 빨리 이 세상을 휩쓸어버렸나 봅니다.

쉬지 않고 달려가다가 중간에 길을 잃은 느낌도 가끔 듭니다. "이 산이 아닌가벼" 하며 돌아 내려가는 사람들도 제법 됩니다. 어쩌면 처음부터 길이 없었는지도 모릅니다. 옛날 노래가사 마냥 "가시밭길 돌무덤 바위산을 뚫고서" 나아가라고 말입니다. 초심을 간직하고 있으면 길을 낼 수 있을 것입니다. 자꾸 다니다 보면 가시밭에도 길이 나게 마련입니다. 그런 희망만큼은 놓아버리지 않고 간직하렵니다.

2001년, 2002년 꼬박 두 해를 격주로 역사이야기를 연재하다가, 한 해를 쉬었습니다. 그리고 2004년 3월 탄핵 직후부터 다시 연재를 시작하여 다시 1년이 흘렀습니다. 지난 1년여 사이에 아버지께서 돌아가셨고, 또 제 마음속에 늘 든든한 기댈 언덕으로 자리잡고 계셨던 김진균 선생님, 김남식 선생님, 두 분이 세상을 뜨셨습니다. 하루하루 보낼수록 아버지와 두 분 선생님이 떠나가신 빈자리를 새삼 느끼게 됩니다.

2005년 7월
한홍구

| 차례 |

머리말 _ '역사' — 희망과 반전의 드라마 · 4

1부 똑바로 살아라 — 변절의 역사, 변질의 역사
 2005년의 박정희, 박정희의 2005년 그를 이제 편안히 장사 지내주자 · 15
 범사에 감사하라, 군국 소년 한승조 한국 우익들, 독도 문제로 "음메 기살어"를 외치고 있는데… · 29
 허공을 가른 '명패'의 슬픔 이재오 · 김문수 의원은 왜 '오버'를 거듭하는가 · 41
 남한 주사파의 비극과 희극 아무나 붙잡고 마녀사냥의 '주사'를 부리지 말라 · 53
 뉴라이트는 '품성'을 갖춰라 업그레이드 자유주의 486'은 수구 뺨치는 소아병 수구 행각 · 64

2부 과거 청산으로 가는 마지막 비상구
 60년 만의 대청소가 두려운가 진정한 과거 청산은 새로운 관계를 수립하는 과정 · 77
 '국가 위의 국가'를 벗긴다 정보기관의 과거 청산은 왜 중요한가 · 89
 죽은 자의 영혼까지 강제 징집하는 군사 시설 야스쿠니
  전범으로 사형당한 조선인 23명은 천황의 품에서 평화로울까 · 100
 한 · 일 수구파들의 공동 성폭행 망언으로 피해자를 두 번 죽이는 자들이여 · 111
 "우리는 국정 교과서가 그리워요" 우리는 언제쯤 깨어 있는 역사를 가르칠 수 있을까 · 121

3부 '탄핵시대'의 수구와 진보

마술피리 소리가 들리는구나 '1920년대 이승만 탄핵'과 정반대였던 2004년 3월 · 135

배꼽을 뽑아 그들에게 던져라 발랄한 보복과 유쾌한 응징의 정치풍자 변천사 · 145

'강도당한 지갑'을 기억하라 민주노동당의 성과는 소박하기 짝이 없다네 · 157

판사님, 판사님, 길들여진 판사님… 가장 깨끗하고 똑똑했던 사법부가 가장 처절하게 망가진 이유 · 169

'관습 형법'은 더 죽여주셨다 '살인무기' 국방경비법, 법관님들에게는 '관습적으로' 법이더라 · 181

4부 미치도록 잡고 싶었다 — 간첩의 추억

잡고 싶었으나 못 잡은 간첩 기대에 비해 너무나 '시시했던' 그들(간첩의 추억1) · 195

간첩은 오지 않는다, 다만 만들어질 뿐이다
재일동포 간첩 사건이 급격히 늘어난 사연(간첩의 추억2) · 207

유신권력에 피맛을 알려준 최종길 교수 사건 80년 광주학살의 씨앗 뿌려지다(간첩의 추억3) · 217

'간첩'도 민주주의를 지켰다 의문사위를 물어뜯는 간첩 사냥을 보며 · 228

밥을 흘려도 죽였다 '중국공산당의 조선인 간첩 사냥' 민생단 사건 · 239

5부 대립을 넘어 화해의 역사로 —
분단 조국의 남쪽에서 바라본 군대와 북녘

20세기형 민족주의자, 김일성 민족의 태양일 수는 없었지만 형제들의 수령이었음은 인정해야 · 253

북한 연구의 큰 별이 떨어지다 김남식 선생이 남겨놓고 간 것 · 267

대한민국 사병은 똥개인가 언제까지 "까라면 까"라고 강요할 것인가 · 279

한국군은 인해전술을 원하는가 국방부 · 병무청은 대만에서 배워라 · 291

'여호와의 증인' 앞에서 부끄럽다 혁명가들보다 더 비타협적으로 군대를 거부했던 그들… · 303

역전의 용사 김문수나 박계동이 독재 시대로 돌아갔다며 울부짖는 모습이나 문을 걸어 잠그고 농성하는 것을 보며 나는 생뚱맞은 광경을 떠올렸다. 그 울부짖음은 마치 산전수전 다 겪은 백발의 노장군들이 모여 손자들하고 노는 것이 아니라 자기들끼리 진지하게 편을 가르고 병정놀이하는 모습과도 같았다. 나름대로 신화를 가지고 유명했던 김문수·이재오·박계동·배일도 등에게 지금 보여줄 것이 저런 쇼, 쇼, 쇼밖에 없다는 것은 그들만의 비극이 아니라, 그들을 영입한 기득권층의 비극이요, 그런 기득권층밖에 갖지 못한 대한민국의 비극이다.

| 1부 |

똑바로 살아라

| 변 절 의 역 사 , 변 질 의 역 사 |

2005년의 박정희, 박정희의 2005년
_그를 이제 편안히 장사 지내주자

한동안 신문이나 방송을 보면 박정희란 이름이 오르내렸다. 한·일협정의 내막을 담은 문서 공개, 문세광 사건 관련 외교문서 공개, 그리고 영화 〈그때 그 사람들〉의 개봉, 그리고 광화문 현판 교체 논란 등은 죽은 지 25년이 넘은 박정희를 다시 사람들의 관심의 초점에 불러놓았다. 시간이 가면 법에 따라 해마다 많은 문서가 공개될 것이고, 과거 권위주의 시대의 국가범죄를 조사하기 위한 과거 청산 관련 위원회가 국정원·경찰·군·검찰 등 주요 국가기관에서 활동을 시작했거나 준비 중이다. 이들 위원회가 다루게 될 사안들은 하나하나 폭발성이 아주 강한 사건들이다. 그리고 우리 현대사가 잘 알려지지 않은 무궁무진한 인간 드라마를 담고 있다는 점에서 현대사에서 영감을 얻거나 현대사의 주요 사건이나 인물을 소재로 한 영화는 계속 만들어질 수밖에 없다. 수구언론은 열심히 '박정희 일병 구하기'에 나서보지만, 박정희의 딸이란 것 말고는 그 어떤 정치적 자산도 보여주지 못하고 있는 한나라당 대표 박근혜는 자신이 누구의 딸인지 잊어달라고 부탁하기에 이르렀다.

박정희를 무덤에서 불러냈던 김영삼

왜 박정희는 2005년에 다시 관심의 초점이 되고 있는가? 역설적으로 박정희를 무덤에서 불러낸 것은 김영삼이었다. 오랜 군사독재의 터널을 지나 최초의 문민 대통령이란 화려한 수식어를 달고 나타난 김영삼은 처음에는 정상의 연예인을 능가하는 인기를 끌었다. 그러나 기대가 크면 절망은 더 큰 법, 김영삼 말기에 부패와 실정, 그리고 경제난이 겹치자 사람들은 슬슬 박정희 이야기를 하기 시작했다.

당시 집권 진영 내의 대선 후보 경쟁에 나선 주자들은 저마다 박정희를 본받고, 심지어는 '아버지'로까지 모셨다. 그리고 도둑처럼 우리를 덮친 외환위기, 박정희 신드롬은 가히 폭발적이었다. 그럼에도 1997년의 대통령 선거는 박정희 정권 시기 목숨을 위협받았던 김대중의 승리로 끝이 났다.

그러나 김대중은 박정희 시대를 청산하려 하지 않았다. 아니, 청산할 수 없었다. 그는 박정희와 함께 총구를 거꾸로 들이대고 한강다리를 건넌 군사반란의 2인자 김종필과 손을 잡고 지역감정의 포위를 돌파하면서, 정권 교체에 성공했던 것이다. 김대중 시절 박정희 유산에 대한 청산이 시도될 수 없었던 것은 이른바 DJP연합의 산물이기도 했다. 그렇지만 더 큰 이유는 박정희와 전두환 시절 빨갱이, 거짓말쟁이, 말바꾸기의 선수 등 온갖 음해에 시달렸던 김대중이 박정희 문제와 정면으로 맞서기보다는, 박정희로부터 심한 박해를 받았다는 처지를 역이용해 박정희와 화해하는 모습을 보임으로써 보수층 껴안기에 나선 데서 찾을 수 있다.

사실 1961년의 군사반란 이후 18년간 집권하며 민주주의를 유린한 박정희가, 죽은 지 또 18년 세월이 흐른 1997년에 부활할 수 있었던 것은 그가 제대로 묻히지 않았기 때문이다. 박정희가 죽고 권력을 잡은 자는 박정희의 정치적 아들이나 마찬가지인 전두환이었다. 그는 일찍이 1961년 군사반란이 일어나자 육사 생도의 군사반란 지지 시위를 조직해 박정희에게 강한 인상을 주었고, 그 뒤 박정희가 군부 내에 영남 출신 직계 세력을 육성하기 위해 후원한 사조직인 하나회의 핵심 인물이었다. 중앙정보부 인사과장, 청와대 경호실 작전차장보, 보안사령관 등의 경력이 말해주듯 그는 박정희가 양성한 정치군

5·16 쿠데타 뒤 국가재건최고회의의 최고위원들과 함께한 모습. 가운데 권총집을 어깨에 두른 박정희가 보인다.(실록 군인 박정희)

인의 선두 주자였다.

전두환이 1979년의 12·12와 1980년 5·17의 2단계 군사반란으로 집권한 뒤 실시한 프로그램은 박정희가 5·16 군사반란 이후 써먹은 수법을 그대로 빼닮았다. 동네에 큰 깡패가 나타나면 양아치들이 평정되듯이, 19년을 사이에 두고 탱크로 무장하고 출현한 이들은 기껏해야 회칼 정도나 들고 다닌 자들 몇몇에다가 무고한 시민들을 '깡패' '불량배'라고 잡아다가 흠씬 두들겨 팼다. 그리고 기성 정치인들을 정치정화법으로 발을 묶어놓고, 자신들은 정보기관을 이용해 사전조직을 통해 공화당과 민정당을 조직했다. 구 정권의 실력자나 기업인들을 부정축재자로 몰아 재산을 강탈한 것도, 그리고 새로이 등장했다는 '신악'(新惡)이 눈 깜짝할 사이에 '구악'(舊惡)을 찜쪄먹은 것도 그대로 닮은꼴이었다.

전두환, 노태우 등 신군부세력은 박정희가 친위부대로 육성한 군벌들로서 박정희의 정치적 아들들이었다. 족보도, 일의 솜씨도 그대로 박정희를 빼닮았음에도 전두환 등은 마치 자신들이 박정희와 무관한 것처럼 행세했다. 규제의 상징이던 야간 통행금지는 해제되었다. 길거리에서 경찰이 장발과 미니스커트를 단속하던 박정희 시대와는 달리 전두환은 교복 자율화를 실시했다. 검열자들이 보기에 조금이라도 거슬리면 금지곡을 남발하던 박정희 시대와 결별이라도 하듯 여의도 광장에서는 '국풍81' 이라는 대대적인 축제가 벌어졌다. 박정희의 딸 박근혜가 정치적으로 자신이 누구의 딸인지를 잊어달라고 하는 것처럼, 그 시절 박정희의 정치적 아들 전두환은 누구보다도 열심히 박정희의 흔적을 지워버렸다. 박정희가 키운 하나회의 군벌들은 박정희, 김종필이 군사반란 이후 자신들의 군 선배들을 고려장 지낸 것처럼, 박정희를 서둘러 묻어버렸다. 그를 죽인 김재규까지.

박근혜가 있건 없건 치러야 할 통과의례

민주화 운동 세력도 다른 이유에서였지만 박정희를 잊어버렸다. 그럴 수밖에 없었다. 전두환이 얼마나 흉악했나? 수백 명의 동포를 학살한 자가 대통령이라고 뻐기는 세상에서, 광주의 끔찍한 사진을 머릿속에서 지울 수 없는 그런 시절에 죽은 독재자를 상대할 마음의 여유를 가진 사람은 아무도 없었다. 살아 있는 독재자를 상대하기도 힘에 부쳤다. 이렇게 아무도 박정희를 제대로 파묻지 못했기 때문에 박정희는 1997년에 되살아났다. DJP연합에 힘입어 등장한 뒤 보수

껴안기에 주력했던 김대중 정권은 되살아난 박정희의 망령을 다시 묻는 대신, 거액의 국고를 지원해 박정희 기념관을 짓겠다고 했다. 그리고 2002년 말의 대통령 선거를 거쳐 2004년 봄의 탄핵사태를 겪게 되었다. 탄핵은 과거 청산 없는 민주화가 초래한 민주주의의 위기였다. 그러나 수구세력의 탄핵은 시민들의 심판을 받아 4·15총선을 거치면서 국회의 의석 판도가 급변했다. 이제 과거 청산은 단순히 재야 민주세력의 외침이 아니라, 행정과 입법 두 권력의 지지를 받는 국가적 과제가 된 것이다.

한편, 탄핵 직후 위기에 몰린 수구세력의 구원투수로 등장한 것은 독재자의 딸 박근혜였다. 자연히 박정희 문제는 관심의 대상이 될 수밖에 없었다. 연좌제를 반대해온 입장에서 박근혜가 박정희의 딸이라는 이유만으로 그를 거부할 수는 없을 것이다. 그러나 정치인 박근혜가 역사적 인물 박정희에 대해 갖고 있는 태도나 공인으로서의 역사 인식은 정말 문제가 아닐 수 없다. 박근혜가 헌법에 대한 도전을 용납할 수 없다고 열을 올리는 모습을 보면 웃어야 하나 울어야 하나를 고민하지 않을 수 없다. 1961년의 군사반란으로 헌법을 짓밟고도 성이 안 차서, 1972년 또다시 헌법을 짓밟으며 유신 쿠데타를 감행한 박정희에 대해서 그는 어떤 평가를 내릴까? 박근혜가 헌법을 지켜야 한다고 말하는 것을 보면 유신헌법을 비판하기만 하면 군법회의에 보내 사형까지 시키겠다고 엄포를 놓던 박정희 시대의 무시무시한 긴급조치가 떠오른다.

한나라당이나 수구언론은 현재 박정희에게 쏠리는 관심이 마치 박근혜를 흠집 내기 위한 정치공작인 것처럼 비판하지만, 사실 박정희로 대표되는 과거를 극복하고 역사의 영역으로 편입시키는 작업은 박근혜가 있건 없건 대한민국이 반드시 겪어야 할 통과의례다. 지금 박정희 시절의 잘못된 과거에 대한 문제가 여기저기서 터져나오기 시작한 것은 우연한 일이 아니다. 그동안 수구세력은 있는 힘을 다해 박정희 시대를 미화해왔고, 냄새나는 것은 기를 쓰고 덮어왔다. 그러나 이제는 힘이 다했다. 철봉에 오래 매달려 있으면 꼭 누가 때리거나 옆구리를 간질여서 떨어지는 게 아니다. 1997년부터 친다면 근 8년 가까운 시절을 잘 버텨왔지만, 이제 더 이상 버틸 기력이 없어졌을 것이다. 박정희가 살아 있을 때는 긴급조치와 중앙정보부가 막아주었고,

만주군관학교, 일본 육사 졸업 후 2개월간의 사관 견습을 마치고 소위로 임관하기 직전인 1944년 6월 말 일본군 소조 복장을 한 박정희.(실록 군인 박정희)

전두환 시절에는 전두환의 악행이 막아주었다. 노태우와 김영삼 시절, 박정희는 잊혀지는 듯싶었다. 그러나 김영삼 말기부터 수구세력은 박정희를 불러냈고, 김대중 시절에는 아예 기념관을 짓겠다고 법석을 떨었다. 그러니 박정희에 의해 얻어맞고 고문당하고 감옥에 갇히고 간첩으로 몰린 사람들이 가만있을 수 있는가?

수구세력이 박정희 문제와 관련해 기진맥진하게 된 것은 변화하지 않고 진보하지 않는 수구세력이 자초한 당연한 결과이다. 새로운 비전을 만들어낼 능력도 관심도 없는 수구세력은 박정희의 유산에 기대지 않을 수 없었다. 유산을 상속받게 되면 부채도 같이 상속받아야 한다는 것을 몰랐던 것일까? 박정희가 써버린 카드 고지서가, 그가 남발한 약속어음이 만기가 되어 정신없이 날아오고 있는 것이다. 수구세력은 뒤늦게 전열을 정비해 박정희를 비판하는 것을 자학사관으로 몰아붙이지만, 하필 빌릴 것이 없어 일본 극우파의 용어를 베껴와야 하는가? 아무리 박정희의 죽음을 일본 군국주의자들이 대일본제국의 마지막 군인이 죽었다고 애도했다고 하지만 그를 미화하는 것까지 일본 극우파의 논리를 빌려와야 하는가?

경제 발전 칭찬하려면 우간다와 비교해야

　박정희 찬양론의 핵심은 경제 성장이다. 만약 우리가 경제만 잘되면 다른 것은 볼 것 없다는 경제지상주의에 기대어 박정희의 군사반란과 헌정질서 파괴, 인권 유린과 정보정치를 용인한다면, 우리는 일본 제국주의를 비판해서는 안 된다. 어디 일제뿐이랴. 히틀러도, 스탈린도, 무솔리니도, 심지어는 김일성도 일정 기간 동안에는 놀라운 경제 성장을 거두지 않았던가? 박정희는 그야말로 경제 성장에 모든 것을 걸었다. 그것은 경제가 중요했기 때문만은 아니었다. 민주주의와 헌정질서를 짓밟고 군사반란으로 집권한 박정희는 처음부터 민주주의의 발전을 통해 자신의 정치적 기반을 확대하는 일을 꿈꿀 수 없었다. 민주주의를 서구의 사상이자, 자신들에게 맞지 않는 것으로 경멸했던 일본 군국주의적 사고방식을 갖고 있던 박정희는 처음부터 민주주의를 경멸했다. 그래도 박정희가 경제는 성장시키지 않았느냐 하는 주장은 처음부터 잘못된 것이다. 이런 주장은 박정희 같은 독재를 하고도 경제도 성장시키지 못한 우간다의 이디 아민이나 중앙아프리카의 보카사, 버마의 네윈 같은 독재자들과 비교할 때 쓸 수 있는 이야기일 뿐이다.

박정희는 3선개헌을 하면서, 유신을 하면서 안정이냐 혼란이냐를 선택하라고 강요했지만, 정말 민주주의와 경제 발전은 같이 추구할 수 없는 목표였을까? 근대화 프로젝트를 수행하던 많은 나라들, 특히 공산주의 국가들은 단기적인 강제 동원을 통해 이른 시일 내에 급속한 경제 성장을 거두었다. 그러나 조금 길게 보면 그 성과를 이어간 나라는 많지 않다. 한국 경제가 1997년 말 외환위기를 당한 것도 박정희식 경제 모델의 파탄이 아니었을까? 2004년 말에 공개된 한·일 협정 관련 문서는 이미 알려진 내용이지만, 참으로 속이 쓰리다 못해 아리다. 이런 속을 달래느라 사람들은 '모르는 게 약이다'란 말을 만들어둔 게 아닐까? 유상, 무상에 차관까지 합한 8억 달러. 박정희는 겨우 그 금액을 받아내면서 왜 그렇게 청구권 문제를 서둘러 포기했을까? 경제가 어려웠다는 말로 변명하지는 말자. 경제가 어려웠다면 이승만 시대도 어려웠다. 김일성이 다스리는 북인들 경제가 어렵지 않았겠는가? 이승만도 받지 않았다. 김일성도 받지 않았다. 냉전 문제가 걸려 있던 김일성은 그렇다 치더라도 이승만은 왜 일본과 그런 조건으로 한·일협상을 마무리지으려 하지 않았을까? 독립운동가로서 이승만은 나름대로 상당한 상징성을 지닌 인물이며, 비록 분단을 확정지은 단독선거이긴 했지만, 선거를 통해 선출된 절차적 정통성을 보유한 인물이었다. 이승만은 박정희식으로 경제 발전에서 빠른 성과를 거두어 국민들을 달래는 데 목을 매야 할 상황은 아니었던 것이다.

반면, 정통성 있는 정부를 총칼로 뒤엎고 정권을 잡은 박정희는 일단 급전이 필요했다. 조건은 상관없었다. 정권의 이해관계 때문에 급전이 필요했고, 그 때문에 민족의 역사도, 피해 당사자인 개인의 권리도 고려사항이 아니었다. 독도 문제가 한·일협상의 걸림돌이 되자 김종필이 "그까짓 바위섬 폭파시켜버리자"고 망언을 한 것도 정통성 없는 정권의 주역들이나 할 수 있는 일이었다.

박정희 생가 근처 구미초등학교의 새마을운동 기념비. 경제 발전에 기여했다고 국헌 문란의 죄를 사해준다는 조항은 형법 어디에도 없다.

그의 사생활이 보호받을 수 없는 이유

사실 지금의 20대나 30대는 박정희를 잘 모른다. 지금의 20대에게 박정희 시대는 시간상 지금 40대에게 이승만 시절만큼이나 먼 이야기다. 그러다 보니 박정희의 인간성이니, 청렴성이니 하는 것이 터무니없이 미화되곤 한다. 박정희의 사생활을 아주 살짝 다룬 〈그때 그 사람들〉을 두고 논란이 일었던 것도 그 때문이다. 박정희의 사생활, 영화 속의 대통령이 직접 말하는 일본 속담이지만, 사내의 배꼽 아래의 일을 갖고 왈가왈부해서는 안 되는 것일까? 박정희 자신이 누구를 크게 봐줄 때, 예컨대 박정희 자신을 곤경에 빠뜨렸던 정인숙 사건과 관련해 당사자인 모씨를 봐줄 때라든가, 야당의 2세 정치인인 모씨에 관한 첩보가 올라왔을 때 실제로 박정희는 이런 말로 보고를 덮은 일이 있었던 모양이다. 그러나 이게 전부가 아니었다. 여야 가릴 것 없이 박정희의 중앙정보부는 의원들의 약점, 특히 여자 문제를 캐어 협박했다. 민주화운동에서 큰 역할을 한 이병린 변호사는 중앙정보부의 회유와 협박을 단호히 거부했다가 터무니없는 사건으로 간통죄로 구속되는 곤욕을 치르기도 했다.

반란의 주범 박정희가 최고권력자였던 시대는 불행하게도 그의 일거수일투족뿐 아니라 표정과 기분까지도 고도의 정치적 의미를 지닌 시대였다. 그의 사생활이 평범한 개인의 사생활처럼 보호받을 수 없는 이유가 여기에 있다. 그의 사생활은 이미 권력게임의 한 부분이 되어 있었다. 그가 측근들과 나눈 사적인 대화는 권력의 풍향계였다. 민주적 절차에 따라 선출되어 민주적으로 위임받은 권력을 행사하는 대통령이 있는 나라라면 그의 공적 활동과 사생활은 엄격히 구분될 수 있을 것이다. 그러나 그가 유신이라는 친위 쿠데타를 통해 다시 한 번 헌법을 짓밟고 절대권력자가 되었을 때 공과 사의 경계는 무너지고 말았다. 권력의 사유화, 인격화가 이루어지고, 국가기관인 중앙정보부의 의전과장이 여자를 조달해야 하는 불행한 시대에 독재자의 사생활은 더 이상 개인의 사생활이 아니었다.

정보장교 출신의 박정희가 김종필·이후락·박종규 등 다른 정보장교 출신들과 나라를 주무른 18년은 정치가 실종되고, 정보와 약점 캐기, 조작에 기초한 정치공학만 만발한 시대였다. 박정희교 신자들은 박정희를 가리켜 용인술의 천재라고 찬양하지만, 따지고 보면 그의 용인술이란 정보와 공작에 다름 아니었다. 박정희는 이 용인술에 기대어 권력을 적당히 위임했다 거둬들였다 하면서 정권을 관리해갔다. 박정희의 용인술의 핵심은 자신의 측근 몇몇에게 권한을 위임해 주고, 그들을 서로 경쟁시키며 감시하게 하는 것이었다. 박정희식 모델이 외환위기로 성수대교처럼 무너져버렸듯이, 그의 용인술도 박정희 자신을 죽음으로 몰아넣으며 파국을 맞았다. 용인술의 천재라는 박정희가 자신의 오른팔인 중앙정보부장, 왼팔인 경호실장, 그리고 술친구인 비서실장과 술을 먹다가 중앙정보부장에게 사살된 것이다.

그날 그 비극의 현장에 자리를 함께한 사람들은 박정희 이하 죄다 정보장교 출신들이었다. 중앙정보부장 김재규는 보안사령관도 지낸 인물이고, 김계원도 중앙정보부장을 지냈다. 경호실장 차지철은 공수부대 출

말년의 박정희. 유신 이후 후반기로 가면서 그는 급속도로 망가져갔다.

신이지만, 경호실장이 된 뒤 김재규와 충성 경쟁을 벌이며, 전두환의 처삼촌인 헌병감 출신 이규광을 책임자로 하는 독자적인 정보조직을 거느리고 있었다. 10·26 사건도 권력의 최고 상층부 내에서 중앙정보부 대 중앙정보부를 견제하기 위해 직제에도 없는 비선 정보조직을 만든 경호실 간의 갈등이 폭발한 것으로도 볼 수 있다. 박정희는 권위주의와 정보정치 속에서 판단력이 무뎌졌고, 그의 용인술 줄타기는 파국을 불러왔을 뿐이다.

다른 악명 높은 독재보다 부드러웠다?

박정희의 유신독재는 그 권력의 악랄함으로 친다면 이디 아민의 우간다나 보카사의 중앙아프리카 같은 나라, 또는 피노체트의 칠레 등과 견주어 전혀 손색이 없을 것이다. 그러나 박정희 시기에 일어난 의문사 사건의 수는 이런 나라에서 피살되거나 실종된 사람들의 수와 견주어볼 때 현격하게 적다고 할 수 있다. 그리고 박정희 시기에는 의문사 사건도 있지만, 〈민족일보〉 조용수 사장의 처형이나 인혁당 사건에서와 같이 반대파의 생명을 빼앗을 때도 일정한 법적 절차— 그렇기에 '사법살인'이라는 비판을 받게 되지만—를 밟으려 한 사례도 적지 않게 찾을 수 있다. 이런 사실이 박정희 독재가 같은 시기 다른 나라의 악명 높은 독재들에 비해 훨씬 부드러웠다는 것을 의미하는 것일까? 그렇지는 않다. 그 차이는 권력의 본질과 관련되는 것이라기보다는 권력이 출발한 역사적 조건의 차이라 할 것이다. 박정희 정권은 기본적으로 분단과 민간인 학살로 인하여 한국 사회에 멸균실 수준의 반공이 이루어진 토대 위에서 출발했다. 바꿔 말하면 독재 권력이 잡아 죽여야 할 사람들을 이미 다 죽여놓은, 아니 그보다 훨씬 더 많은 사람들을 이미 제거해버린 상황에서 권력을 잡은 것이다. 그런 의미에서 박정희의 군사독재는 비록 4월혁명을 거친 뒤이기는 하나, 일반 대중들이 상당한 수준으로 '길들여져 있는' 상황에서 출발했다고 할 것이다.

박정희는 집권 기간에 시민들의 거센 저항 때문에 여러 차례 군을 동원해야 했고, 집권 말기에 가서는 긴급조치와 같은 극도의 강압적 조치가 상시화돼 있었다. '긴급' 조치는 긴급한 상황에서 발동된 것이 아니라 일상적인 상황을 통제하기 위해 발동돼 있었던 것이다. 박정희가 집권한 220개월 동안 긴급조치, 계엄령, 위수령 등이 발동됐던 기간은 무려 105개월이나 되었다. 박정희는 빈번히 군을 동원하고 유신헌법에 대한 비판 자체를 군법회의에서 처벌할 수 있도록 하는 등 상상을 초월한 비상대권을 휘둘렀지만, 시위대를 향해 발포하거나 집단학살을 감행하지는 않았다. 어떤 의미에서는 독재권력 입장에서 한편에서는 총칼을 실제로 사용할 필요성이 적었던 것이고, 다른 한편에서는 또다시 대규모로 거리에서 피를 흘리는 상황을 피하려는 나름의 자제력을 발휘한 것이다.

그런데 유신의 마지막 나날에 가서는 나름대로 지켜지던 자제 규율이 양쪽 모두에서 무너지고 있었다. 1970년대 후반 학번들에게 민간인 학살은 완벽하게 잊혀진 사건이 되었고, 1960년의 4월혁명 당시의 유혈 사태조차도 머나먼 과거의 일이었다. 민간인 학살의 기억을 갖지 못한 당시의 학생들은 이 정권이 총을 쏠 수 있는 정권이라는 사실을 실감하지 못하고 있었다. 반면 독재권력은 독재권력대로 '겁을 상실' 한 학생들을 다시 길들여야 했다. 1975년 인혁당 관련자 8명에 대한 사법살인도 별로 약효가 없었던 것이다. 박정희가 살해당하기 직전, 유신정권 내부에서는 부산과 마산의 학생시위가 폭력시위로 발전하자 군대를 동원해서 '본때' 를 보여야 한다는 강경론이 대두되었다. 10·26 사건이 일어나던 날 저녁, 당시 실질적인 2인자 역할을 하던 박정희의 경호실장 차지철은 캄보디아에서는 수백만 명을 학살하고도 문제없었다며, "부마사태 같은 일이 또 일어날 경우, 탱크로 한 200만~300만 명만 깔아죽이면 잠잠해진다"고 호언했다. 김재규는 이런 분위기를 들어가며 자신의 박정희 살해가 대규모 유혈사태를 방지하기 위한 의거였다고 정당화했다. 그러나 김재규의 박정희 살해는 유신정권의 종식을 가져왔지만, 대규모 유혈 사태를 방지할 수는 없었고 다만 6개월가량 연기시켰을 뿐이다. 그리고 장소가 영남의 부산 또는 마산에서 호남의 광주로 바뀌었을 뿐이다.

국헌 문란의 수괴가 아닌가

박정희 시대가 그리운 사람들이 많이 있다. 그들은 정말 우리가 피와 땀으로 쟁취한 민주주의와 자유를 가벼이 여기는 자들이다. 그들에게 한 가지 부탁하고 싶다. 박정희 시대에 민주주의가 그립다고 말하다가 중앙정보부의 지하실에 푸줏간의 고깃덩어리마냥 매달려 본 사람들 앞에서는 제발 박정희 시대가 그립다는 말은 삼가주었으면 한다. 박정희 시대가 그리운 사람들은 오늘의 기준으로 그 시절을 평가하지 말자고 한다. 좋다. 그런데 박정희가 한 짓, 다른 나쁜 짓 제쳐놓고 총 거꾸로 들고 민주정부를 뒤엎고 헌법을 두 번씩이나 짓밟은 것은 그 시절 기준으로 해도, 국가보안법은 봐주고 형법을 적용한다 해도 "국토를 참절하거나 국헌을 문란할 목적으로 폭동한 자"로서 "수괴는 사형, 무기징역 또는 무기금고에 처한다"고 되어 있다. 당시 형법은 "국헌을 문란할 목적이라 함은" "1. 헌법 또는 법률에 정한 절차에 의하지 아니하고 헌법 또는 법률의 기능을 소멸시키는 것. 2. 헌법에 의하여 설치된 국가기관을 강압에 의하여 전복 또는 그 권능 행사를 불가능하게 하는 것"이라고 친절히 설명하고 있다. 박정희, 그 시절 기준으로 해도 1961년과 1972년 두 차례에 걸쳐 범행을 저지른 국헌 문란의 수괴 아닌가? 형법 어디를 찾아봐도 경제 발전에 기여하면 그 죄를 사해준다는 말은 없다.

범사에 감사하라, 군국 소년 한승조

_한국 우익들, 독도 문제로 "음메 기살어"를 외치고 있는데…

고려대 명예교수였던 한승조가 일제의 식민지 지배가 축복이었다는 요지의 글을 일본 잡지에 기고했다 하여 한동안 세상이 떠들썩했다. 한승조가 공동대표 중 한 사람으로 있는 자유시민연대란 '시민단체'에서도 청년 회원들은 비상대책위원회를 구성하고 한승조의 회원 자격 박탈과 공동대표들의 동반 사퇴를 요구하기까지 했다. 워낙 비판 여론이 거세다 보니 수구 진영 내에서도 그를 내쳐야 한다는 비교적 젊은 층의 요구가 있는가 하면, 지만원처럼 "한승조에게 돌 던지지 마라" 하며 나서는 이도 있고, 조갑제처럼 친일보다 친북이 더 나쁘다는 예의 소신을 들고 나오는 사람들도 있다.

진짜 우익이 탄생할 것인가

한승조를 내놓고 변호하는 쪽은 우연인지는 몰라도 60을 넘겨 한승조와 함께 늙어가는 사람들이다. 여기에 독도 문제까지 터지고 보니 일본 대사관 앞은 일본과의 단교를 주장하며 단지에 화형식을 거행하는 사람들로 그득하다. 뉴라이트 내에서도 주도권 싸움이 한창이라는 보도가 있었는데 오른쪽 동네가 시끌시끌한 모양이다. 좌파는 분열로 망하고 우파는 부패로 망한다는 게 운동사 공부하는 사람들 사이에 전해지는 속설인데, 지적 불임증에 걸린 우파가 좌파에서 사람을 많이 스카우트하다 보니 물들어서 그렇게 된 건지, 싸우면서 닮아가서 그렇게 된 건지 알 수 없지만 분열이 진보의 전유물이 아닌

일본 대사관 앞에서 항의시위를 하는 보수단체 회원들. 수구세력은 독도 문제에 관해 지나치다 싶을 정도로 과잉 대응하고 있다.

것은 분명하다.

일부에서는 현재의 사태가 한국의 수구 진영의 분화를 가져오는 것이 아닌지 궁금해하고 있다. 과연 이 땅에 수구가 분열하면서 일본의 독도 영유권 주장에 반대할 뿐 아니라 우리 내부의 일제 잔재와 친일 유산까지도 청산하려는 진짜 우익이 탄생할 것인가? 결론부터 이야기하면 아직은 아닌 것 같다. 시청 앞에서 인공기를 불태우던 솜씨로 일본 대사관 앞에서 능숙하게 일장기를 불태우는 낯익은 얼굴들에서는 물론이고, 한승조의 친일 망언을 규탄하는 자칭 '청년 보수'

들의 자못 비장한 어조에서도 우익 탄생을 예감케 하는 빰빠라는 들려오지 않는다.

모름지기 보수나 우익이라면 '민족'을 내세우는 것이 기본적인 속성이고, 우익의 호소력도 그리고 문제점도 여기서 비롯되는 바가 크다. 그런데 한국에는 우익이 없다. 저들은 6월항쟁 이후 민주화가 자기네 관심법으로 보기에 '빨갱이'임이 틀림없는 자들이 설쳐댈 때마다 비분강개하며 "이 땅의 우익은 죽었는가"를 외쳐왔다. 그 부르심에 호응하여 나서는 자들이 들고 나오는 건 성조기였다. 광복절에 성조기 들고 나온 거야 마땅치는 않아도 그런대로 봐줄 수 있지만 3·1절 날 성조기 들고 나오는 건 도무지 이해할 수 없는 일이다. 자칭 우익들이 대한민국이란 국가는 내세워도 민족 문제는 내팽개치다 보니, 좌파나 진보 진영에서 태극기 두르고 나올 수밖에.

1980년대 이후 민족민주운동 진영은 이른바 민족해방(NL)과 민중민주(PD)로 나뉘어 이론 투쟁을 벌여왔는데, PD 계열은 NL 계열이 민족 문제만 중시하고 계급적 원칙을 세우지 않는다고 비판했다. 그런 PD 그룹조차도 신자유주의자들이 입에 달고 사는 '국제 스탠더드'에 비춰본다면 엄청나게 민족주의적이다. 이런 사정 때문에 어느 사회학자는 "조금의 과장이 허용된다면"이란 단서를 달긴 했지만, "한반도에는 사회주의자란 없고 있어본 적도 없다"며 한반도의 사회주의자란 "모두 민족주의자였고 또 민족주의자이기 때문이다"라고까지 주장한 바 있다.

독도 문제가 터지자 친일 잔재를 비롯한 과거 청산을 온몸으로 저지하던 낯익은 수구들이 재빠르게 움직였다. 물론 독도 문제는 따로 이 심각하게 다뤄야 할 내용이지만, 수구들의 대응에 국한해서 한승조의 말투를 빌려 이야기한다면, 수구들에게는 일본이 독도 문제를 들고 나온 것이 '축복'이 될 수 있을까. 60년 전인 1945년 말, 모스크바 3상회의가 조선에 5년간 신탁통치를 하기로 결정한 것은 수세에 몰린 우익들에게 기사회생의 기회를 주었다. 해방 직후 우익이 좌익에 비해 정치적으로 열세에 놓인 결정적인 이유는 이념이나 계급 문제라기보다는 민족 문제 때문이었다. 적어도 1930년대 이후에는 국외는 몰라도 대중들이 소식을 접할 수 있는 국내에서 독립운동을 한 것은 우파보다는 좌파들이었기 때문이다. 그런데 조선 임시정부 수립을 위한 모스크바 3상회의 결정을 둘러싼 논쟁이 찬탁과 반탁의 대립으로 흐르면서, 민족 문제에서 엄청난 열세에 놓인 우익이 반격에 나서 일거에 불리했던 판세를 팽팽한 대결 구도로 바꿔놓은 것이다.

우익을 일으켜세운 반탁의 추억

사실 친일 잔재를 비롯한 과거 청산이야말로 '국제 스탠더드'에서 본다면 보수우익들이 감당해야 할 주제가 아니겠는가? 그런데도 친일 잔재 청산에 대해 막무가내로 훼방을 일삼다 보니 자칭 우파들의 처지가 궁색할 수밖에 없었다. 그러던 차에 한승조의 대형 사건이 터진 것이다. 자칭 우파들로서는 그야말로 "음메, 기죽어"의 상황이 된 것인데, 독도 문제가 터지자 이를 "음메, 기살어"의 기회로 삼고자 하고 있다. 친일 잔재 청산을 그토록 아까워하는 자들이 반일을 외치는 것이 이상하지 않은가? 논리적으로 보면 이상할지 모르지만, 역사 속에서 보면 전혀 이상하지 않다. 어떤 의미에서 반일은 한국 친일파들의 전매품이었다. 친일파가 온전히 살아남은 이승만 시대가 가장 강력한 반일 정책이 시행된 때였고, 일본과의 국교 정상화 이후에는 지하에 계신 이순신 장군이 어리둥절해하실 정도로 갑자기 이순신 열기가 불어닥쳤다. 1974년 육영수 여사가 피격 사망한 뒤 일본 대사관 앞에서 연일 벌어진 시위는 지금보다 몇 배나 격렬했다.

그러나 이들의 반일은 백범 김구의 반일과는 너무나 달랐다. 백범은 반제국주의의 일관된 입장에서 민족의 이익을 중심에 놓고 그 이익에 적대되는 외세가 일본이라면 반일을 하고, 미국이라면 반미를 하고, 소련이라면 반소를 하는 그런 입장을 취하고 있었던 것이다. 그렇지만 미국의 우산 밑에 들어간 자들은 자기들과 미국의 관계를 감추기 위해서라도 더더욱 거세게 반일을 들고 나왔다. 그러나 이 반일은 반미 없는 반일이었다. 냉전이라는 특수 상황 속에서 한국의 우파들은 때로는 미국을 믿고 일본에 거칠게 대들기도 했다. 그러나 이제 냉전은 한반도에서만 계속될 뿐 국제 무대에

식민시대는 축복이라고 한 한승조 씨. 그는 박정희가 총 맞아 죽은 뒤 더 박정희에게 충성을 다한 독특한 인물이다.

서는 끝이 난 지 오래다. 너무 오래 냉전에 길들여진 탓일까? 여성계의 숙원인 호주제 폐지마저도 북의 책동으로 보는 수구세력은 왜 지금 일본의 극우파가 독도 문제를 들고 나오는지를 파악할 의지도 능력도 없다. 냉전의 종식과 한국 사회의 민주화, 그리고 북의 경제적 침체와 핵무기 개발 의혹이 일본 극우세력에게 어떻게 해서 기회이자 위기가 되는지를 생각할 겨를도 없다.

독도 문제가 불거지기 전까지 한·일간에는 흥미 있는 현상이 벌어지고 있었다. 전에도 지적했지만 새것이고 헌것이고 가릴 것 없이

한국의 자칭 우파들이 일본 극우파 따라하기에 몰두했던 것이다. 주체사상 받아쓰기에 여념 없었던 사람들이 주축을 이룬 뉴라이트들은 과거 청산 움직임을 '자학사관'이라 비판하고 나섰다. 그러나 자학사관이란 용어는 바로 악명 높은 후소사 교과서를 만든 자들의 특허품이 아니었던가? 그래 베낄 것이 없어서 일본 극우파의 자학사관이란 용어까지 베껴야 했던가? 일본 문물 수입하느라 정신없었던 개화기에는 그래도 번안소설이란 게 있었다.

한국과 일본에서 같이 제기되는 자학사관 비판 세력의 형성을 보면서, 한·일간에 우파 연대가 이루어지지 않을까 하는 기대와 우려가 있었다. 독도 문제가 터진 것은 바로 이때였다. 영화 〈넘버3〉에서 한국 조폭과 일본 야쿠자가 모여 단합대회를 하려다가 독도가 누구 땅이냐고 따지다가 패싸움이 난 것은 이런 상황을 미리 잘 보여준 것이다. 일찍이 김종필이 한·일회담 교섭 과정에서 독도를 두고 "그까짓 바위섬, 차라리 폭파시켜버리자"라고 극언을 한 것도 일본이 맹주가 된 대동아공영권의 시대에서 미국이 맹주가 되는 태평양공영권의 시대로 넘어가는 과정에서 한·일 우파 연대를 향한 나름의 통찰력이었는지도 모른다.

한승조가 뒤늦게 다시 한번 확인시켜주었지만, 박정희나 김종필에게 일본은 남이 아니었다. 한승조가 한 말은 실상 박정희의 생각을 업그레이드한 것이다. 나는 한승조의 발언을 처음 접하고는 그의 나이를 따져보았다. 1930년생으로 해방 당시에 열여섯, 그는 요즘 일본에서 책으로까지 나온 '군국 소년'에 딱 들어맞는 나이였다. 그 자신이 쓴 〈나의 시대, 나의 학문〉이란 자서전적인 글에서 한승조는 "군국주의 시대에 가장 군사적인 중학"에 다니면서 "우리는 일본인이며 황국의 신민임을 자랑스럽게 생각하도록 단단히 교육" 받았다고 회고했다. 1930년생인 한승조가 소학교에 입학할 무렵 1917년생인 박정희는 대구사범을 마치고 황국신민 양성의 사명을 띠고 소학교 선생님이 되었다. "학교의 명예를 지켜야 한다는 소박한 생각으로 어려움을 이겨내는 데 익숙"해진 군국 소년 한승조는 얄궂게도 지금은 미군 비행장이 된 평택 비행장에서 지하 격납고를 만드는 중노동을 하다가 해방을 맞았다.

'자학사관'을 흉내내던 그들

일제 하에서 처음 징병 대상이 된 1924년생들을 두고 "묻지 마라, 갑자생"이란 말이 있다. 얼마나 고생했는지 안 물어봐도 뻔하다는 뜻이다. 그런데 한국전쟁 때 만 20세가 되는 한승조 동갑들도 참 험한 인생을 살아야 했다. 군국 소년에서 갑자기 좌우 대립의 격랑을 거쳐야 했고, 전쟁이 나자 의용군에 끌려갔다가 탈출했고, 운 좋게 부역자 처벌을 면하고 미군 부대에 근무했으니 그가 사부로 모신 박정희만큼 숨가쁜 변신은 아니더라도 참 파란만장한 생을 살았다.

그 뒤 미국 유학을 하고 모교인 고려대 정외과 교수가 되어 그곳에서 정년 퇴직한 한승조, 그는 아주 독특한 인물이다. 한승조는 유신 시대 공식 이데올로기였던 한국적 민주주의 이론을 유신 이전에 가장 먼저 정립한 인물이다. 그리고 박정희가 총 맞아 죽은 뒤에 더 박정희에게 충성을 한 인물이다. 제사에 참여한다고 해서 다 조상님 모시는 게 아니다. 박정희 같은 자의 제사에는 제사보다 젯밥에 관심이 많은 사람들이 모이는 법이다. 그런데 한승조는 박정희 입장에서 볼 때는 '기특하게도' 아무도 박정희를 거들떠보지 않던 전두환 시절에 박정희를 옹호했다고 한다. 그 자신의 회고에 의하면 전두환이 만든 민정당 주최의 강연회에서 "민정당이 박정권·유신 체제를 부정, 극복한다고 설쳐대고 있으나 박정권을 비판, 부정한다면 유신 체제에 피나게 투쟁해온 재야세력이나 그들이 지지하는 정치세력이 정권을 잡을 일이 아닌가. 박정권과 저항, 투쟁한 적도 없는 사람들"이 왜 "박정권을 계승, 발전시키는 가운데 잘못된 일, 미흡한 측면만 개혁"하지 않고 "새 시대가 나로부터 시작한다는 식의 자세"를 보이느냐고 말했다가 미운털이 박혔다고 한다.

박정희가 죽은 뒤 학원 민주화운동이 벌어지면서 고려대 내에서도 유신 시절의 어용 교수들의 행각을 조사했는데, 그는 좋은 자리를 노려 권력에 빌붙은 '어용 교수'가 아니라 소신을 갖고 유신을 지지한 '유신 교수'로 분류됐다고 한다. 1980년 서울의 봄 당시에 과거 어용 교수들은 모두 꼬리를 내리고, 이 눈치 저 눈치 보던 사람들은 모두 민주화운동 열심히 한 것처럼 행세하던 때에 그는 자신의 한국 정치 분석이론에 따라 유신을 옹호하는 대자보를 붙였다는 전설 같은 이야기가 전해진다. 한승조의 제자가 그의 정년 기념 논문집에 서문으로 쓴 글을 보면 "모든 교수들이 학생들 앞에 전전긍긍하고 있는 마당에 유독 선생님이 보인 당당한 자세가 학생들을 놀라게" 하였고 "학생들은 선생님다운 선생님을 만났다고 존경의 염을 감추지 못했다"고까지 했다. 학생들 입장에서 존경까지는 아니더라도 그 상황에서 대자보까지 붙이는 그를 보고 "뭐 이런 인간이 다 있어" 하고 기막혀했을 것이다.

언젠가 모 명문 대학의 총장 선거 때 이런 일이 있었다고 한다. 군사독재 정권 시절에 권력을 잡은 군인 아저씨들은 자기들 부족한 점

1974년 육영수 여사 피격 사망 뒤 서울운동장에서 열린 반일시위. 당시의 반일시위는 지금보다 몇 배나 격렬했다.

을 치장하느라고 말깨나 하고 글깨나 쓰는 대학 교수들을 장관이나 국회의원으로 모셔갔다. 그러니 명문대의 이른바 잘나가는 과에서는 정년 퇴임을 하는 교수를 보기가 어려울 지경이었다. 그런 과에서 정치권에 불려가지 않고—불렀는데도 안 갔는지 임의 부름을 받지 못한 것인지 알 수 없지만—학교를 지킨 어떤 노 교수가 무슨 생각을 하셨는지 총장 선거에 나섰다가 떨어졌다. 패자 쪽 주변에서 들리는 말로는 경쟁 후보 진영에서 "얼마나 무능하면 저 나이가 되도록 팔려가지 않았겠느냐"며 흑색선전을 해댄 것이 결정적인 패인이었다고 한다.

한승조, 독특한 유신 지지의 소신

그가 무능해서인지 아니면 너무 유능하고 개성이 강해서인지는 알 수 없지만, 그는 누구보다 확실히—그리고 세련되게—유신과 군사독재를 옹호했으면서도 한자리하지를 않았다. 박정희 덕에 수많은 정치학 교수들이 유정회 의원 감투를 쓰고 유신의 나팔수가 되었지만, 그들 중에 1987년 이전에 박정희를 옹호한 사람은 거의 없었다. 그러나 그 흔한 '명첩지'(개도 쓴다는 첩지 감투) 같다던 유정회 국회의원 한자리 차지하지 않았던 한승조는 소신을 갖고 박정희를 변호했고 유신을 옹호했다. 1992년 대통령 선거 때는 김영삼 진영에서 가깝게 자문을 받고 있는 교수 몇 사람 중에 이름을 넣어 발표했는데, 그는 신문윤리위원회에 제소해서 정정 보도가 나가게 했다는 것이다.

몇몇 분들은 한승조가 노년에 들어 커밍아웃을 했다고 말한다. 나는 이번 한승조 파동이 자발적인 커밍아웃이라기보다는 등 떠밀려 한 아우팅에 가깝다고 생각한다. 해방 뒤 남쪽에 반공우익 국가가 성립된 것은 우익이 잘했기 때문이 아니라, 좌익의 자살골 때문이었다고 일갈한 한승조, 그가 이번에는 대차게 자살골을 넣었다. 그러나 자살골은 괜히 나오는 게 아니다. 정신적 아버지인 박정희에 대한 청산이 막 이루어지려는 상황, 평시에는 우아 떨던 이야기가 대차게 나갈 수밖에 없다.

돌이켜보면 그는 박정희 학교의 반항아적인 우등생이었다. 공부는 잘하지만, 성격은 삐딱해서 선생님과 잘 어울리지 못한 학생이었다고나 할까? 그는 미국 버클리대학에서 정치학 박사 학위를 받았는데, 그와 동년배인 미국 정치학 박사의 상당수가 미국에서 배운 이론을 적당히 버무려 한국에 소개하는 데 그칠 때 나름대로 한국 정치 한 주제를 잡고 파고들었다. 그는 유신 2년 전에 한국의 민주정치는 구미 사회의 자유민주주의와는 똑같을 수 없으므로 "한국적 민주주의"가 필요하다고 주장했다.

이런 점에서 보면 한승조나 박정희가 한국의 현실을 중시한 민족주의자처럼 보일지도 모른다. 미국에서 유학하던 시절 나도 미국 학생과 민족중흥의 기치를 내건 박정희가 민족주의자인가 아닌가 토론을 한 적이 있는데 나는 단서를 달아 박정희가 민족주의자라는 데 동의했다. 박정희는 백범과 같은 저항 민족주의자가 아니라, 일본식 부국강병형 민족주의자였다. 군국 일본의 군인이자 교사였던 박정희나 군국 소년 한승조는 한국적인 것을 추구하면서 서양식 민족주의가 한국 풍토에 맞지 않는다고 주장했다. 그러나 이런 박정희의 입장은 사실 1920년대의 '다이쇼(大正) 데모크라시'를 뒤엎고 군국 일본을 건설한 자들이 서구식 민주주의를 경멸하면서 천황제 등 일본적인 것을 찾았던 태도를 벗어나지 못한 것이다.

한승조의 논리는 곧 박정희의 논리였고, 일본 우익의 논리였다. 그러나 일본 우익은 제 민족을 노래하는데, 한국 '우익'은 기껏해야 내선일체(內鮮一體)를 주장할 수밖에 없다. 일본의 공산주의자는 전향하면 천황 폐하의 품에 안기면 되지만, 한국의 공산주의자들은 전향하면 민족반역자가 될 수밖에 없었다. 그 벽을 없애려는 것이 내선일체였다. 내선일체에 걸림돌이 되는 독도는 폭파시키는 것이 좋겠다는 것이 박정희의 논리요, 김종필의 논리였다. 똑같은 논리를 펴지만, 귤이 회수를 경계로 귤이 되고 탱자가 되는 것과 같은 이치일까? 일본은 애국자들이 망쳤고, 한국은 매국노들이 망쳤다는 어느 일본인의 말은, 친일 청산을 못한 채 살아온 우리들에게 주는 고언이 아닐 수 없다.

  그가 기독교인인지는 알 수 없으나 그의 제자가 쓴 '한비어천가'에 따르면, 그는 범사에 감사한다는 마음가짐을 갖고 살아왔다고 한다. 전환기의 역사에 살아왔다는 점에 감사하고, 일제의 강점기조차 우리 민족의 잠재력을 자극했다는 점에서, 그것도 35년으로 끝나고 말았다는 점에 감사하고, 해방 뒤 밀어닥친 혼란과 전쟁 그리고 독재 등도 민족 성장에 일단 도움이 되었던 점에 감사한다는 군국 소년 한승조. 인생의 황혼기에 들어 이제는 군국 노인이 된 한승조는 노무현 정부의 출현에 대해서도, 그리고 이번의 자살골에 대해서도 깊이 감사하고 있을까?

허공을 가른 '명패'의 슬픔

_이재오 · 김문수 의원은 왜 '오버'를 거듭하는가

아마 내가 고등학교 2학년 때의 일인 것 같다. 친하게 지내던 중학교 동창이 자기네 학교에 새로 국어 선생님이 오셨는데, 연극도 하시고 사람도 좋으셔서 학생들 사이에 인기가 최고라고 자랑을 늘어놓았다. 예나 지금이나 숨 막히는 입시 제도에 〈왜 불러〉 같은 노래조차 금지곡이 되는 유신시대의 분위기 속에서, 나는 정말 우리 학교에도 그런 선생님이 계셨으면 하고 부러워하며 *친구의 자랑을 들을 수밖에 없었다. 하필이면 매일 아침 등굣길에 내가 탄 버스가 그 학교 앞을 지나갔던지라 한 번도 보지 못한 그 선생님을 떠올렸던 적도 많았다. 그러나 몇 달 안 가서 그 친구는 선생님이 긴급조치 위반으로 학교를 떠나게 되셨다고 코가 쑥 빠져 있었다. 그 선생님 이름을 다시 듣게 된 건 2년쯤 지나서 10 · 26 사건이 나기 얼마 전이었다. '남조선민족해방전선'이라는 어마어마한 이름을 가진 '반국가단체'가 적발되어 남민전 사건이란 명칭으로 신문지상을 화려하게 장식하게 된 것이다. 수많은 연루자들의 이름 속에서 나는 남민전의 주요 간부가 된 그 선생님을 찾을 수 있었다.

이름만 들어도 설레던 '이재오 선생님'

그 선생님과 직접 인사하게 된 것은 그로부터 10년 가까운 세월이 흐른 1988년이었다. 1987년 대통령 선거가 끝난 뒤, 청년운동 진영에서도 6월항쟁 이후 열린 공간을 활용해 대중 강좌를 열어보자는 의견이 제기되었고, 그 실무를 내가 맡게 되었다. 그래서 민주화운동청년연합의 외곽사업으로 청년학교 준비를 시작했다. 6월항쟁 이전에 군사독재의 험한 탄압에 굴하지 않고 지속적으로 열린 공개 대중 강좌는 서울민중연합의 민족학교밖에 없었다. 당연히 민족학교는 우리 청년학교 준비팀이 관심을 갖고 연구하는 본보기가 되었고, 청년학교가 출범하게 되면서 우리는 민족학교로 인사를 갔다. 거기서 그 선생님을 뵙게 된 것이다. 그때 민족학교를 만들어서 이끌어온 분이 바로 그 선생님이었다. 운동 진영 근처에서 왔다 갔다 하면서 이런저런

1988년 10월 종로성당에서 열린 '양심수 전원석방 및 석방인사 환영대회'에서 "양심수를 전원 석방하라"는 구호를 외치던 재야운동가 김문수.

얘기를 귀동냥한 터에 고등학생 때의 설렘을 그대로 간직한 것은 아니지만, 그래도 그 선생님께 직접 인사를 드리게 된다는 것은 아주 긴장되는 일이었다. 그때 그분이 한나라당 이재오 의원이다.

유신헌법을 비판하기만 해도 징역을 살리는 긴급조치가 시퍼렇게 살아 있던 1970년대 말, 학생운동 내에는 현장론이란 것이 퍼져가고 있었다. 전태일 열사의 분신이 있기 전인 1960년대부터 극히 일부지

만 학생운동 출신의 선구자들은 결국은 기층 민중인 노동자들이 조직돼야 한다는 생각을 갖고 노동 현장으로 들어갔다. 민청학련 사건으로 인한 대량 제적 사태를 겪으면서 일부 제적생들은 학생 신분

이재오 의원이 전민련 조국통일위원장 시절이던 1989년, 임진각 자유의 다리로 향하는 철망문에서 미군 병사와 실랑이를 벌이는 모습.

에 대한 미련을 아낌없이 포기하고 기름밥을 먹기 시작했다. 이들이 이른바 '위장취업'의 효시인 셈인데, 학생운동의 계보를 따진다면 '과학적 사회주의' 그룹을 줄여서 '과사'라고 불렀던 것으로 기억된다. 그때도 4·19 때 무엇무엇 했다는 화려한 경력의 선배들이 별의별 꼴을 다 보여주고 있었기 때문에, 4·19세대가 기성세대를 우습게 봤던 것처럼, 후배들도 4·19세대나 6·3세대를 한때의 겉멋으로 분위기에 휩쓸려 운동하다가 뿔뿔이 제 갈 길을 간 사람들로 치부하는 경향이 강했다. 그런 속에서 '과사'에 속한 사람들은 평생을 두고 운동을 하겠다는 결의를 갖고 고통받는 민중 속으로 들어갔다는 점에서 전설처럼 소문으로만 듣는 것이었지만 무언가 있는—그게 뭔지는 아무도 몰랐지만—본받을 만한 선배로 존경을 받았다.

이렇게 현장에 들어간 선배들 중에서 후배들 사이에서 제일 많이 이름이 거론되던 사람은 '과사' 그룹의 창시자 격인 김정강이었다. 15년간 현장 노동자로 활동하면서 멀리 대학가에까지 풍문으로 전해

지던 김정강은 그러나 1980년대 초반, 전두환의 민주정의당 전문위원이 되어 세상에 모습을 드러냈다. 전설처럼 전해지던 대선배가 광주학살의 주범이 만든 정당에 가담하다니…. 충격은 컸지만, 꼭 선배를 보고 운동을 했던 것은 아니지 않은가? 그리고 노동 현장에는 더 좋은 선배와 동료들이 많이 들어가 있었다. 현장에서 투쟁을 이끄는 선배들의 소식도 종종 들을 수 있었다. 노조 하나 만들기가 하늘의 별 따기보다 어려웠던 시절, '학출'(학생 출신의 줄임말—그때 이런 줄임말, 엄청 많이 썼다)이 노조위원장까지 되어 신화를 남긴 이가 있었다. 경찰이 그를 빨갱이라며 잡으러 왔을 때 노동자들이 "우리 위원장님"이 왜 빨갱이냐며 감싸고 나섰다는, 대중사업이란 모름지기 저렇게 해야 한다는 모범으로 그의 이름이 오르내렸다. 그 뒤 그는 전태일기념사업회의 사무국장으로서, 서노련의 지도부로서, 그리고 유명한 인천 5·3사태의 지도자로서 명성을 이어나갔다. 복잡한 운동판에서 그에 대한 비판의 목소리도 없었던 것은 아니지만, '노동운동의 대부'라는 칭호를 들으며 그는 중요한 역할을 수행했다.

진보에서 수혈받은 보수 기득권층의 비극

나는 그 전설적인 선배와 정식으로 인사하지는 않았지만, 그가 1985년쯤 한 번 우리 집에 와서 자고 간 적은 있다. 나와 아주 친한 선배가 밤 12시가 다 되어 전화를 하더니 "너희 집에 지금 손님 없지?" 하고 물었다. 여기서 '손님'이란 다른 수배자 혹시 와 있지 않느냐는 뜻이다. 없다는 말에 그럼 집 좀 쓰자 하더니 내가 제대로 대꾸할 틈도 주지 않고 전화를 끊었다. 그러고는 20분쯤 지나 초인종이 울렸다. 문을 열었더니 사람들이 꾸역꾸역 한 열 명쯤 들어왔다. 선배에게는 안 물어보았지만 아마도 서노련 지도부쯤 되지 않았나 싶다. 밤샘 회의를 하기로 했던 장소가 문제가 생겨 갑자기 들이닥친 것이다. 그중 안경을 낀 한 사람은 유달리 내 책장에 꽂힌 책에 관심을 가졌다. 특히 일제 시기 간행된 〈동아일보〉의 축쇄판을 꺼내 유심히 보는 자세가 예사롭지 않았다. 나는 속으로 그가 바로 유명한 그 노동운동가 선배구나 하고 직감했지만, 그 당시의 예의상 누구인지 물어보지 않았다. 그가 바로 지금의 한나라당 김문수 의원이다.

요즘 너무 바쁜 탓에 텔레비전 뉴스도 제대로 못 보고 지날 때가 많다. 언젠가 식당에서 밥을 먹다가 '돌발영상'을 보게 되었는데, 처음에는 탄핵사태 때의 영상을 재방송해주는 게 아닌가 착각할 정도였다. 울부짖으며 서류를 집어던지고, 명패를 날리고, 비장하게 애국가를 부르고…. 70년대, 80년대 노동자들이 일당 100원을 올려달라고 하다가 빨갱이로 몰려 전투경찰에 번쩍 들려갈 때 저렇게 처절하게 몸부림쳤을까. 그런데 하나도 슬프지 않고 오히려 웃음이 나왔다. 나만 그런 게 아니라 주위 사람들도 다 그런 듯싶었다. 누군가 저렇게 처절하게 몸부림치며 울부짖는데, 공감은커녕 웃음이 나오다니…. 사람들에게 "맛이 갔다"는 말 함부로 하는 게 아니라고 점잔을 뺀 적이 있지만, 그런 나도 '학실'하게 말할 수 있다. 저 양반들 정말 맛이 갔다고. 아니, 그들이 맛이 간 거야 모든 사람들이 다 아는 것이니 새삼 문제될 것은 없다. 어디까지 더 맛이 갈지, 그게 문제일 뿐이다. 울퉁불퉁하기 짝이 없는 우리 현대사를 공부하다 보니, 망가진 사람들, 갈 데까지 맛이 간 사람들 참 많이 보았지만, 이렇게 날로 새롭게 '오버'하는 사람들은 나도 처음 본다. 개인적으로 잘 아는 분들은 아니지만, 그래도 스무 살 되기 전부터 이름을 들으며 나름대로 흠모한 적이 있던 분들이기에 저 사람들이 왜 저렇게 망가져가는지에 대해 조금은 살펴볼 필요가 있다.

역전의 용사 김문수나 박계동이 독재 시대로 돌아갔다며 울부짖는 모습이나 문을 걸어 잠그고 농성하는 것을 보며 나는 생뚱맞은 광경을 떠올렸다. 그 울부짖음은 마치 산전수전 다 겪은 백발의 노장군들이 모여 손자들하고 노는 것이 아니라 자기들끼리 진지하게 편을 가르고 병정놀이하는 모습과도 같았다. 나름대로 신화를 가지고 유명했던 김문수·이재오·박계동·배일도 등에게 지금 보여줄 것이 저런 쇼, 쇼, 쇼밖에 없다는 것은 그들만의 비극이 아니라, 그들을 영입한 기득권층의 비극이요, 그런 기득권층밖에 갖지 못한 대한민국의 비극이다.

민간인 학살이 휩쓸고 지나간 한국 사회에서 진보는 씨가 말랐다. 함석헌·장준하·문익환·계훈제·리영희 등의 젊은 시절의 경력이 보여주는 것처럼 한국 사회에서 반독재세력, 나아가 진보의 싹은 보수 진영 내에서 나왔다(『대한민국史 01』 '참된 보수를 아십니까' 참조). 그런데 진보만 보수로부터 인적 자원을 충원받은 게 아니었다. 보수가 자기 혁신을 하지 못하면서, 보수 기득권층은 계속 반독재 진영, 또는 진보 진영으로부터 인적 자원을 충원받으면서 기득권을 지켜왔다. 선거 때만 되면 마치 흡혈귀마냥 "새 피, 새 피" 또는 "젊은 피, 젊은 피" 하면서 새 사람 찾는 데 혈안이 되었고 그렇게 공급된 새 피가 순식간에 오염되는 것이 바로 한국의 선거사요, 정당사였다.

중부지역당보다 더하면 더했지 결코 빠지지 않는 남민전의 핵심 간부 출신인 이재오가 한나라당의 원내총무와 사무총장을 지냈고, 1946년 '10·1 대구폭동' 이후 최악의 폭동이었다는 '인천 5·3사태'의 주역이자 '좌경용공 과격단체' 서노련의 핵심이었던 김문수가 한나라당의 공천심사위원장이 되었다. 어디 이재오, 김문수 등 민중당 출신뿐이겠는가? 1990년의 3당 합당과 민자당의 출현은 불임증에 빠진 기득권세력이 반독재세력으로부터 힘을 얻어 생명을 지탱해간 대표적 사례다. 지금 기득권층의 러브콜을 받고 있는 뉴라이트는 극렬 주사파 출신이 대부분이고, 뉴라이트에 대한 러브콜을 쏟아대고 있는 〈조선일보〉의 류근일 전 주필은 1950년대 말부터 무산계급이 주인 되는 사회를 주장해왔으며, 1974년의 민청학련 사건 때도 배후로 구속된 바 있다. 이들만큼 극적이진 않았어도 4·19, 6·3사태, 민족주의비교연구회 등의 주역들은 그 상품성을 인정받아 비싼 값에 영입된 바 있다.

뉴라이트하고는 분명히 다른데…

지금 한나라당은 여전히 친일세력부터 이어져오는 기득권층을 대변하고 있지만, 인적 구성은 박정희의 공화당, 전두환의 민정당은 물론이고, 노태우·김영삼 등의 야합으로 출현한 민자당과도 전혀 다르다. 끊임없이 새 피가 충원되었기 때문이다. 언젠가 이재오는 "우리가 한나라당에 없었다면 한나라당이 지금 야당으로서 모습을 갖췄겠는가" 하고 자신 있게 주장한 적이 있다. 그러나 기득권층의 불행은 어렵게 들여온 양자마다 족족 불임이 되고 있다는 점에 있을 것이다. 힘과 돈이면 무엇이든 되던 시대에 그 동네 밭의 토양 자체가 너무나 오염된 탓일 것이다.

김문수나 박계동은, 어쩌면 이재오도 받아쓰기만 잘하던 뉴라이트하고는 경험의 폭과 깊이가 다른 사람이다. 그런데 왜 그들이 뉴라이트와 난형난제할 정도로 망가졌을까? 1987년 6월항쟁 이후 형성된 이른바 '87년 체제'는 지금도 계속되고 있다. 87년 체제가 만들어질 당시에, 그리고 아주 오랫동안 한국의 정치 지형에서 주된 대치선은 6월항쟁과 같은 민주 대 반민주의 대립을 따라 그어진 것이 아니다. 점잖게 얘기하면 그 대치선은 지역주의에 따라 그어진 것이고, 톡 까놓고 얘기하면 DJ 대 반DJ의 대립이었다.

1987년 대통령 선거에서 군사정권에게 얻어맞아가며 한식구가 되었던 재야 민주화운동 세력은 '비지'(김대중에 대한 비판적 지지)와 '후단'(후보 단일화로 다 그런 것은 아니지만 친김영삼 경향이 강했다)으로 갈라졌고, 일부는 독자 후보를 주장했다. 지역감정의 골은 민주화운동 진영 내에도 너무나 깊게 파여버렸다. 역사에 만약이란 존재하지 않는다지만, 김대중과 김영삼이 1987년에 서로 손을 잡았다면 그 선거에서 노태우가 당선되는 일은 있을 수 없었다. 둘 중의 한 사람은 대통령이 되고 다른 한 사람은 여당 총재로 차기 대통령이 되는 것이 보장되었다. 그러나 서로 먼저 대통령을 하겠다고 나서서 6월항쟁의 성과는 죽 쒀서 개 주고, 각각 제1야당과 제2야당의 총재가 되었다. 비지 쪽에서는 김영삼 쪽에 "끝까지 고집 피우더니 거 봐라, 알아서 양보하지"라고 탓했고, 김영삼 쪽은 "4자 필승론을 들고 나와 분열을 부추긴 게 누군데"라며 책임을 물었다. 그 골은 상상 이상으로 깊었다. 선거 결과에 대해 누구도 군사독재에게 패배했다는 점을 뼈아프게 반성하는 것이 아니라 서로 "저놈 때문에 졌다"고 눈을 부라렸다. 이재오는 문익환 목사 등 노인들을 상대로 한 언행이 문제가 되어 징계를 받게 되자 추종자들을 이끌고 민통련을 이탈했다.

김대중에 대한 미움은 광주학살의 원흉에 대한 미움보다 컸다. 김

2005년 3월 2일 밤 국회 본회의장에서 김덕규 부의장에게 의장 명패를 던지는 김문수 의원. 그 살풍경을 보며 왜 쓴웃음이 나오는 것일까.

영삼이 먼저 노태우, 김종필과 손을 잡았고, 지면이 부족하니 그냥 짧게 얘기해서 가출정치 등 특유의 뚝심으로 민자당 후보가 되고 결국 대통령이 되었다. 김영삼은 군부의 하나회 숙청 등으로 한때 90%가 넘는 지지를 구가하며 개혁을 제대로 해나갈 듯싶었다. 잠시 온 국민을 들뜨게 한 김영삼의 개혁이라는 환상, 김대중이 미워 홧김에 서방질하려는 사람들에게는 비단금침을 펴준 격이었다.

호랑이 잡으려면 길목을 지켜야 한다

사실 김문수 같은 사람이 노동운동에 남아 있지 못하고 왜 정치를 하고자 했을까? 그가 소리 높이 부르짖던 노동운동의 정치세력화를 구현하기 위해 '구국의 결단' 차원에서 이 한 몸 내던진 것이었을까?

아무튼 결단 한번 크게 했다가 사람 완전히 결딴났다. 김문수도, 이재오도 당시 운동 진영 내에서 스스로 생각하기에 할 일이 없었다. 노동해방이 이루어졌나, 아니면 조국통일이 실현되었나, 왜 할 일이 없었겠는가? 자신들이 대장 할 일이 없었던 것이다. 그리고 그들은 좀더 원대한 일을 하려면 역시 정치를 해야 하고 당을 만들어야 한다고 보았다. 그러나 그들이 주도한 민중당은 선거에서 '조직의 쓴 맛'을 톡톡히 보면서 참담한 실패로 끝나고 말았다. 여기에 '이선실 간첩 사건'이 터지면서 민중당에 간첩의 공작금이 유입되었다는 의혹까지 겹치게 되었다. 민중당 간판 갖고는 죽었다 깨어나도 선거에서 당선될 수 없었다. 한나라당에 입당한 뒤 이재오가 이야기한 것처럼 "내가 그토록 민중을 위해 정치한다고 했지만 민중들은 나에게 표를 안 찍어주고 우리를 외면"한 것이 아마 지울 수 없는 상처로 남았던 것 같다. 이런 분위기 속에서 민중당 상층부의 상당수, 특히 김문수, 이재오 같은 영남 출신들은 김영삼의 개혁에 힘을 실어준다는 미명 아래 학살의 후예들이 여전히 상당한 지분을 차지하고 있는데도 성큼 발을 들여놓았다.

그들은 호랑이 잡으려면 호랑이 굴에 들어가야 한다고 주장했다. 그런데 늙어 죽은 호랑이 가죽 벗겨오는 거면 또 모를까, 홈그라운드에서 잡혀 죽는 호랑이가 어디 있으랴? 진짜 호랑이 사냥하는 포수들은 길목을 노리지, 호랑이 굴에 들어가는 바보짓은 하지 않는다. 노동자의 아픔을 대변한다는 김문수가 1997년 노동법 날치기에 앞장섰을 때도 일부에서는 당이 당이니만큼 어쩔 수 없겠지 하고 봐주는 분위기가 있었던 것 같다. 그런데 갈수록 그게 아니었다. 우리말에 '적당히 해'나 '정도껏 해' 같은 말이 있는데, 이런 말을 충고라고 하기에는 그들은 너무 많이 나가버렸다. 1997년과 2002년 대통령 선거에서 김문수, 이재오는 이회창이 진보는 아닐지라도 부패한 건 아니지 않냐고 스스로를 달래며 이회창 대통령 만들기에 앞장섰지만, 두 차례의 선거에서 연이어 패배했다. 특히 자기들이 열심히 운동하던 유신 시절에 고시 공부해서 판사가 되고 변호사 개업해서 돈 벌다가 뒤늦게 지방에서 운동을 한 노무현에게 졌다는 것은 운동권 핵심을 자부하는 그들의 자존심이 허락하지 않았다.(이런 증세는 노무현과 같이 꼬마 민주당을 했던 박계동이 오히려 가장 심한 것 같다.)

노무현의 명패와 김문수의 명패

자신이 양자로 들어간 대갓집을 본때 나게 일으켜 세우고 싶건만, 일은 계속 꼬이기만 하고, 엄청난 좌절감 속에 전망은 보이지 않고, 한나라당을 이끄는 유신 공주 치마폭에 안주하는 것은 스스로 지워버리지 못한 운동권의 자존심이 용납하지 못하고, 운동 같지 않은 운동 했던 경력 갖고 꺼떡거리는 뉴라이트들에게 도와달라는 것 역시 차마 할 짓이 아니고, 그리고 뭔가 보여달라는 기득권층의 요구는 멈추지 않고…. 그러니 뒷발질하며 명패라도 던질 수밖에 없었던 것이 아닐까? 날아가는 명패를 보며 나는 1989년 1월 1일 국회 본회의장의 허공을 가로지른 또 다른 명패가 생각났다. 초선 의원 노무현이 던진 것이었다. 3당 야합으로 가는 길목에서 5공 청산은 유야무야되었고 백담사에서 하산한 전두환은 여유 있게 발언을 마치고 의사당을 빠져나갔다. 그 빈자리에 말없이 앉아 있던 노무현이 명패를 날렸다. 지금의 노무현에 대해서는 할 말이 많지만, 나는 솔직히 그때 노무현에게 반했다. 그가 명패라도 집어던지지 않았더라면, 내가 텔레비전을 집어던졌을지도 모를 그런 기분이었다. 그런데 왜 김문수가 던진 명패를 보면서는 쓴웃음만 날까?

우리 모두는 젊은 날의 이런저런 꿈이 이루어지기를 바란다. 그런데 지나놓고 보면 그때의 꿈이 이루어지지 않은 게 천만다행이다 싶을 때가 있다. 어렸을 때 기자가 되고 싶었는데, 하필이면 〈조선일보〉 기자가 되고 싶었던 것. 그리고 후배들에게 인생 저렇게 살지 말라고 말해줘야 할 반면교사가 되어버린 이재오를 배우고 싶은 선생님으로, 김문수를 닮고 싶은 선배로 생각했던 것. 그런 꿈이 이루어졌으면 어떡할 뻔했나, 생각만 해도 머리가 곤두선다.

남한 주사파의 비극과 희극
_아무나 붙잡고 마녀사냥의 '주사'를 부리지 말라

신문을 보면 혹시 시계가 10년쯤 거꾸로 돌아가 1994년 여름의 주사파 소동이 되풀이되는 것이 아닌가 하는 생각마저 든다. 〈중앙일보〉는 김일성방송대학이 이미 5년 전에 온라인 강의를 시작한 것을 마치 큰일이라도 난 듯 '북 주체사상 인터넷 공습'이라는 자극적인 제목을 달아 2004년 11월 11일 1면 머리기사로 보도했다. 그러자 〈조선일보〉는 이에 뒤질세라 다음날 전국공무원노동조합이 70여 일 전에 조합원들을 상대로 개최한 공무원노동자학교 교육 내용에 주체사상에 자주 등장하는 단어들이 사용된 것을 들어 공무원노조의 조합원 교육에 주체사상이 포함되었다며 1면 머리기사로 보도했다. 5년 전에 시작한 인터넷 강의도, 70여 일 전에 100명도 안 되는 조합원 모아 놓고 행한 교육 내용도 대한민국의 일등 신문 자리를 놓고 피 말리는 경쟁을 하는 두 거대 신문의 1면 머리기사로 올려놓다니, 참으로 놀라워라, 주체사상의 괴력이여!

박홍, 해프닝의 추억!

1994년, 북의 김일성 주석이 남북 정상회담을 앞두고 갑자기 세상을 뜬 뒤의 일이다. 세계사에서 유례를 찾기 힘든 조문 파동이 벌어지더니, 곧이어 주사파 소동이 벌어졌다. 공안 당국은 일부 대학에 설치된 김일성 주석 분향소를 철거하고 학생들을 구속했다. 이 일로 이른바 '북핵 위기'를 지나 정상회담 일보 직전까지 갔던 남북 관계는 김영삼의 임기가 다할 때까지 어떻게 손을 써볼 수 없을 정도로 악화되었다. 이 무렵에 한 명의 스타가 다시 등장했다. 정의구현사제단 출신에 서강대 총장으로 있던 신부 박홍, 1991년 이른바 분신정국 당시 "죽음을 선동하고 이용하려는 반생명적인 어둠의 세력이 있다. 이들은 죽음의 블랙리스트를 만드는 사람들이다"라는 충격적인 발언을 하여 전대미문의 '유서대필' 사건을 초래한 바로 그 인물이 다시 험한 입을 열었다. 수구세력의 입장에서는 '신부님, 우리들의 신부님'이 돌아온 것이다.

주체사상의 창시자로 잘못 알려진 황장엽씨(위쪽). 그는 주체사상에 당의정을 입히는 정도의 역할을 했을 뿐이다. '강철서신'으로 남한 학생운동에 주체사상을 알렸던 김영환씨(아래쪽). 그는 깨진 환상을 수구의 품에서 위로받으려 했다.

박홍은 1994년 7월 18일 청와대에서 열린 대학총장 초청 오찬에서 주사파가 "생각보다 깊이 침투"되어 있다면서 "북한은 학원 안에 테러조직 등 무서운 조직을 만들어놓고" 있다고 주장했다. 이어 그는 "주사파 뒤에는 사노맹이 있고 사노맹 뒤에는 사로청, 사로청 뒤에는 김정일이 있"다는 놀라운 발언을 했다. 얼마 뒤 그는 "북한에 초청되어 장학금을 받은 학생이 남한의 대학교수가 되었다"는 발언을 했고, 몇몇 교수들은 공안 당국에 불려가 조사를 받는 곤욕을 치르기도 했다. 박홍은 연예인 못지않은 인기를 누리며 연일 주사파 관련 뉴스를 쏟아냈다. 박홍의 입을 쳐다보기는 언론만이 아니었다. 〈춤추는 대수사선〉

을 꼭 극장에 가야 볼 수 있는 건 아니었다. 마치 박홍이 합동수사본부의 책임자인 듯 그의 말 한마디에 주사파 사냥의 화살은 과녁을 옮겨다녔다.

제자인 학생들을 주사파로 고발한 '스승'은 〈조선일보〉에 의해 '용기 있는 지식인'으로 칭송을 받았다. 이 신문은 한 면을 털어 사회가 그의 용기를 보호해야 한다며 각계 '지식인'들의 동조 발언을 실었다. 그런데 이 용기 있는 신부님의 말씀에는 아무런 근거가 없었다. 연일 쏟아내는 놀라운 주장들의 '증거'가 뭐냐는 기자들의 질문에 대해서도 박홍은 "공산주의 이론을 조금이라도 공부한 사람이면 다 아는…" "북한을 방문한 학생운동권 핵심으로부터 전해 들은…" 하는 정도로 답할 뿐이었다. 〈조선일보〉의 한 논객은 주사파 배후에 김정일이 있다는 박홍의 발언을 놓고 "일부의 인사는 증거를 대라고 추궁"하는데 "증거 요구는 망발"이며 "천치가 아닌 한 누구도 물증을 고스란히 모두 남겨놓으면서 혁명운동을 꾸미지는 않는다"고까지 주장했다.

주사파의 뒤에는 사노맹이 있다는 말에 가장 충격을 받았을 사람은 아마도 사노맹 출신들이었을 것이다. 왜냐하면 1990년 안기부에 의해 일제 검거된 사노맹은 남쪽의 운동 진영에서 친북적 입장을 견지하는 주사파들을 혐오하고 경멸하며 반대하는 그룹으로서 주사파들과 첨예한 사상투쟁을 전개한 집단이었기 때문이다. 이 조직은 정통 사회주의를 표방하면서 북이나 주체사상을 사회주의를 벗어난 소부르주아적 민족주의 편향이라고 비난해왔다. 그냥 비난해온 정도가 아니라 남쪽 운동의 발전을 위해서는 주사파를 박멸해야 한다고 주장해온 집단이 사노맹이었다.

사노맹은 억울하다?

그런데 졸지에 사노맹이란 이름이 북의 청년단체인 사로청과 비슷하다고 해서 자신들이 혐오하는 주사파의 배후이자, 사로청의 지시를 받는, 말하자면 남쪽의 주사파를 북과 연결해주는 고리로 지목되었으니 그 황당함은 이루 말할 수 없을 것이다. 사노맹이 주사파와 첨예하게 대립했다는 점은 민족민주운동에 조금이라도 관심이 있는 사람이라면 다 아는 사실인데, 명칭이 비슷하다고 이렇게 연결해놓은 것을 보면 그에 대한 〈조선일보〉의 평가가 100% 잘못된 것만은 아닌 것 같다. 그가 지식인인지는 모르겠지만, '용기'만큼은 확실했다. 애들 잘 쓰는 말로 무식하면 용감하다고 했더라만….

남쪽에 주체사상의 영향이 본격적으로 미치기 시작한 것은 대략 1985년 말부터이다. 일부 학생들이 북에 대한 호기심 속에서 방송을 듣기 시작한 것이다. 북의 주체사상을 방송을 통해 받아들이기까지 남쪽의 민족민주운동은 참으로 먼 길을 돌아왔다. 1970년대 후반에는 남미의 상황을 설명하는 종속이론이 수입되어 꽤나 유행했다. 그러나 머나먼 남미의 종속이론은 아무래도 우리 처지에는 들어맞지 않았다. 이번에는 이웃한 중국혁명의 경험에서 마오쩌둥의 사상과 혁명이론이 사람들의 관심을 끌었다. 그리고 마오의 이론은 다시 마르크스와 레닌의 정통이론에 자리를 내주었다. 그리고 레닌에 이어 사람들은 스탈린을 읽기 시작했다. 이른바 원전(原典)의 시대였다. 사람들은 원전 속에 저 광주의 학살자를 몰아내는, 모순에 찬 자본주의를 일거에 해결하는 비법이 있으리라 기대하며 몇 번씩 복사해서 글자가 뭉개진 책을 몰래 돌려보았다. 컴퓨터가 보편화되기 전이라 타자를 쳐서 복사한 아주 조잡하게 번역된 원전들의 한국어판이 돌기 시작했다.

원전의 공부도, 사회과학 공부도 역사가 길지 않았다. 현대사 연구는 광주를 거치면서 처음 시작되었다. 놀라운 학구열과 첨예한 의

2001년 5월 서울대 총학생회 주최로 열린 주체사상 대토론회. 주체사상을 신봉하는 주사파는 이제 거의 멸종 위기라 할 수 있다.

식을 가진 어린 학생들, 그러나 복잡한 세상은 희미한 원전 복사본에 사회과학 서적 몇 권 읽은 지식으로 분석하기가 만만하지 않았다.

그렇다고 다른 누가 해주지 않는 작업을 미룰 수도 없었다. 그런 어려운 상황에서 한국 사회가 안고 있는 문제를 규명하고, 이를 어떻게 해결할 것인가, 한국 사회 내부의 계급 문제의 해결이 선행되어야 하는가, 아니면 미국과의 문제 또는 북과의 통일 문제를 먼저 풀어야 하는가 등의 복잡하기 짝이 없는 문제들을 놓고 토론이 벌어졌다. 채 소화되지 않은 이론과 지식으로 얽히고설킨 문제들과 씨름하다 보니 이른바 사회구성체 논쟁이 벌어지는 동안, 말도 글도 너무 어려워졌

다. 글 쓴 사람도 제대로 이해하지 못하고 썼는데, 읽는 사람이 이해하기는 너무 어려웠다. 사람들은 생경한 사회 분석을 그대로 조직론과 실천론에 적용하고 그것을 과학이라 믿었다. 논쟁판에는 이미 머리에 쥐가 난 사람들과 곧 나려는 사람들 두 부류밖에는 존재하지 않았다.

주체사상은 이런 분위기 속에서 등장했다. 주체사상이 남쪽에서 일거에 유행할 수 있었던 데는 몇 가지 더 중요한 이유를 찾을 수 있지만, 우선 쉬웠다는 점을 지적하지 않을 수 없다. 모두가 길을 잃어버린 사회구성체 논쟁에 질린 사람들에게 모든 것을 단순 명쾌하게 풀어버리는 주체사상은 신선한 충격이었다. 모든 것은 '위수동'(위대한 수령 김일성 동지의 약어)이나 '친지동'(친애하는 지도자 김정일 동지)에 의해 이미 정리되어 있었다. 번잡할 대로 번잡해진 사회구성체 논쟁과는 달리 이제 '고민 끝, 실천 시작'이 가능할 것처럼 보였다.

서구의 신좌파에서 남미의 종속이론을 거쳐 중국의 마오이즘을 지나 마르크스를 만나고 레닌에서 스탈린으로 이어지는 볼셰비즘으로의 긴 여정 끝에 사람들은 마침내 원산지가 조선임을 주장하는 주체사상을 만난 것이다. 이제 번역의 시대는 끝이 났다. 그러나 번역의 시대가 종식되었다는 것이 곧 남쪽 운동 진영이 정말 '주체'적인 입장에서 자기 얘기를 하게 되었다는 것을 의미하지는 않는다. 아니, 번역의 시대보다 더 어두운 '받아쓰기'의 시대가 시작된 것이다.

받아쓰기의 시대는 화려하게 개막되었다. '강철'이란 서명에 '한 노동운동가가 청년학생들에게 보내는 편지'라는 부제를 단 편지 형태의 글은 '강철서신'이란 이름으로 일파만파를 일으키며 널리 퍼져 갔다. '강철서신'은 마치 무협지에서 새로운 고수가 강호를 평정하듯 새로운 신화를 낳고 있었다. 무엇보다도 이 글은 활동가의 품성을 강조했다. 이론만이 남아 치열한 사상투쟁을 벌이던 당시의 풍토에서 사람 냄새 물씬 나는 품성에 대한 강조는 많은 사람들에게 충격을 주었다. '강철서신'에서 미국은 미국놈도, 미제도 아니었다. '노린내 나는 양키'였고, 각을 떠도 시원찮을 존재였다.

나는 이 무렵 스칼라피노, 이정식의 『한국 공산주의 운동사』 번역을 하고 있었기 때문에 김일성의 주요 연설문을 비롯하여 북에서 나온 각종 서적이나 문헌들을 이미 많이 접한 상태였다. 그렇기에 북의 주장과 동일한 주장을 펴는 집단이 남쪽의 운동 진영 내에 출현했다는 사실은 충격적이었지만, 내용 자체는 내게는 별로 충격적이지 않았다. 북의 원전을 이미 본 입장에서 볼 때 강철의 주장은 전혀 새로울 것이 없었지만, 북의 원전을 접할 길이 없었던 일반 청년학생들의 경우는 사정이 달랐다. 강철 김영환은 사상의 불모지였던 남쪽에 주체사상을 꽃피운 자생적 주체주의자로 추앙되고 있었다. 이것은 남쪽의 운동 진영을 위해서도, 김영환 본인을 위해서도, 주체사상을 위해서도 크나큰 불행이었다.

김일성을 만난 김영환의 착각

10년여의 세월이 흐른 1999년, 김영환은 강철이 아니라 간첩이 되어 우리 앞에 모습을 드러냈다. 거액의 공작금을 받고, 밀입북하여 김일성까지 만난 남쪽 주사파의 대부 김영환. 이전의 조직 사건에서 조작과 침소봉대라는 의혹을 받던 국정원은 이 사건의 경우 축소 수사라는 말을 들을 정도로 김영환을 공소 보류하는 등 파격적인 조치를 취했다. 강철 김영환은 자신의 과오를 반성하는 반성문을 국정원에서 작성했고, 〈조선일보〉는 주사파 대부의 반성문을 특종 보도했다.

이 무렵 김영환이 〈신동아〉와 한 인터뷰를 보면 기가 막히도록 비극적이며 동시에 희극적인 이야기가 나온다. 김일성을 직접 만난 김영환의 평이다. "실제로 김일성은 주체사상이라는 말은 쓰지만, 제가 만나서 얘기해본 바에 의하면 주체사상에 대해서는 거의 관심이 없고 잘 모른다는 느낌을 받았어요. 주체사상이라는 용어만 꺼냈지 실제로 김일성이 하는 얘기에는 주체사상의 내용이 녹아 있는 느낌을 주는 것은 전혀 없었어요." 얼치기 신학생이 예수님 만나 몇 마디 대화 나누고 '기독교를 전혀 이해하지 못하더라'고 얘기하는 것과 한가지이다. 앞뒤가 꽉 막힌 유생이 『논어』 달달 외고 공자님 만나 문답을 하다가 사람을 보아가며 똑같은 이치를 다르게 설명해주는 공자님보고 교과서에 나오는 것도 모른다고 비판하는 격이다.

김영환은 자신이 밑줄 그어가며 달달 외운 주체사상 해설서나 논문을 생각하며, 김일성이 주체사상에 대해 모른다고 용감하게 말한 것이다. 김영환이 공부한 주체사상은 황장엽 등이 당의정을 입힌 주체사상이다. 자주성이니, 창조성이니, 의식성이니 하는 용어들이 그런 당의정이다. 그러나 주체사상의 핵심이 되는 내용들은 항일무장투쟁과 이북 사회주의의 건설 과정에서 나온 것이다. 어떤 약을 보고 당의정만 기억해서 노란 약, 주황색 약 등등 색깔을 이야기할 수는 있겠지만, 그런 색깔은 약의 본질과는 전혀 다르다. 황장엽 등 이론가의 역할은 약에 당의정을 입히고, 포장을 하고, 설명서를 단 것이지, 약을 만든 것이 아니다. 주체사상의 창시자로 잘못 알려진 황장엽의 역할은 당의정 입힌 정도로 수정되어야 한다.

주체사상은 항일무장투쟁과 이북의 건설 과정에서 교조주의와의 투쟁 속에서 생성된 것이다. 북에서 주체사상의 핵심 내용을 마르크스-레닌주의를 대체할 사상 체계로 너무 뻥튀기하지 않고 하나의 삶의 태도로 설명했더라면 오히려 더 설득력이 있었을지도 모른다.

그러나 김영환은 황장엽 등이 화려한 당의정을 입혀놓은 주체사상을 가장 반주체적인 태도로, 대단히 교조적으로 집어삼켰다. 그러고는 끝내 소화하지 못한 채 토해버렸다. 강철 시절의 김영환에게 북은 남의 대안이자 '절대선'이었다. 항일 무장투쟁의 신화와 친일파 청산, 토지개혁과 사회주의 건설! 일제의 강점과 분단으로 인해 민족주의적 요구가 강할 수밖에 없는 분단된 한반도에서 "노린내 나는 양키의

북한의 주체사상탑. 주체사상의 핵심 내용은 이북의 사회주의 건설 과정에서 나왔다.

군홧발 아래" 짓밟힌 남녘에서 자란 세대에게 외세로부터 자유로운 북은 이상향처럼 보였던 것이다. 더구나 1980년대 중반이라면 남쪽이 북에 비해 경제력에서 우위를 점하기는 했지만, 그 격차가 오늘날처럼 비교할 수 없게 벌어진 상황은 아니었다. 현실정치 속에 존재하

는 하나의 체제인 북을 '절대선'으로 본 것도 비극이지만, 김영환은 이런 잘못을 깨닫고는 반대 방향으로 뛰쳐나갔다. 그와 유사한 경험을 했지만, 그와는 달리 차분하게 북을 바라보는 연구자가 된 어느 학자가 지적한 것처럼 "그는 환상이 깨진 자리를 치열한 반성적 대안으로 채우는 것이 아니라 북한을 악으로 규정하고 반공, 반북으로 나감으로써 최대한 보상받으려" 하고 있다. 수구세력의 품에 안긴 채로…. 그가 쓴 '강철서신'의 히트작 〈간첩 박헌영에게서 무엇을 배울 것인가〉를 읽고 자란 세대는 "간첩 김영환에게서 무엇을 배울 것인가"를 고민하게 되었다.

주사파(注射派) 소동은 계속된다

남쪽이 민주화가 되고 체제 경쟁은 이미 끝난 마당에서 아직도 주사파 소동은 벌어지고 있다. 아, 그러고 보니 주사파도 한 가지 브랜드가 아니다. 주체사상을 신봉하고 북의 체제 우위를 주장하는 주사파(主思派)는 이제 거의 멸종 위기이다. 그런데도 주사파가 나타났다고 소동을 벌이는 사람들을 우리는 또 다른 주사파(酒邪派)로 분류해야 한다.

그런데 이들의 증세가 점점 더 심해지는 것 같다. 술 마시고 어쩌다 주사 부리는 것이라면 한숨 쉬며 참아줄 수 있겠다. 그런데 술 취하지도 않고 아무나 보고 주사파, 주사파 하고 주사를 부리니 참 더불어 살기 고약한 존재들이다. 더 악질적인 주사파는 주사(注射)를 맞지 않고는 배기지 못하는, 속된 말로 뽕쟁이라 하는 주사파(注射派)들이다. 제 머리로 생각하지 못하고 외부로부터 무언가가 주입되어야만 움직이는 족속들, 약 기운이 떨어지면 심한 금단현상을 보이는 부류들. 극과 극은 서로 통한다더니 주사파(主思派)와 주사파(酒邪派)가 만나 새로운 주사파(注射派)를 만들어가고 있다.

뉴라이트는 '품성'을 갖춰라

_ '업그레이드 자유주의 486'은 수구 뺨치는 소아병 수구 행각

광주의 학살로 시작된 1980년대는 그야말로 질풍노도의 시대였다. 대학가는 수백 명의 동포를 학살한 자가 대통령으로 거들먹거리는 것을 차마 볼 수 없었던 사람들로 가득 찼다. 대학생들은 학살의 원흉을 끌어내리는 데 도움이 되는 이론이라면 뭐든 가리지 않고 받아들였다. 종속이론에서부터 일본의 강단 마르크시스트들이 쓴 여러 가지 책이며, 마오쩌둥의 사상이며, 레닌의 이론이며, 스탈린의 교과서까지…. 그리고 주체사상마저 들어왔다.

도저히 '뉴'를 붙일 수 없는 낡은 모델

사실 이런 이론들은 입시 준비에 찌들어 변변한 인문 교양서를 읽을 틈도 없이 사춘기를 보낸 대학생들에게는, 전문가인 교수들이 강의실에서 차근차근 설명을 해주어도 충분히 소화하기가 만만치 않았을 것이다. 그러나 극단적인 반공 군사독재 아래서, 학보에 실을 원고에 '계급'이란 말만 써도 모조리 '계층'으로 고쳐놓는 교수님이 계신 대학가에서 이런 수입 혁명이론들은 정상적인 유통 경로를 거칠 수 없었다. 이른바 386 세대의 학생들은 1년 전에는 똑같이 아무것도 몰랐던 선배가 거칠게 한두 번 씹어준 이론을 자취방에서 벌어진 세미나에서 받아먹었다. 그런 소화되지 못한 이론조차 접할 기회가 많지 않았던 70년대 세대들은 광주학살을 거치면서 눈빛이 달라진 후배들

이 조금은 무시무시한 이론으로 무장하는 것을 한편으로는 걱정스럽게, 또 한편으로는 경외감이나 어쩌면 부러움을 갖고 바라보았다.

1980년대는 사상의 시대였다. 그러나 미숙한 시대였다. 모두들 사상이, 세계관이, 철학적 입장이 중요하다고 거품을 물었지만, 정작 사상의 내용은 채우지 못한 그런 시대였다. 그래도 사상은 중요했다. 저 강력한 군사독재에 맞서 죽음을 각오하고 싸우려면 사상적 준비가 필요했고, 대열의 사상적 통일과 단결이 필요했다. 그러다 보니 실무적인 일을 논의하기 위한 모임에서도 조금만 의견이 다르면 사상

수구언론의 화려한 조명을 받으며 등장한 뉴라이트. 미성숙했던 80년대 사상투쟁을 되풀이하는 걸까.

적 입장이나 세계관이 달라서 그렇다며, 몇 달씩 변증법적 유물론을 공부하자고 계획을 잡는 것도 별로 낯선 일이 아니었다. 뭐든지 변증법을 끌어다가 설명하려 들던 그 시절에 변증법, 참 여러 군데서 고생 많았다. 그 시절, 많은 사람들은 사상투쟁이나 사상운동이란 말을

입에 달고 살았다. 말을 하는 사람도 자기가 무슨 말을 하는지 잘 몰랐던 사구체(사회구성체) 논쟁이 그 시절 사투(사상투쟁)의 결과물이었다.

나는 머리로든 발로든 운동에서 그렇게 멀리 떨어져 있지는 않았지만, 최근에 정말 오랜만에 사상운동이란 말을 다시 들었다. 기억조차 희미해진 그 말을 다시 살려낸 사람들은 이른바 '뉴라이트'를 표방하고 나선 이들. 수구언론의 화려한 조명을 받으며 등장한 그들은 "노무현 정권을 극복하기 위해서는 자유주의 사상을 생산하고 확대하는 '사상운동'이 필요하고도 긴급"하다며, "사회 곳곳에 자유주의 진지를 구축하고 자유주의를 시대 담론으로 만드는 사상운동"을 벌일 것이라고 밝혔다. 뉴라이트 운동 관계자들은 이 운동이 현실정치와 어떤 관련을 맺게 되느냐는 질문에 "사상운동이 성공하면 현실정치에 참여할 시점이 올 수도 있다"고 답했다. 20대 시절, 눈 동그랗게 뜨고 사상투쟁 하자고 달려들던 사람들이 나이 40이 넘어서도 역시 눈 부릅뜨고 사상투쟁 하자고 하는 것이다.

뉴라이트가 등장하자 많은 사람들이 헷갈려 한다. 도대체 뭐가 얼마나 새롭기에 이름에다 '뉴'를 달고 나왔을까? 그러나 그들의 주장을 아무리 살펴봐도 그들이 비판해대는 '수구보수'와 다른 점을 찾을 수 없다. 저 유명한 김용갑 의원이 "뉴라이트의 주장이 바로 내 주장"이라고 반색을 하고 나올 정도로 뉴라이트의 주장은 새롭지 않다. 두드러진 차이는 하나, 뉴라이트를 표방하고 나선 '자유주의연대'라는 단체의 주요 간부들이 이른바 386 운동권, 그것도 말 많고 탈 많은 주사파 출신이라는 점이다. 이제 그들이 40대가 되어 자신들은 더 이상 운동권 386이 아니라 "업그레이드된 자유주의 486"이라고 주장하고 나선 것이다. 지난 10년간 그들은 과연 무엇을 하고 있었던 것일까? 골방에서 열심히 10년간 연구 개발해서 들고 나온 모델이 486인 모양이다. 그런데 어쩌나, 이제 세상은 펜티엄급도 머잖아 낡은 모델이 될 정도로 확확 변하고 있는데.

수구의 항구엔 이순신 장군이 없다

이들 486을 불러낸 것은 〈조선일보〉와 〈동아일보〉 두 신문이었다. 〈조선일보〉의 류근일 칼럼은 "'주사파 386'의 약점과 정체를 누구보다도 환히 꿰뚫어보고 있는 그들의 천적(天敵)"인 '자유주의 486'들이 "자기들의 정체를 물으면 '색깔론'이라고 길길이 뛰면서도 남을 향해서는 걸핏하면 '보수꼴통' '수구냉전'이라며 '역(逆)색깔론'을 펴는 '주사파 386'들의 아킬레스건에 '예리한 비수를 던져야 한다"는 격문을 썼다. 이 격문은 "전함 12척은 분명히 남아 있다"라는 결연한 말로 끝을 맺었다.

이순신 장군이 모함을 받아 해직된 사이, 134척의 조선 수군은 거의 궤멸되어 겨우 12척의 배만 남았다. 조정에서 이순신 장군을 다시 수군통제사로 임명하자 그는 "아직도 배가 12척이나 있고 미천한 신도 죽지 않았습니다"(尙有十二 微臣不死)라는 장계를 올렸다. 이순신 장군을 인용한 이 글은 1980년대 뉴라이트 중심인물들이 주사파로 화려하게 등장했을 때 국책 연구기관의 어느 교수가 자못 비장하게 "이 땅의 우익은 죽었는가"라는 격문을 날린 이래, 그 동네 최고의 명문이 아닌가 싶다. 그런데 좀 이상하다. 수구의 항구에 가보니 배야 12척이 아니라 100척도 넘게 남아 있다. 문제는 배가 없는 게 아니다. 그들에게는 이순신 장군이 없다. 아니, 이순신을 만들어낸 민중의 아픔과 희망이 수구의 진영에는 처음부터 없었다.

무엇보다 뉴라이트들은 예나 지금이나 너무 극단적이다. 1980년대에는 너무 쉽게 사회주의자가 되고 너무 쉽게 주사파가 되었다면, 지금은 너무 쉽게 뉴라이트가 되었다. 사실 이들이 주체사상을 들고 나왔을 때 많은 사람들이 문제 삼았던 것은 주체사상의 내용보다는 그것을 받아들이는 그들의 태도였다. 당시 운동 진영 내의 많은 사람들에게 북을 어떻게 바라보아야 할 것인지는 중요한 과제였다. 많은 사람들이 이북을 때려잡아야 할 '북괴'가 아니라 함께 통일을 이루어야 할 민족의 절반으로, 새롭게 사귀어야 할 친구로 보고자 했다. 그러나 그 시절의 뉴라이트들은 달라도 한참 달랐다. 그들에게 북은 새롭게 사귀어야 할 벗도, 오랫동안 갈라졌던 형제도 아니었다. 뉴라이트들이 핵심을 이룬 주사파들은 북을 이남의 혁명까지 지도해야 할 지도부로 섬겼다.

김용갑 의원이 반색할 정도로 그들의 주장은 수구 보수와 다를 것이 없다.

그들은 수령론이 주체사상의 핵심이라며, 민족자주와 통일의 과제를 폭넓게 끌어안은 집단 내에서 사상투쟁을 벌였다. 그들은 수령에 대한 무조건적인 충성만이 참된 운동가인가를 판별하는 유일한 기준이라고 들이댔다. 그리고 '위수동'(위대한 수령 김일성 동지)이나 '친지동'(친애하는 지도자 김정일 동지)의 '생신'이 오면 탄신을 '경하'하는 유인물을 돌리고 플래카드를 내걸었다.

누가 누구를 고발하는가

 그때 그들은 정말 나가도 너무 많이 나가서, 너무 조급하고 교조적이라는 비판을 받았다. 그런데 지금, 그들이 하는 짓은 똑같다. 나이로는 불혹의 40대에 접어들었고, 사상적으로는 전향을 했다지만, 하는 짓은 똑같다. 다만 그때는 왼쪽으로 치달아 사람들을 놀라게 하더니, 지금은 오른쪽으로 치달아 놀라게 하고 있다. 그 시절 운동 진영에서 잘 쓰던 말에 '소아병'이란 말이 있었다. 상황을 고려하지 않고 극단적인 언행만 일삼는 미성숙한 태도를 야유하는 말이다. 주입식 교육에 찌든 고등학교를 졸업한 지 얼마 안 되던 20대 시절에 이 돌림병에 걸리는 것은 어쩌면 통과의례였는지 모른다. 그러나 자기 나이에 책임을 져야 할 40대에 이르러서도 그 병을 앓고 있다니 참 딱한 노릇이다.
 새 모자를 갈아 쓰고 새 장갑을 갈아 끼듯, 그들은 주체사상을 버리고 자유주의를 선택했다. 예나 지금이나 그토록 사상을 중시해서, 삐꺽하면 사상투쟁을 벌이고 사상운동을 하자는 자들이 사상을 부속품 갈아 끼우듯 바꿔치기하는 모습은 차라리 경이롭기까지 하다. 사상의 숙성과 내면화를 거치지 않고 이렇게 부속품을 갈아 끼우듯 하는 것이야 자칭 자유주의자들의 '자유'일지 모르지만, 제발 그런 걸 전향이라고 남들에게까지 강요하지는 말았으면 한다. 북을 수령으로 떠받들며 북의 방송을 받아쓰기—솔직히 말하자면 그 받아쓰기, 맞춤법 엄청 틀렸다—해서 열심히 유인물을 만들어 돌리더니만, 20년 가까운 세월이 흐른 뒤에 "우리가 옛날에 주사파로 활약해서 잘 아는데 과거 학생 운동권의 다수는 주사파였고, 요즘 정권에 진출한 386들 역시 마찬가지"라고 떠들고 있다. 즉, 자기네가 열심히 만들어

뿌려댄 유인물을 받아 읽은 사람들을 지금 주사파라고 고발하고 있는 것이다. 그러면서 자기들처럼 미친× 널뛰듯 이쪽 끝에서 저쪽 끝까지 힘껏 내달려가 과거에 알던 누군가의 등에 칼을 꽂지 않으면 전향이 아니란다.

뉴라이트를 자처하는 주사파들은 언제나 자기들이 각광을 받으려 했다.
1991년 5월 18일 경찰에 맞서 싸우는 학생들.

20년 가까운 세월이 흘렀건만 변하지 않은 것은 또 있다. 한 번의 큰 좌절을 겪었을 텐데, 어쩌면 그때나 지금이나 독선적인 태도와 승리에 대한 확신만큼은 변함없이 저렇게 강할 수 있을까? 아마도 그들 동네에서 〈아픈 만큼 성숙해지고〉는 금지곡임이 틀림없다. 과거의 실패와 좌절에서 도대체 무엇을 배웠기에 "우리는 진실과 지성을 추구하기 때문에 승리를 확신한다"고 마구 떠들어댈까? 그들이 20대일 때는 마치 거짓과 반지성을 추구했기 때문에 좌절했다는 것일까? 공안기관의 밀실에서 이루어진 그들의 전향에서 우리는 깊은 반성과

좌절의 흔적을 찾기 어렵다. 주위 사람들의 만류에도 한쪽으로 돌진하다가 쾅 머리를 들이박고는 "이쪽이 아닌가벼" 하며 또 반대쪽으로 달려간다. 더 빨리 달려간다. 그러면서 자신들과 함께 질풍노도의 시대를 살아온 386 세대들은 "속성 재배로 인한 심각한 지적 빈곤"에 빠져 있으며, "386 자신을 선이며 도덕적 가치로 확신하는 황당함"은 바로 이런 속성 재배와 지적 빈곤의 산물이라고 목소리를 높인다. 과거의 386들에게 이런 속성이 있었다면, 그런 특징을 가장 많이 가진 부류는 주사파였고, 주사파 내에서도 바로 그들이었다. 20년 세월이 흘러 아직도 그런 속성을 버리지 못하고 있는 자들은 바로 뉴라이트들이다. 그들과 함께 운동을 했던 한 사람은 자신이 오히려 "왜 우리를 잘못된 길로 인도했냐고 그들에게 따져야 하는데 도리어 그들이 우리를 욕하고 있다"고 꼬집었다.

더 어려워진 합리적 보수세력의 출현

뉴라이트를 자처하는 주사파들의 변치 않은 점은 언제나 자기들이 각광을 받으며 무엇인가가 되고자 했다는 점이다. 그들은 단 한 번도 노동의 땀방울로 밥을 벌어먹은 적이 없으면서 노동운동을 지도하겠다고 나서고, 노동운동가를 자처하며 청년학생들에게 보내는 문건을 만들어 배포하고, '사상적 지도자'인 자신들은 공장에 들어가지 않으면서 자기들의 '지도'를 받는 동료와 후배들을 서슴없이 공장으로 들여보냈다. 그리고 20년 가까운 세월이 흐른 뒤에도 그들은 여전히 이 시대의 사상적 지도자를 자처하며 일대 사상운동을 벌이겠다고 나선다. 1980년대는 전두환 같은 자가 대통령 자리를 차지했기에, 단 한 번도 제 몸을 놀려 노동의 의미를 몸으로 느껴본 적이 없는 자들이 노동운동의 지도자를 자처해도, 실제 노동운동을 하던 일부 활동가들이 그들의 지도를 기꺼이 받아들이는 그런 시대였다. 그들이 한때나마 지도자로 군림할 수 있었던 것은 결코 그들이 잘나서가 아니다. 살인마 전두환이 권좌에 앉아 있는 것을 차마 볼 수 없었던 사람들, 갈라진 조국을 못 본 체할 수 없었던 사람들, 그리고 일하는 사람들이 일한 만큼 대가를 받지 못하는 현실을 좌시할 수 없었던 활동가들의 열정과 헌신이 있었기 때문이다. 그러나 지금 뉴라이트 뒤에는 이런 사람들이 없다. 오로지 두 차례의 대선 패배로 극도의 불안감과 초조감에 휩싸인 수구만이 있을 뿐이다.

뉴라이트가 각광을 받는 꼴을 보면서 서글퍼지는 것은 그들이 딱해서가 아니라, 이들이 설치는 바람에 진짜 합리적인 보수세력의 출현이 더 어려워지게 되었기 때문이다. 나는 진작 수구세력과 보수세력은 똥과 된장만큼 차이가 난다며, 보수세력 스스로 수구와 결별해야 한다고 촉구한 바 있다('참된 보수를 아십니까?'『대한민국史 01』). 또 지난 탄핵사태 때도 혼자서 "돌격 앞으로!" 하고 뛰쳐나갔다가 고립돼버린 수구세력을 분리수거하는 계기로 삼아야 한다고 주장했다. 그러나 불행하게도 수구세력은 분리수거되지 않았다. 대신 뉴라이트라는 새 피를 수혈받았는데, 이들 뉴라이트는 자유주의라는 장식품만 들고 나왔을 뿐 그 행각은 수구세력 저리 가라 할 정도다.

수구세력이나 그들의 지원을 받는 뉴라이트 같은 부류가 설쳐대며 물을 흐려놓을수록 한국 사회의 진로에 대해 진짜 보수적인 대안을 제시할 만한 합리적이고 차분한 집단은 설 자리를 찾을 수 없게 된다. 미군기지 되찾기 운동을 하는 김용한 박사의 '침뱉기' 비유를 빌리면 뉴라이트는 여러 명이 같이 먹으려고 마련한 큰 비빔밥 그릇에

침 뱉는 짓을 하고 있다. 누군가가 침을 뱉으면 보통 사람들은 더러워서 숟가락을 놓을 수밖에 없고, 결국 비빔밥은 침 뱉은 놈이나 침 뱉은 밥도 먹을 수 있는 막강한 비위를 가진 자들만의 몫이 되고 만다는 것이다. 뉴라이트마냥 남의 등에 칼을 꽂아야 행동하는 보수 지성으로 찬양을 받는 세상이니, 등 뒤에 칼 꽂는 짓 대신 정책과 대안으로 승부를 해보려는 차분한 보수 지식인들이야 어디에 설 수 있을까?

사상과 이념을 절대화하지 말라

뉴라이트나 나나 별로 나이 차이가 나지 않고, 이제는 같이 늙어가는 처지라 할 수 있다. 젊은 독자들께는 죄송하지만, 주제가 주제인 만큼 나이 타령을 좀 해야겠다. 본격적으로 나이 먹어가기 시작하니까 나 자신이 세상을 바라보는 기준이 좀 달라지는 것이 느껴진다. 80년대의 질풍노도 시대를 살아온 나 역시 한때 이념과 사상을 중시했다. 광주에 대한 태도, 미국에 대한 입장, 이런 것들이 아주 중요했다. 뉴라이트들마냥 '위수동' '친지동' 탄신을 챙기는 짓은 안 했어도, 북에 대한 입장은 우리와 저들을 나누는 중요한 기준이었다. 그런데 지금 별로 나이 많지도 않은 40대에 들어서도 운동의 현장에 남아서 작은 일이라도 거들고 있는 사람들을 보면 이념이나 사상 때문에 남아 있는 사람은 아무도 없는 듯하다. 살아오면서, 또 운동하면서 만나고 헤어진 사람들과의 인연 때문에, 사람들에게 진 마음의 빚 때문에, 아니면 그놈의 정 때문에 차마 떠나지 못한 사람들이 대부분이다. 사상이나 이념, 너무 절대화하지 말자. 어디 전태일이 사상이나 이념 때문에 우리 가슴속에 살아 있는 것일까?

사상의 자유를 탄압하는 국가보안법이 있어야 민주주의가 유지된다는 희한한 자유주의를 표방하는 뉴라이트를 보면서 자꾸 드는 생각은 지금 한국 사회에서 벌어지는 논쟁들이 결코 이념 때문에 벌어진 논쟁이 아니라는 점이다. 20대 때는 잘 몰랐지만, 나이 40을 넘고 보니 새롭게 보이는 것도 있다. 전에는 사상과 이념으로 사람을 따졌는데, 그게 다가 아니고 이념과는 전혀 기준이 다른 사람됨이라는 게 있다. 좌파 중에도 절대로 상종하고 싶지 않은 인간이 있는가 하면, 생각은 보수적이지만 도저한 인품에 절로 고개가 숙여지는 우파도 있다. 자신들이야말로 지금도 진짜 주체사상파라고 우기는 뉴라이트들을 위해 주체사상의 용어를 빌려 표현한다면 '품성'이 중요한 것이다. 뉴라이트들이 옛 동료들을 향해 사상 고백을 하라고 을러대는 모습을 보면서 정말 품성이 중요하다는 것을 느끼게 된다. 지금 뉴라이트 문제, 이는 이념의 문제가 아니다. 주체사상식으로 얘기하면 품성의 문제이고, 우리의 일상의 말로 바꾼다면 '싸가지' 문제일 뿐이다.

한국 사회가 과거 청산의 진정한 기회를 맞이한 것은 해방 직후였다. 그러나 이때 한국 사회는 친일 잔재 청산에 실패했다. 아니, 그냥 실패했다고 하면 그것도 왜곡이 될 수 있다. 왜냐하면 단순한 친일 잔재 청산의 실패나 좌절이 아니라, 친일 잔재를 청산하자고 하던 양심적인 인사들이 친일파에 의해 거꾸로 청산당했기 때문이다. 반민특위의 와해나 백범 김구의 암살, 그리고 한국전쟁 전후의 민간인 학살의 주역들이 모두 친일파였음을 기억해야 한다.

| 2부 |

과거 청산으로 가는 마지막 비상구

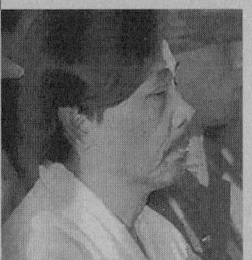

60년 만의 대청소가 두려운가
_진정한 과거 청산은 새로운 관계를 수립하는 과정

사람과 동물의 차이는 과거를 기억하고, 또 기록하는 능력이다. 이런 범상치 않은 능력을 갖고 있다 보니 때로 사람들은 부끄러운 과거를 지우기도 하고, 때로는 엄청나게 미화하기도 한다. 낚시를 즐기는 사람에게 들어보면 금방 잡은 붕어를 풀어주어도 다시 돌아와 낚싯밥을 무는 경우도 있다고 한다. 돌아서면 잊어버리는 기억력을 가진 붕어 사회에서야 역사도 과거 청산도 없겠지만, 인간이 모인 사회에서는 역사를 두고 싸우게 마련이다.

해방 뒤 거꾸로 청산당한 역사

이민족의 강제 점령과 도둑처럼 찾아온 해방, 그에 뒤이은 분단과 전쟁, 엄청난 규모의 민간인 학살과 군사반란, 그리고 정신없이 빠른 경제 성장과 치열한 민주화운동이라는 참으로 울퉁불퉁했던 역사를 살아내면서 우리는 단 한 번도 제대로 과거 청산을 하지 못했다. 그러다 보니 한국은 청산해야 할 과거의 만물상이라는 별로 달갑지 않은 별명을 갖게 되었다. 이 만물상에는 정말 없는 게 없다. 일제 강점기와 관련된 일만 하더라도 뜨거운 논란을 불러일으키고 있는 친일 청산의 문제가 있는가 하면, 강제 연행이나 일본군 위안부 문제처럼 일본 정부가 책임져야 할 문제가 있다. 해방 뒤에도 4·3이나 민간인 학살, 의문사처럼 한국 정부가 기본적인 책임을 져야 할 문제가 있고,

반드시 역사적인 책임을 물어야 할 부분은 친일파들이 살아남기 위해 해방 뒤에 어떤 짓을 했는지이다. 친일청산시민행동연대 준비위의 기자회견.

또 노근리 사건처럼 미국 정부가 책임질 일도 있다. 대부분의 사건이 우리가 피해자이거나 우리 내부의 문제이지만, 베트남에서의 한국군에 의한 민간인 학살처럼 우리가 가해자인 경우도 있다. 민간인 학살도 한발 들어가 보면 복잡하기 짝이 없다. 남북 상호간에 상대방 지역을 점령했을 때 벌어진 일들도 만만치 않게 복잡한 과제를 던지고 있다.

한국 사회가 과거 청산의 진정한 기회를 맞이한 것은 해방 직후였다. 그러나 이때 한국 사회는 친일 잔재 청산에 실패했다. 아니, 그냥 실패했다고 하면 그것도 왜곡이 될 수 있다. 왜냐하면 단순한 친일 잔재 청산의 실패나 좌절이 아니라, 친일 잔재를 청산하자고 하던 양심적인 인사들이 친일파에 의해 거꾸로 청산당했기 때문이다. 반민특위의 와해나 백범 김구의 암살, 그리고 한국전쟁 전후의 민간인 학살의 주역들이 모두 친일파였음을 기억해야 한다. 해방 직후 이외에도 한국 현대사에는 몇 차례 과거 청산의 좋은 기회가 있었다. 그러나 1960년 4월혁명은 5 · 16 군사반란으로, 박정희의 피살과 그에 뒤이은 이른바 서울의 봄은 전두환 · 노태우 일당이 감행한 12 ·

12와 5·17 등 두 차례의 군사반란으로, 그리고 1987년 6월항쟁으로 어렵게 찾아온 기회는 대통령 선거에서의 분열과 김영삼의 군사독재 정권과의 야합으로 인해 놓쳐버리고 말았다.

원래 제때에 제대로 청산을 하고 지나갔어야 할 문제들을 모두 내버려두었다가 뒤늦게 한꺼번에 치우려 하니 힘이 들 수밖에 없다. 60년 만의 대청소이니 마음을 합쳐 청소를 해도 보통 힘든 일이 아닐 텐데, 어떤 사람들은 먼지 난다고 비질하지 말라고 난리를 치고, 어떤 사람들은 청소하는 길목에 태연히 드러누워 방해를 한다. 또 어떤 사람들은 먼지를 털어내지도 않았는데, 걸레질부터 해야 한다며 법석을 떤다. 김영삼 정권 시절부터 역사 바로 세우기란 이름 하에 부분적으로 광주 문제 등에서 과거 청산이 시작됐고, 그 뒤 김대중 정권 시절에 의문사 진상 규명 법안이나 민주화운동 보상심의 관련 법안 등이 통과되면서 과거 청산 문제가 일정하게 진전을 보았지만, 과연 그때나 지금이나 잘못된 과거를 청산할 만한 준비와 역량을 갖추고 일을 시작한 것이었을까? 한국이 단 한 번도 제대로 과거 청산을 한 적이 없다고 하지만, 밖에서 보기에는 전혀 다른 평가도 가능하다. 왜냐하면 과거 군사독재 정권 시절의 대통령을 둘씩이나 감옥에 보낸 나라는 한국밖에 없기 때문이다. 그러나 조금만 차분히 들여다보면 사정은 아주 실망스러움을 알 수 있다. 전직 대통령을 둘씩이나 감옥에 보내고도 달라진 것은 아무것도 없기 때문이다. 과연 무엇이 잘못됐던 것일까? 강제 연행 관련 법안은 이미 통과됐고, 친일 진상 규명 법안과 의문사 법안의 개정이 추진되고 있으며, 한국전쟁 전후 민간인 학살 사건에 대한 통합 법안의 통과가 임박한 상황, 과거 청산과 관련된 갖가지 사항들이 부글부글 끓고 있는 상황에서 되돌아보지 않을 수 없다.

과거 청산에도 때가 있는 법이다. 가장 일반적인 경우는 혁명적 상황. 다소 거칠기는 하지만, 프랑스혁명 뒤에 앙시앵 레짐을 일소한 것처럼 옛 사회의 지배세력이 혁명세력에게 목을 내맡긴 경우, 과거 청산은 당장은 군말 없이 진행될 수 있다. 정치권력이 진짜로 바뀐 다음에 과거에 일어난 일들을 청소하고 정리하는 수준에서 진행된 과거 청산 작업으로는 옛 소련이나 동유럽에서 공산정권 시절에 일어난 잘못된 일들을 바로잡은 것을 들 수 있다. 혁명적 상황 이외에 과거 청산이 이루어지는 또 다른 시기는 점점 더 거세지는 혁명세력의 저항에 대해 지배세력이 아직 힘을 보유하고 있는 상황에서 대타협을 추구하는 경우이다. 진실과 화해 위원회로 유명한 남아프리카공화국을 보면, 과거 청산은 아파르트헤이트 정책을 써오던 백인들이 흑인들에게 정권을 넘기는 과정에서 안전한 퇴각을 보장받기 위해 이루어졌다.

국가가 주도하는 과거 청산의 한계

그러면 남아프리카에서 흑인들은 왜 타협했을까? 인도에 관한 죄는 공소시효를 적용하지 않는다는 국제법을 찾을 것도 없이, 현행법상의 공소시효가 시퍼렇게 살아 있는 사건들을 왜 제대로 처벌하지 않고 넘어갔을까? 가해자에 대한 처벌 없이 정의가 실현될 수 있을까? 남아프리카의 진실과 화해 위원회 위원을 지낸 란데라 박사가 한국을 방문했을 때 나는 이 문제를 좀 시비 걸듯 물어보았다. 그는 "아침에 죽지 않고 침대에서 일어날 권리"를 위해 타협할 수밖에 없었다고 답했다. 즉 현재 벌어지고 있는 살육을 막기 위해 타협은 불가피했다는 것이다.

진실과 화해 위원회에 대해서는 이러저러한 비판도 많지만, 상당한 권한을 갖고 그 권한에 의거하여 백인정권 시기의 인권 탄압의 총체적인 실상을 파헤쳤다고 할 수 있다. 그러나 한국의 경우 의문사진상규명위원회는 남아공의 진실과 화해 위원회처럼 과거에 발생한 의문사의 총체적인 진실이 아니라 개별 사건의 실체적 진실을 법정에서 유·무죄를 다루는 수준으로 규명할 것을 요구받았는데, 그런 엄청난 과업을 수행하는 데 주어진 권한이란 거의 없었다. 난지도보다 더 큰 쓰레기더미를 치우라면서 달랑 꽃삽만을 준 격이었다.

이것은 단순히 권한의 문제가 아니라, 과거 청산에 대한 사회적 합의의 문제였다. 과거 청산이란 청산돼야 할 대상이 되는 사람들이 다 물러난 뒤에도 복잡하고 고통스러운 과정을 겪을 수밖에 없는 일이다. 그러나 한국의 경우는 청산 대상이 되는 사람들이 아직도 국가기구의 요소요소에 박혀 있고, 국가권력도 충분히 민주화되지 못한 상황에서 국가가 주체가 되는 과거 청산이 요구됐다. 한국에서의 과거 청산이 복잡하고 지지부진한 이유는 정치권력의 교체가 아주 지지부진하게 이루어졌기 때문이다. 여전히 힘을 갖고 있는 구세력들은 과거의 잘못을 인정하려 하지 않고, 반성하지 않고, 사죄하지 않고, 화해하려 하지 않고 있다. 구세력이 완전히 무릎을 꿇은 혁명적 상황도 아니고, 그렇다고 구세력이 과거의 잘못을 인정하면서 나름대로 화해를 추구하는 상황도 아니다 보니 한국에서의 과거 청산은 시끄러울 수밖에 없다.

김영삼은 광주의 학살자들이 만든 민정당과 손을 잡는 '구국의 결단'을 통해 집권할 수 있었다. 김대중 정권은 5·16 군사반란의 주범인 김종필과 손을 잡고서야 간신히 출범할 수 있었다. 김대중 정권 출범 이후 민주화운동 관련 유가족들은 400여 일의 농성 끝에 의문사 법안을 통과시킬 수 있었다. 그러나 공안기관에서 고문과 살인, 가혹 행위를 자행한 장본인들 중 상당수는 여전히 현직에 있었거나, 그들이 키워낸 자들이 그 자리를 이어받아 차지하고 있었다. 정치권력은 더디지만 조금씩 바뀌었을지 몰라도, 사회적·경제적 권력은 여전히 그대로 유지됐다. 이런 상황에서 과거 청산은 국가가 잘못된 과거를 바로잡는 일에 그치지 않고 국가기구에서 또는 사회적 권력망에서 과거의 국가범죄와 관련된 집단을 무력화시키는 힘겨운 투쟁이 되지 않을 수 없었다.

진상 규명만은 양보할 수 없다

돌이켜 생각하면 광주의 학살자와 손을 잡고 대통령이 된 김영삼이 광주 문제의 '해결'을 시도하게 만든 것은 참으로 잘못된 일이었다. 게다가 그때 서둘러 광주 문제를 '해결'하려 시도한 사람들은 한국 현대사를 잘 알지 못했음이 틀림없다. 광주는 분명 엄청난 학살을 수반한 것이었지만, 대한민국이라는 국가가 자행한 국가폭력이 어디 광주뿐이었겠는가? 광주학살로 인해 목숨을 잃은 사망자가 당시 운동단체들의 주장으로 최대 2천 명이었던 데 반해, 한국전쟁에서 민간인 학살의 규모는 사망자만 100만을 상회하는 것으로 추산되고 있다. 광주의 경우 피해자와 유가족들에게 상당한 수준의 보상금이 주어졌는데, 당시 정치 지도자들이 정부가 책임져야 할 다른 국가폭력의 희생자 규모가 100만을 넘는다는 사실을 알았다면 감히 그렇게 평균적인 개별 보상에 의한 금전적 방식으로 문제를 해결해보려는 시도를 하지는 못했을 것이다. 민간인 학살에 대한 개별 보상을 추구한 거창 법안이 탄핵의 와중에서 고건 대통령 권한대행에 의해 거부권이 행사됐을 때 민간인 학살 진상 규명운동을 해온 사람들이 별다른 반대를 하지 않은 것도 광주 수준으로 100만 명이 넘는 피해자에게 배상을 했다가는 대한민국은 파산지경에 이를 수밖에 없다는 것을 잘 알기 때문이다. 참으로 슬픈 이야기지만, 돈이 풀리면서 광주는 우리 모

반민특위의 와해와 백범 김구의 암살 그리고 한국전쟁 전후의 민간인 학살의 주역들은 모두 친일파였다. 친일파를 심리 중인 반민특위 법정.

두의 광주에서 멀어져갔다. 광주를 광주 사람들만의 광주가 아니라, 우리 모두의 광주로 기억하며 싸웠던 사람들과 그들의 마음의 고향이던 광주는 점점 낯이 설어가고 있었다.

광주학살을 가능케 했던 정치적·사회적 분위기, 전두환을 우두머리로 한 신군부의 학살자들이 12년간 한국 사회를 지배할 수 있었던 사회적 토양과 국민들의 심리구조는 크게 변하지 못했다. 철저한

진상 규명에 기초한 자기성찰을 통해 광주와 나의 관계를 재조명하고, 광주의 의미를 새롭게 규정하는 작업은 이루어지지 않았다. 학살자들과 손잡은 자들은 광주의 진상 규명을 희생시키는 대신, 사면을 전제로 한 성급한 처벌과 돈으로 광주의 의미를 희석했다. 그에 따라 광주란 전두환 등 몇몇 신군부가 일으킨 사건이고, 우리는 그 사건과 아무런 관련이 없다는 면책 심리는 날개를 달아버렸다.

과거 청산에서 책임자 처벌은 양보해도, 배상과 보상은 포기해도, 위령사업은 축소하더라도, 절대로 양보할 수 없는 것이 진상 규명이다. 그러나 우리는 진상 규명 없이 명예 회복이나 배상, 보상에만 매달린 경우가 많았다. 진상 규명이 중요한 이유는 그것이 역사적 사실을 밝히는 것에 그치지 않고, 그 사실을 알아가는 과정을 통해 대한민국이라는 국가 안에서 사회와 개인, 개인과 개인, 그리고 국가와 사회, 국가와 개인이 새로운 관계를 수립하는 과정이기 때문이다. 진상 규명의 과정을 통해 국가와 그 대리인들이 범한 범죄와 그 범죄를 저지르게 된 상황이 공개되고, 또 피해의 사실들과 피해자들의 고통이 알려지면 우리는 사회 내에서 타인이 겪은 고통에 대한 공감과 그러한 고통을 가져온 배경과 상황을 공유할 수 있게 된다. 그 과정에서 사회 구성원이 가졌던 공포와 무관심으로부터 벗어날 수 있다.

정치인 가족사를 밝히자는 일인가

이 땅에 친일의 잘못을 범한 사람이 한둘이 아니다. 그러나 적어도 해방 당시에 그들의 절대다수는 잘못을 깨달았을 것이다. 누구는 진심으로 뉘우쳤을 것이고, 또 누구는 자신의 잘못된 선택을 후회하면서 새 국가 건설의 주역이 될 독립투사들이 자기 정도의 친일행위를 한 사람들은 관대히 용서해주기를 바랐을 것이다. 그러나 정말 악질 친일파들은 반격을 노렸고 반민특위를 와해시키고 살아남았다. 이 악질 친일파들은 빨갱이들이 자신들과 같은 진짜 애국자이자 반공투사들을 친일파 민족반역자로 몬다면서 "친일파를 처단하자고 주

과거 청산에서 질대로 양보할 수 없는 것이 진상 규명이다. 1950년 7월 한국군이 보도연맹원들을 학살하고 있다.

장하는 자들이 진짜 빨갱이"라고 주장했다. 이들 악질 친일파가 승리의 노래를 구가하는 세상에서는 자신의 작은 친일행위를 고백하고 사죄하는 일조차 어쩌면 빨갱이에게 굽히고 들어가는 일이 되었는지도 모른다. 친일의 과거를 지닌 채 대한민국에서 영달한 수많은 사람들이 자신을 미화하는 회고록이나 자서전을 남겼건만, 그중에서 자

신의 친일행위를 고백하고 사죄한 책은 열 손가락을 채우지 못할 정도로 드물다. 100만 명이 희생된 민간인 학살에도 가해자는 어디에도 없다. 아무도 고백하지 않는 사회에서 고백하는 자는 바보가 된다. 고백이 없는 사회, 반성이 없는 사회, 이것이 대한민국의 슬픈 자화상이며, 과거 청산 작업이 넘어야 할 크나큰 산이다.

과거 청산 요구가 거세지면서 언론은 때 아니게 유력 정치인의 아버지들이 그 암울했던 시기에 어떤 일을 했는지에 관심을 쏟았다. 과거 청산이 과연 누구 아버지, 누구 할아버지가 뭐 했다는 족보를 캘 만큼 한가한 일인가? 과거 청산은 개인의 족보를 파헤치는 작업이 아니다. 그런 건 호사가들에게 맡길 일이지, 국가가 나서서 할 일은 아니다. 친일 청산과 관련해서 우리가 밝혀야 할 부분이 친일파들의 일제 강점기의 행적에 국한되는 것은 아니다. 좀 과장해서 얘기한다면 친일파들이 일제 강점기에 행한 잘못은 독립운동가들을 체포·살해·고문한 것이 아니라면 다 봐줘도 된다. 그러나 반드시 우리가 규명하여 역사적인 책임을 물어야 할 부분은 친일파들이 살아남기 위해 해방 뒤에 어떤 짓을 했는지이다. 일본군 중위나 동네 면장을 지낸 특정한 개인이 일제 강점기에 무슨 짓을 했나보다도, 반민특위가 어떤 과정을 거쳐 와해됐고, 백범 김구가 어떤 세력에게 암살됐고, 이렇게 살아남은 친일파들이 대한민국을 어떻게 장악하여 민간인 학살을 자행하고 군사독재를 실시했는가이다. 친일과 민간인 학살과 군사독재 시기의 인권 침해가 어떤 상관관계를 가지는지 밝혀내는 일, 이것이 포괄적 과거 청산이다.

우리가 과거 청산이라 부르는 작업은 과거 권위주의 정권 시기에 국가가 범한 인권 침해 등 국가범죄를 국가가 직접 국민들에게 밝히고 재발을 방지하는 일이다. 일부에서는 과거 청산을 역사학자들에게 맡기자고 한다. 과거 청산과 역사 연구는 부분적으로 겹치는 영역이 물론 있겠지만, 엄연히 다른 차원의 일이다. 역사학자들이 과거 청산 작업에서 전문성을 살려 기여해야 할 부분이 분명 있지만, 과거 청산의 주체는 역시 가해자였던 국가여야 한다. 대한민국의 국가기구인 중앙정보부가 행한 인권 침해 사건을, 그 사건을 가지고 논문을 쓴 연구자가 대신 피해자에게 사죄할 수는 없지 않은가?

일본 극우파의 망언을 보라

과거 청산은 한계가 없는 것처럼 보일 수 있다. 그러나 가해자로서 국가가 해야 할 일과 역사학자나 사회과학자들이 해야 할 일을 현명하게 구분해야 한다. 국가가 해야 할 일의 한계를 명확히 설정하고, 그 과제를 수행하는 데서 피해자와 유족들의 마음을 얻는 것이 무엇보다 중요하다. 그런데 정부는 정부가 직접적인 가해자였던 민간인 학살이나 의문사 같은 문제는 물론이고, 일제 강점기 때의 강제 동원처럼 별로 큰 문제가 없어 보이는 문제에서조차 오히려 피해자들이 국적 포기운동을 벌일 정도로 피해자들로부터 믿음을 얻지 못하고 있다. 청구권 협정 체결 경위를 밝히고 문서 원본을 공개하라는 피해자들의 요구를 일본과의 외교 마찰 가능성을 이유로 거부하고 있기 때문이다. 실타래처럼 꼬인 과거 청산 문제를 정부가 정말로 풀 의지가 있다면, 큰비 오면 여기저기서 지금도 드러나는 민간인 학살 유해를 나서서 수습하고 일본에 방치돼 있는 유해를 모셔오는 일부터 당장 시작해야 할 것이다.

과거 청산, 그거 지금 꼭 해야 하느냐는 질문을 종종 받는다. 60년을 안 하고도 살아왔으니 그런 질문이 나올 법도 하다. 과거 청산을 안 하면 어떻게 되는지 궁금하다면, 나는 고개를 돌려 시도 때도 없이 망언을 일삼는 일본의 극우파들을 보라고 말하고 싶다. 단 한 번도 자신의 잘못을 인정하지 않고 반성하지 않고 사죄하지 않고 화해하지 않으려는 자들이 어떤 모습인가를….

'국가 위의 국가'를 벗긴다
_정보기관의 과거 청산은 왜 중요한가

1970년대의 시사만화를 보면 무슨 유니폼마냥 선글라스에 바바리코트를 입은 사내들이 종종 나온다. 이름하여 기관원. 하도 무서워서 중앙정보부원이라 부르지도 못했다. 은밀하게 움직여야 할 정보요원들이 '기관원'임을 숨기지도 않고 누가 봐도 알 수 있게 행동하고 다니던 그런 시절이었다. 남자를 여자로, 여자를 남자로 바꾸는 것 빼고는 어떤 일이라도 할 수 있다던 중앙정보부가 위세를 떨치던 시대, 그 암울했던 시대의 흔적은 지금도 우리 사회에 짙게 배어 있다.

공화당 창당 자금을 위한 '장난질'

5·16 군사반란의 주역은 정보장교들이었다. 박정희가 그랬고, 김종필이 그랬고, 박종규도 두 사람과 함께 육군본부 정보국 밥을 먹었다. 이런 자들이 반란에 성공한 뒤 제일 먼저 한 짓은 중앙정보부라는 거대한 정보기관을 만드는 일이었다. 반란범들이 헌법을 짓밟고 최초로 만든 '법'은 반란에 가담한 군인들로 구성된 국가재건최고회의가 대한민국의 최고 통치기관이 된다는 것을 골자로 한 '국가재건비상조치법'이었다. 이 법이 공포된 것은 1961년 6월 6일이고, 그로부터 4일 뒤인 6월 10일 '중앙정보부법'이 '국가재건최고회의법'과 함께 공포되었다. 반란의 주역들은 처음부터 반란이 성공하면 중앙

정보부 같은 막강한 정보기관을 만들어, 국가재건최고회의법의 중앙정보부 조항에 규정된 것과 같이 "혁명과업 수행의 장애를 제거"하기로 마음먹고 있었던 것이다.

반란범(자기들 표현으로는 혁명주체)들은 중앙정보부에 일찍이 유례가 없는 막강한 권능을 부여했다. 중앙정보부법에 따르면 이 기관은 "군을 포함한 정부 각부 정보수사 활동을 조정감독"하며, 정보부장은 "정보수사에 관하여 타 기관 소속 직원을 지휘감독한다"라고 되어 있었다. 또 정보부장, 지부장, 수사관은 범죄수사권을 갖지만 "수

독재권력은 정보기관에 엄청난 권한을 부여함으로써 스스로를 지켰다. 왼쪽부터 지금의 국정원, 남산의 옛 안기부, 서울 이문동 옛 중앙정보부 터의 담장.

사에서 검사의 지휘를 받지 않는다"고 규정됐으며, "정보부 직원은 그 업무 수행에 있어 전 국가기관으로부터 필요한 협조와 지원을 받을 수 있다"고 만들어놓았다. 중앙정보부는 최고독재자에게만 머리를 숙일 뿐, 제도적으로 국가의 어떤 기관보다도 우월한 지위를 점할 수 있었던 것이다.

정통성 있는 정부를 총칼로 뒤엎은 자들이 그렇게 탈취한 정권을 유지하기 위해 만든 기관이 중앙정보부였다. 그러니 이름과는 달리

정보의 수집과 분석이 주된 임무일 수만은 없었다. 서른여섯의 '새파란' 예비역 중령 김종필이 "나는 최고위원이 되기보다는 중앙정보부장을 하려고 했을 뿐"이라고 기자회견을 했을 때 눈치 빠른 기자들은 이름에 '최고'가 들어가는 최고회의보다 중앙정보부가 훨씬 힘센 기관이 되리라는 것을 알아챘다. 김종필을 초대 부장으로 하여 출발한 중앙정보부가 직면한 "혁명과업 수행의 장애"란 반란군 내부의 갈등이 표출된 반혁명 사건이었다. 군정이 실시된 2년 7개월 동안 공식으로 발표된 반혁명 사건은 10건이 넘었다. 이 밖에도 김종필의 중앙정보부는 통화개혁, 부정축재자 처리, 농어촌 고리채 정리 등 국내의 주요 사회경제 시책뿐 아니라, 대일수교와 같은 외교정책까지 모두 주도적으로 처리했다.

    이런 굵직굵직한 일들을 요리했지만, 김종필의 중앙정보부가 행한 진짜 중요한 일은 민주공화당의 창당을 위한 사전조직을 마련하는 일이었다. 그러나 정보와 조직과 권력만으로 정당이 만들어지는 것은 아니었다. 돈, 막대한 정치자금이 필요했던 것이다. 민족자본을 형성한다는 미명 하에 화폐개혁 등을 통해 비장되어 있는 국내 자금을 동원해보려 했지만, 이 계획은 별다른 성과를 거두지 못했다. 그러자 김종필은 중앙정보부의 조직과 권력을 동원하여 정치자금을 만들어내려 하였다. 그 과정에서 터져나온 것이 워커힐 사건, 파친코 사건, 새나라자동차 사건, 증권 파동 등 이른바 4대 의혹 사건이었다. 지금의 한나라당의 뿌리가 되는 공화당은 파친코 등 4대 의혹 사건을 통해 조달된 부정한 돈으로 창당된 것이다.

    김종필은 중앙정보부를 기반으로 나는 새도 떨어뜨릴 만한 권력을 휘두르며 자신의 정적들을 하나씩 제거해갔지만, 1인자가 아니라

2인자인 김종필은 독주하면 할수록 적은 더 많아졌다. 그게 권력의 생리였다. 이른바 반혁명 사건이란 대체로 '혁명주체' 안에서의 권력 갈등인데, 특히 육사 5기와 8기의 대립이 심각했다. 이들은 기수로는 3기 차이지만, 다 같이 1948년에 임관했고, 나이도 비슷했다. 5기의 김재춘은 김종필에게 불만을 가진 세력을 모아 박정희를 압박하여 김종필을 중앙정보부장에서 몰아냈고, 이에 김종필은 "자의 반, 타의

반"이란 유명한 말을 남기고 외유길에 올랐다. 중앙정보부장 자리는 약 40여 일을 김용순에게 갔다가 반김종필 진영의 선봉이었던 김재춘에게 돌아갔다. 김재춘은 중앙정보부장이 되자마자 김종필이 8기 중심으로 채워놓은 국장과 지부장 30여 명을 전격적으로 갈아치우는 등 대대적인 기구 개편을 단행했다. 그러나 정작 그 자신은 박정희의 신임을 얻지 못하고 5개월 만에 자리를 김형욱에게 물려주고 말았다.

중정부장들의 뒤끝은 좋지 않았다

박정희 시대에 중앙정보부장을 지낸 사람들은 대개 뒤끝이 좋지 않았다. 오로지 독재자의 신임에 기대어 악역을 맡아온 자들이 독재자의 신임이 사라질 때 뒤가 좋을 리 없었다. 그중에서도 어디서 어떻

게 죽었는지 아직 설만 구구할 뿐 문자 그대로 뼈도 추리지 못한 김형욱은 가장 뒤끝이 좋지 않은 정보부장이었다. 정통성 없는 정부의 정보기관 책임자라는 자리는 업을 쌓을 수밖에 없는 자리인데, 그 자리를 타의 추종을 불허하면서 무려 6년 3개월이라는 긴 기간 동안 꿰차고 앉았으니, 남보다 업을 쌓아도 한참을 더 쌓았을 것이다. 김형욱의 전임자나 후임자들 모두 나름대로 독재정권의 파수꾼으로서의 악역

막강한 정보기관의 수장을 지낸 인물들. 왼쪽부터 김종필, 김형욱, 이후락, 김재규, 전두환.(격동 한반도 새지평)

을 충실히 수행했지만, 김형욱은 중앙정보부 하면 떠오르는 음습한 이미지를 극대화한 인물이다. 김형욱의 중앙정보부는 1차 인혁당 사건, 동백림 사건 등 대형 조직 사건 이외에도 야당 의원들의 여자관계 추적, 도청, 미행, 협박, 불법 연행과 고문, 흑색선전 등을 밥 먹듯이 했다.

박정희 시대에 중앙정보부는 막강했다. 중앙정보부가 막강했던 것은 역설적으로 중앙정보부가 지켜야 했던 박정희 정권이 극도로 취약했기 때문이다. 정통성이 없는 정권은 권력을 지키기 위해 자꾸 정보기관에 의존해야 했고, 정보기관은 자신에게 기대려는 독재자를 만족시키기 위해 자꾸 무리수를 두지 않을 수 없었다. 은밀하게 진행돼야 할 정보 수집과 분석 대신, 행정 조정이란 이름 하에 정부 각 부

처나 언론, 심지어 기업에까지 정보부가 개입하다 보니 정보부는 아예 공개적으로 내놓고 움직였다. 국회에는 정보부나 보안사의 국회 담당관이 사무실까지 차려놓고 있었다. 정보기관은 있는지 없는지 모르는 존재여야 하지만, 박정희 시대의 중앙정보부는 국민들에게 어디에나 있고, 모든 것을 알고 있는 기관으로 비쳤다. 어떤 의미에서 중앙정보부는 국민들이 중앙정보부의 능력을 과대평가하는 것을 한편으로 즐기며, 활용하고 있었다.

박정희 정권 시대의 정보기관은 정보장교끼리의 파워 게임의 수단이 돼버렸다. 초기의 반혁명 사건들도 그런 사례지만, 박정희가 살해당하는 10·26 사건도 권력의 최고 상층부 내에서 중앙정보부 대 중앙정보부를 견제하기 위해 직제에도 없는 비선 정보조직을 만든 경호실 간의 갈등이 폭발한 것으로도 볼 수 있다. 차지철의 경호실은 전두환의 처삼촌으로 헌병감을 지낸 이규광을 책임자로 하는 비선 정보조직을 운영하면서 김재규를 견제했다. 이런 대립 과정에서 정보기관의 최고책임자가 독재자를 살해하는 초유의 일이 벌어졌다. 박정희는 중앙정보부를 유신정권을 유지하는 핵심기관으로 육성했다. 중앙정보부는 의회로부터 예산이나 업무의 감시와 통제를 받지 않는, 국가 위에 군림하는 또 다른 국가였다. 그러다 보니 중앙정보부를 견제할 마땅한 장치가 없었던 것이다.

중앙정보부나 그 후계 기관인 국가안전기획부, 국가정보원이 다른 행정부처에 대해 힘을 쓸 수 있는 근거는 행정관청에 대한 보안감사와 각 부처 예산에 편성되어 있는 정보비에 대한 감독권이다. 1988년 국가안전기획부에 대해 최초로 월간지에 분석 기사를 쓴 조갑제는 보안감사는 예고 없이 어떤 관청의 사무실에 대해서도 할 수 있으므로 안기부가 공무원들을 상대로 언제든지 압수 수색을, 그것도 영장 없이 할 수 있는 권한을 가진 것과 비슷한 상황이라고 비유했다. 이런 감독권에다 고급 공무원 인사에서 정보기관의 신상 평가는 큰 영향을 미칠 수 있기 때문에 아무도 정보부나 안기부와 맞서려 하지 않았다.

정작 어두웠던 해외나 북에 대한 정보

군사독재 정권 하에서 정보기관의 중요한 문제점의 하나로는 정보기관들이 국내 정치에 관심을 기울이다 보니, 해외나 이북 정보에 어두웠던 점을 들 수 있다. 박정희 시대의 중앙정보부는 박정희가 신경 쓸 만한 정치인 개개인의 일거수일투족을 감시하는 데 인력과 장비와 예산을 쏟아부었다. 그러나 이런 정보란 대체로 누가 누구와 만나서 밥을 먹고 술 마셨다 하는 이야기들로 가십에 불과한 내용이 대부분이었다. 1960년대 말 미국 중앙정보국(CIA) 한국지부장을 지낸 그레그는 한국의 중앙정보부가 해외나 북한 정보에는 관심이 없고 국내 정치에만 매달린다고 불평했다. 중앙정보부는 국내에서도 악명이 높았지만, 해외에서도 만만찮게 부정적인 모습을 드러내고, '국익'과 나라의 체면에 엄청난 악영향을 끼쳤다. 동백림 사건 처리 과정에서는 독일 정부로부터 국교 단절 불사라는 강력한 항의를 받았고, 김대중 납치 사건은 한·일 관계를 결정적으로 악화시켰다. 코리아 게이트로 불리는 박동선 사건은 중앙정보부가 외무부를 제치고 무리하게 대외 공작을 벌이다가 대미 외교를 파국 일보 직전으로 몰고 간 최악의 사례였다. 1970년대의 한국에는 어디나 "안 되면 되게 하라, 하면 된다"는 군대식 구호가 퍼져 있었다. 박동선 사건은 중앙정보부가 한국에서 밀어붙이던 방식을 미국에서 그대로 써먹으려다가 엄청난 부작용을 자초한 사건이었다.

김대중 납치 사건이 실패로 돌아간 직후인 1973년 10월에 발생한 서울법대 최종길 교수 피살 사건은 중앙정보부로 하여금 돌이킬 수 없는 강을 건너게 했다. 최종길 교수가 고문으로 숨졌을 때, 박정희 정권은 이미 발생한 불행한 사건이 더 큰 국가범죄로 변하는 것을 막는 대신, 최종길 교수 고문치사 관련자들을 보호하고, 사건의 진상을 철저히 조작했다. 당시 최종길 교수의 동생은 중앙정보부 감찰실 직원이었는데, 감찰실은 중앙정보부 직원의 비리나 독직 사건에 대한 수사권을 가진 곳이었다. 그러나 중앙정보부 감찰실은, 아니 중앙정보부는, 아니 중앙정보부를 거느린 대한민국이란 국가는 간첩 최종길이 자기 혐의가 드러나자 남은 조직을 보호하기 위해 투신자살한 것으로 만들어버렸다. 그 결과, 박정희 정권은 중앙정보부 부원들의 절대적인 충성을 유지할 수 있었다. 모든 국가권력이 마찬가지지만, 정통성이 없는 독재권력일수록 국가기구, 특히 폭력을 다루는 기구 구성원들의 절대적인 충성을 요구하게 된다. 만약 박정희 정권이 최종길 교수 사망 사건이 일어났을 때 이 고문치사 관련자들을 보호해주지 않는다면, 중앙정보부 등 공안기관의 어느 누구도 법적으로 금지되어 있는 고문을 하지 않을 것이다. 고문이 비록 법적으로 금지되어 있으나, 중앙정보부는 법 위에 군림하는 특수기관이고, 설혹 빨갱이를 고문하다가 조금 사고가 났다 하더라도 회사(중앙정보부)에서 알아서 처리할 것이니, 내게 별일은 없을 것이라는 확신을 직원들에게 심어주지 않는 한, 불법과 탈법을 지속적으로 강요할 수는 없다. 최종길 교수 사건이 그렇게 처리된 것은 의욕을 갖고 열심히 일하다가 피의자의 신상에 '조그만 사고'가 발생하는 것은 회사에서 알아서 처리해줄 것이라는 충분한 신호가 되었다.

민주화된 시대의 정보기관

안에서도 밖에서도, 이제 웬만해서는 그들을 말릴 수 없게 되었다.

정보기관이 정보의 수집과 분석에 그치지 않고, 수사권을 갖고 더구나 국내 정치 상황이 어려울 때 간첩 사건을 때맞춰 터뜨리다 보니 고문에 의한 조작 의혹이 끊이지 않고, 정보기관의 공신력도 땅에 떨어지게 되었다. 공안검사들조차 중앙정보부의 수사 기록을 믿지 못하겠다고 반발하다가 사표까지 썼던 1964년의 1차 인혁당 사건에서부터 2004년 말 국회에서 때 아닌 간첩 논쟁을 불러온 1992년의 중부지역당 사건에 이르기까지 고문과 조작 의혹은 쉽게

정보기관들은 국내 정치에 관심을 기울이다 보니, 해외나 이북 정보에 어두웠다. 미국 행정부와 의회 지도자들을 매수하다 물의를 일으킨 '코리아 게이트'의 주인공 박동선씨.

수그러들지 않는다. 특히 수지김 사건이라든가, 부천서 성고문 사건처럼 피해자들의 주장이 옳았다는 것이 밝혀진 사례들은 군사독재 시절 정보기관의 부정적 역할을 일반 시민들에게 각인해주었다.

2004년에 들어와 과거 청산의 기운이 높아지면서, 국정원도 과거의 부정적인 사건들을 정리하고 넘어가야 할 필요를 절감하게 되었

다. 민주화, 세계화된 시대에도 정보기관은 여전히 필요하다. 아니, 과거와는 다른 차원에서 필요성은 더 증대된다고 할 수 있다. 그러나 과거 군사독재 정권 시절의 부정적인 기억은 국정원이 민주화된 시대의 정보기관으로 거듭나는 데 장애가 되고 있다. 국정원이 2004년 11월, 과거사건 진실규명을 통한 발전위원회를 발족한 것은 국정원으로서나 시민사회로서나 매우 중요한 실험이 될 것이다. 나 자신 발전위원회의 말석에 참석하는 입장에서 매우 조심스럽지만, 과거 중앙정보부-안기부-국정원으로 이어지는 정보기관은 1961년 이래 국가의 대소사에 관여하지 않은 바가 없다고 해도 과언이 아니다. 정상적인 견제와 감시의 원리가 작동하지 않는 상황에서 정보기관은 간첩을 잡기도 했지만, 만들어내기도 했고, 심지어는 간첩을 보내는 북과 손잡고 남쪽의 선거에 영향을 미치려 했다. 정보기관이 국가나 국민이 아니라 정통성이 없는 독재자를 위해 물불을 가리지 않고 뛰어다닌 결과는 이제 부메랑이 되어 정보기관을 때리고 있다.

〈국정원 과거사건 진실규명을 통한 발전위원회〉는 한국의 과거청산 노력에서 특별한 의미를 갖는다. 같은 국가기관이었다 해도 의문사위원회가 국정원의 내부 자료에 접근하는 것은 쉽지 않았다. 그러나 이제 국정원은 스스로 음습했던 과거의 사건의 진상을 밝히려 하고 있다. 외부로부터의 강제가 아니라, 내부의 변화와 요구에 기초하여 국정원 스스로 자료를 정리하여 공개하게 될 것이다. 발전위원회에 민간위원으로 참여하는 사람들은 그 과정에서 국정원이 혹시라도 자료를 숨기거나 감추지는 않는지 감시하고, 또 현재 남아 있는 자료—은밀한 공작의 경우 폐기된 자료도 많을 것이다—를 국정원 쪽과 함께 철저히 조사하여 시민사회에 보고하는 역할을 하게 될 것이다.

과거사 진실 규명의 의미

　과거 청산이란 국가가 시민들을 상대로 범한 국가 폭력과 인권 침해에 대하여 진상을 밝히고 국가의 책임을 분명히 하는 작업인데, 국방부·경찰·검찰 등 힘 있는 국가기관은 모두 이 작업을 비켜갈 수 없다. 그중에서도 중앙정보부-안기부는 군사독재 시절 각종 정보기관, 공안기관을 통할하는 역할을 수행했기 때문에 각별히 중요하다. 다행히 국정원이 상당히 적극성을 갖고 과거 청산에 임하고 있는데, 국정원의 발전위원회가 가시적인 성과를 거둔다면, 이는 아직 과거 청산과 관련하여 주저하고 있는 다른 국가기관을 추동하는 데 긍정적인 영향을 미칠 것이다.

　마침 발전위원회의 출범과 더불어 안기부가 조사한 중부지역당 사건이 초미의 관심사로 대두되었다. 이 사건은 워낙 중요한 사건이었기 때문에 새삼 논란이 되지 않았다 하더라도 위원회의 조사 대상이 되었음이 틀림없다. 조사에 착수해보아야 알겠지만, 사건이 방대하기 때문에 며칠 안에 쉽게 결론이 나올 수 있는 그런 사건은 아닐지도 모른다. 다만 이 논란이 왜 과거사 진실 규명이 필요한지, 독재정권 때문에 우리 사회 전체가 얼마나 큰 대가를 오래도록 치르고 있는지에 대한 공감대 형성의 계기가 되어 과거사 규명 작업에 박차를 가하게 될 것을 기대해본다.

죽은 자의 영혼까지 강제 징집하는 군사 시설 야스쿠니

_전범으로 사형당한 조선인 23명은 천황의 품에서 평화로울까

외국의 국가원수가 다른 나라를 공식 방문하게 되면 그 나라의 국립묘지를 참배하는 경우가 많이 있다. 그런데 일본을 방문하는 외국의 국가원수들은 이런 의전행사를 치르지 않아도 된다. 일본에는 국립묘지 형태의 국가 위령시설이 없기 때문이다. 대신 말 많고 탈 많은 야스쿠니신사가 도쿄 한복판에 자리잡고 있다. 얼마나 말이 많나 하면 자국 일본의 총리가 1년에 한 번 참배하는데도 주변국에서는 참지 못하고, 일본 국내에서도 비판과 옹호의 소리가 높다.

천황 위해 목숨 바쳤다면 신이 되는 곳

2004년 11월 21일 칠레에서 열린 중·일 정상회담에서 후진타오 중국 국가주석은 고이즈미 일본 총리를 향해 "두 나라 정치 관계가 정체와 곤란을 겪게 된 최대 장애 요인은 일본 지도자의 야스쿠니 참배"라고 직격탄을 날렸다. 한편 자민당의 온건세력과 경제계에서 고이즈미에 대해 야스쿠니신사 참배 중단 요구가 제기되자, 일본의 우익들은 한결같이 고이즈미가 계속 야스쿠니신사에 참배해야 한다고 강력히 주장했다. 유력한 차기 총리 후보의 한 사람인 자민당 간사장 대리 아베 신조는 후진타오의 발언이 중국의 패권주의의 발로라면서, "다음, 그다음 지도자도 고이즈미의 뜻을 이어받아 야스쿠니 참배를 계속해야 한다"고 목소리를 높였다.

야스쿠니신사의 전쟁기념관인 류슈칸의 전시실에는 '야스쿠니의 신들'이란 제목 아래 전사자들의 인물사진 3천여 장이 전시돼 있다.

    도대체 야스쿠니신사가 어떤 곳이기에 거의 매년 이런 논란이 되풀이될까? 야스쿠니신사가 처음 건립된 것은 1869년이었다. 도쿄 초혼사(招魂社)로 문을 연 이 신사는 10년 뒤 야스쿠니신사(靖國神社)로 이름을 바꿨다. 야스쿠니신사가 특히 문제가 되는 것은 이 신사가 단순한 종교시설이 아니라, 제국 일본의 국가신도 체계에서 특별한 자리를 차지하는 '천황의 신사'인 동시에 일본 군국주의의 마음의 고향이었던 군사시설이기 때문이다. 야스쿠니가 차라리 실제 전몰자들의 유해가 묻힌 묘지였다면 이곳의 참배 행위를 두고 그토록 심한 논란이 벌어지지는 않았을지도 모른다. 야스쿠니에 봉안된 것은 전몰자들의 유골이 아니라 사망자들의 이름을 적어놓은 '영새부'(靈璽

전사자들 사진 중엔 조선 출신의 가미카제 다케야마 히로시도 포함돼 있다.

簿)라는 명부이다. 이 영새부를 '어우차'(御羽車)라 불리는 가마에 싣고 야스쿠니신사에 합사(合祀)하는 의식을 '초혼식'(招魂式)이라 하는데, 1933년부터는 매년 일본방송협회에서 이 의식을 전국에 라디오로 생중계하기도 했다.

야스쿠니신사가 일반적인 전몰장병 묘지와 다른 점은 이곳에 봉안되면 전사자가 아니라 신이 된다는 것이다. 그가 살아생전에 어떤 인물인지는 문제가 되지 않는다. 생전에 아무리 부도덕한 삶을 살았다고 해도 그가 천황을 위해 목숨을 바쳤다면 야스쿠니신사에서는 신으로 대접받게 되는 것이다. 야스쿠니 쪽에 따르면 초혼식이 거행될 때 초빙받는 전사자의 혼령은 인령(人靈), 즉 사람의 혼령이지만, 합사제를 지내고 신사에 안치되면 비로소 신령이 된다는 것이다. 그렇기 때문에 초혼식은 "고인의 영을 개인의 영으로서, 또는 유족의 혈연의 영으로서가 아니라 국가신도 하의 국가 제사의 대상으로서 신령으로 전화시키는 의식"인 것이다.

야스쿠니에서 죽음은 슬픔이나 상실감의 대상이 아니다. 군국주의 시대의 일본이 여러 시간에 걸친 초혼식을 라디오를 통해 생중계까지 한 것은 이런 의식이 군국 일본의 전쟁 동원에서 핵심적인 위치를 차지했기 때문이다. 죽은 자는 지하에서 천황의 은혜를 경건히 떠받들고, 유족은 자신의 아들이나 형제를 야스쿠니에서 신으로 모셔주는 천황의 은혜를 입은 광영에 감읍하여 부형의 전사를 기뻐하고,

일반 국민은 또 다른 전쟁에 천황과 제국 일본을 위해 죽기를 기약하는 것, 이것이 바로 야스쿠니신사를 통해 제국 일본의 지도자들이 끌어내려 한 분위기였다.

일본의 '어령신앙' 전통과 거리 멀어

야스쿠니신사는 단순한 종교시설이 아니라, 전쟁에서 목숨을 걸고 싸워야 할 군인들을 고무하는 장치였으며, 이를 바탕으로 제국 신민들을 통합하는 터전이었다. 야스쿠니신사가 군부의 관할을 받았으며, 최고책임자인 궁사(宮司)도 현역 육군대장이었다. 아니, 무엇보다 야스쿠니신사는 천황이 직접 참배하는 신사였다. 중일전쟁 발발 이후인 1938년부터 천황은 대일본제국 육해군 대원수의 자격으로 군복을 입고 봄가을로 야스쿠니신사에 나아가 전국의 유족을 초대하여 전사자의 공적을 찬양하고, 영령을 위령하는 대제전을 거행했다.

일본의 우익들은 야스쿠니신사가 고대 일본 이래 일본의 고유한 정신을 살리는 공간이라 주장하지만, 사실 국가신도, 특히 그 핵심인 야스쿠니신사는 근대에 들어

그들은 평화를 이야기할 자격이 있을까. 야스쿠니신사의 류슈칸에 전시된 칼을 든 평화의 여신.

와 출현한 '만들어진 전통'의 대표적인 사례이다.

　일본 총리의 야스쿠니신사 참배를 둘러싼 위헌 소송에 자주 위헌론 쪽 증언자로 등장하는 오에 시노부 교수에 따르면, 일본에서는 옛날부터 전장에서 죽은 자를 적군이든 아군이든 불문하고 함께 제사를 지내는 습관이 있었다고 한다. 패전한 쪽의 망자를 어떻게 처리하면 정신적인 안정을 기대할 수 있을까, 이 점이 전승자의 마음을 괴롭히는 중요한 전후 대책의 하나였다는 것이다. 이는 고래의 민간신앙인 '어령신앙'(御靈信仰)이 반영된 것인데, 어령신앙이란 생전에 원한을 가진 채로 죽은 사람의 원령이 역병을 비롯해 여러 가지 재앙을 불러온다고 하여 두려워하는 신앙을 말한다. 한국에서도 관우 장군이나 최영 장군처럼 현세에서 깊은 원한을 품은 분들이 무당들이 즐겨 모시는 신이 되듯이, 일본의 어령신앙에서도 원한이 깊어야 영력의 효험도 크다고 믿었다. 그런데 야스쿠니신사에 봉안되는 영혼, 즉 초혼제에 초대받은 영혼이란 현세에 큰 공을 세워 한을 남길 여지가 없는 영혼이었다는 점에서 이미 전통적인 어령신앙의 계승과는 거리가 멀다. 더구나 야스쿠니신사는 위령 공간에 그치지 않고 국가에 의해 공을 기리고 현창하는 장소였다는 점에서 민간신앙에서 찾아볼 수 없는 요소들을 많이 품고 있다. 시노부 교수는 특히 "패전한 적군의 전사자의 영혼을 내팽개쳐 돌보지 않고 전승의 영광에 싸인 승리자인 아군의 전사자만을 제사 지낸다는 생각"이야말로 일본의 전통에서 비춰볼 때 대단히 이례적인 사상이라고 지적하고 있다.

　야스쿠니신사 참배가 논란이 될 때면 제일 먼저 제기되는 문제가 A급 전범 14명이 이곳에 합사돼 있다는 사실이다. 도조 히데키 등 A급 전범 14명이 야스쿠니신사에 비밀리에 합사된 것은 1978년 10월

17일로 일본 후생성이 이들의 명단을 야스쿠니신사로 보낸 지 12년 만의 일이었다. 이들 14명 중 사형된 자는 7명이고, 옥중에서 병사하는 등 다른 이유로 사망한 자는 7명이다. 그러나 이곳에 합사된 전범은 이들만이 아니다. 이른바 B·C급 전범으로 처형된 사람과 살아 있었으면 틀림없이 전범으로 처벌 대상이 되었겠지만, 패전시 자결한 사람 등 1천여 명도 이곳에서 신이 되어 있는데, 야스쿠니신사 쪽은 이들 전범과 자살자를 '쇼와순난자'(昭和殉難者)라 부른다.

1985년, 패전일인 8월 15일에 총리로서는 처음으로 야스쿠니신사를 참배한 나카소네 야스히로는 A급 전범의 명부를 야스쿠니에서 삭제하는 분사(分祀)를 추진한 적이 있는데, 야스쿠니신사 쪽은 "일단 합사된 혼을 다른 곳에 움직이는 일은 할 수 없다"고 거절했다. 그런데 강경 우파인 나카소네 쪽이 왜 A급 전범의 분사를 추진했을까? 1999년 내각 관방장관 노나가가 "누군가 전쟁의 책임을 지지 않으면 안 된다. A급 전범들에게 제2차 세계대전의 책임을 지게 하고, 그들을 분사한다"는 발언을 보면, 다카하시 데쓰야 교수가 우려하는 대로 "A급 전범 분사는 일본 쪽으로서는 A급 전범에게 전쟁의 책임을 뒤집어씌우고 천황의 신사 야스쿠니의 시스템은 불문에 부치는" 정치적 타협을 가져올 수도 있다. A급 전범들이 중대한 전쟁의 책임을 지고 있는 것은 확실하지만, 역으로 그들을 분사하여 논란의 소지를 줄인 뒤에 야스쿠니신사에 천황이 참배하는 것을 상상해본다면 문제점은 명백하다는 것이다.

살아서는 강제 징용, 죽어서는 강제 수용

사실 고이즈미 등이 이웃 나라들의 엄청난 반발에도 신사 참배를 강행하는 것은 단순히 당장의 선거에서 우익의 표를 좀더 얻자는 얄 팍한 계산에 근거한 것만은 아니다. 그들이 궁극적으로 바라는 바는 천황의 뜻으로 만들어진 천황의 신사에 천황이 친림하여 제국 일본 의 수호신들에게 천황이 술 한잔 바치는 것으로 상징되는 과거로의 회귀이다.

일본의 다른 신사와는 달리 야스쿠니신사에는 제신(祭神)이 엄청 나게 많다. 메이지유신 관련 7,751위, 청일전쟁 1만 3,619위, 러일전 쟁 8만 8,429위, '만주사변' 1만 7,175위, 중일전쟁 19만 1,238위, '대동아전쟁' 213만 3,823위 등 모두 246만 6,427위가 봉안돼 있는 데, 이들이 모두 주신(主神)으로 대접받는다.

이 중 압도적인 다수가 '대동아전쟁'에서 희생된 사람들이다. 그 런데 천황 폐하를 위해 충성을 다하다가 죽어 야스쿠니신사에서 신 이 되었다는 자들 중에는 현재 대만 출신자 2만 8천 명, 조선 출신자 2만 1천 명이 합사돼 있다. 이들 중에는 B·C급 전범으로 사형당한 조선인 23명, 대만인 26명도 포함돼 있다. 조선이나 대만 출신 유족 들의 대부분은 일본 정부로부터 제대로 전사 통지도 받지 못했고, 유 골도 반환받지 못했으며, 더더욱 야스쿠니신사에 합사된다는 것을 통보받지도 못했으며, 이에 동의한 바도 없다. 1979년에 대만의 유족 들이 야스쿠니신사에 합사 철회를 요구했을 때, 신사 쪽은 "일본인으 로 싸움에 참가한 이상, 야스쿠니에 모셔지는 것은 당연"하다며, 합 사는 "천황의 의지에 의한 것이기 때문에 유족이 철회할 수 있는 것 이 아니다"라는 황당한 논리로 거절했다. 2001년 6월 한국의 유족 55 명이 합사 중지를 요구하는 소송을 제기했는데, 원고 중 한 분인 어떤 유족은 "야스쿠니 합사는 살아서는 강제 징병이고, 죽어서는 강제수

용인 이중의 강제 연행"이라고 기막힌 심경을 토로했다.

거부당한 일본인 유족의 '합사 철회' 요구

일본인 유족들 중에서도 종교적인 이유에서, 혹은 평화주의의 신념에 따라 합사 철회 요구가 나오고 있다. 현재의 야스쿠니신사는 1952년 발효된 종교법인법에 따라 같은 해 9월 도쿄 도지사의 인가를 받은 단일 종교법인에 불과하다. 그러나 신사 쪽은 아직도 "야스쿠니신사는 헌법에서 말하는 종교가 아니다. 일본인이라면 누구라도 존경해야 하는 도(道)이다"라고 주장하고 있다. 이런 논리는 바로 일본 제국주의가 신사 참배를 강요하는 논리였는데, 일본의 우익들에게 "야스쿠니는 여전히 사실상의 국가신도이며 초종교적인 천황교"로서 살아 있는 것이다.

일본인 관광객들이 야스쿠니신사를 배경으로 기념 촬영을 하고 있다. 이곳을 두고 일본에서도 매년 비판과 옹호의 논란이 되풀이된다.

사실 모든 국립묘지가 죽은 병사들에게 계속 군복을 입혀 국가를 위해 복무하도록 하는 기능을 하지만, 유가족들이 원한다면 언제든지 가족묘지로 안장돼 가족에게 돌아갈 수 있다. 오에 시노부 교수의 『야스쿠니신사』의 후기는 기막힌 사연을 전한다. 태평양전쟁 시기에 이른바 국민가요로 널리 불린 노래 중 하나가 〈야스쿠니궁〉이었는데,

이 노래의 가사에는 "야스쿠니궁에 영혼은 진좌되어도 틈나는 대로 돌아가라, 어머니의 꿈길로"라는 구절이 들어 있다. 이 노래의 작사자는 다름 아닌 오에 교수의 아버지였다. 군인이었던 오에 교수의 아버지는 출전한 지 3주 만에 전사한 친구의 피 묻은 군복에 고이 간직한 어머니의 사진을 보고 노래를 지었는데, 사진 뒷면에는 깨알 같은 글씨로 '어머니, 어머니, 어머니…'라고 24번이나 적혀 있었다고 한다. 아버지가 친구를 기리며 지은 노래를 들으며 오에 교수는 "온몸을 천황을 위해 바쳤던 전사자의 영혼만이라도 왜 유족의 품안으로 돌려보내지 않는가, 왜 죽은 자의 영혼까지도 천황의 국가가 독점하지 않으면 안 되는가" 하는 의문을 던졌다. '영령'이 된 아들을 만나기 위해 어머니가 멀리 도쿄의 야스쿠니신사로 찾아가는 것이 당연하던 그런 시대, 그 시대는 아직도 끝나지 않은 것일까?

야스쿠니신사의 전쟁기념관인 류슈칸(遊就館)에 가면 칼을 든 평화의 여신이 우리를 맞이한다. 그리고 "일본 전사들은 전쟁을 싫어했다"고 쓴 쇼와 천황의 시가 걸려 있다. 일본군이 다른 나라로 가면 '진출'이고 다른 나라 군대가 일본 땅을 밟으면 '침략'이다.

만주국 건국에 관한 설명을 보면 만주는 원래 만주족의 땅이고, 그 증거로 만주족이 건국한 고대국가로 고구려와 발해를 들고 있다. 중국에 '동북공정'이 있다면, 일본 우익들은 더 역사가 깊은 '만주공정'을 갖고 있는 것이다. 모두 20여 개의 전시실을 갖고 있는 류슈칸의 마지막 전시실들에는 '야스쿠니의 신들'이란 제목 하에 전사자들의 인물 사진 3천여 장이 전시돼 있다. 여기에는 "우리들의 현재는 선인의 죽음 위에 건설된 것"이라며, "아무리 시대가 변해도 이 사실은 변하지 않는다"는 설명이 달려 있다.

240여만에 달한다는 야스쿠니의 신들 중에서 어떤 기준으로 3천 장의 사진을 골랐는지는 알 수 없으나, 잘 보면 도조 히데키같이 A급 전범으로 처형당한 자가 법무사(法務死)라는 죽음의 원인에 대한 희한한 설명을 달고 숨어 있다. 이 사진에 포함된 인물들은 지배층이나 장군들만이 아니라 영관·위관·오장·사병·군속 등 다양한 계층이 망라돼 있는데, 모든 일본인이 일치단결하여 자발적으로 싸웠다는 것이다. 영문 해설에는 이들을 '야스쿠니의 신들'이라 하지 않고 전쟁 영웅이라 해놓았다.

이들 가해자의 인해전술 속에서 우리는 두 명의 조선인을 만날 수 있다. 가미카제 특공대가 되어 죽어간 조선인 탁경현(卓庚鉉, 창씨명 光山博文)과 역시 조선 출신의 가미카제 다케야마 히로시(武山隆). 이들을 포함해 야스쿠니신사가 전시한 제국 일본의 수호신들이 진실로 침략전쟁을 찬양하며 천황폐하 만세를 외치며 죽어간 것일까?

조선인 가미카제 특공대

야스쿠니신사는 전쟁에 의한 희생자를 국민들이 비극으로 받아들이지 못하게 하고 오히려 명예나 영광이라는 도착된 생각을 갖도록 만들어진 공간이다. 침략국가가 일으킨 잘못된 전쟁에 가해자로 동원돼 죽음을 강요당한 전사자들을 '영령'으로 칭송하는 일은, 고이즈미 총리 야스쿠니신사 참배 위헌 아시아소송 원고단 단장 스가하라 류겐이 잘 지적한 것처럼, 국가의 전쟁범죄를 정당화하고 그 책임을 회피하기 위해 전사자를 이용하는 일로서 전사자를 두 번 죽이는 일이다. 이곳에서 신이 되어버린 죽음은 자연스럽지 않다. 슬픔도 상실감도, 다시는 이런 비극이 되풀이되는 것을 막아야 한다는 다짐도

'죽음을 죽여버린 공간'인 야스쿠니신사에서는 설 자리가 없다.

　일본은 자위대를 이라크에 파병했다. 국가를 위해 죽는다는 일은 이제 가까운 장래에 다시 일어나게 된 것이다. 이런 사정은 일본보다 더 많은 병력을 파견한 한국도 피해 갈 수 없다. 이런 상황에서 죽은 이의 죽음을 비극으로 직시하는 것이 아니라 고귀한 가치로 현창하는 일은 전쟁을 일으키는 자들의 공통된 수법이다. '사의 찬미'는 윤심덕으로 족하다.

한·일 수구파들의 공동 성폭행

_망언으로 피해자를 두 번 죽이는 자들이여

1991년 김학순 할머니가 자신이 일본군 '위안부' 피해자였다고 '국내' 최초로 커밍아웃한 직후에 〈여명의 눈동자〉란 드라마가 방영됐다. 일본군 '위안부'가 돼버린 주인공 여옥의 불행한 운명에 온 나라가 눈물을 흘리고 분노했다. 그리고 드라마는 끝났고 일본군 '위안부' 문제는 그 이전 40년 동안 그랬던 것처럼 사람들의 기억에서 잊혀졌다. 2004년 2월 '종군위안부 누드화보' 사건이 터지자 또다시 한국 사회는 끓어넘쳤다. 끓어넘친 물이 불을 끈 것일까? 그 여배우가 할머니들의 쉼터인 '나눔의 집'을 찾아와 사죄하고 한 달쯤 지난 뒤 학생들과 함께 그곳을 찾았다. "요즘 어때요?"라는 내 말에 안신권 사무국장은 "딱 일주일이더라고요" 하며 한숨을 내쉬었다. 일본대사관 앞에서는 이제 13년이 된 '수요시위'가 650회를 넘겨 진행 중이다.

'위안부' 용어의 문제점

2005년 한승조가 일본군 '위안부' 문제를 제기하는 할머니들과 진실규명운동에 대해 "성의 문제"를 "왜 돈의 문제와 결부해서 자기 망신을 계속하느냐"며 "사악함과 어리석음의 대표적인 사례"이자 "수준 이하의 좌파적 심성"이라고 망언을 내뱉었다. 그러더니 일본의 '새로운 역사 교과서를 만드는 모임'이라는 단체의 부회장인 후지오카 노부카쓰는 수요시위에 나오는 할머니들이 북한 공작원이라고 주장했다. 한승조 망언 당시 한승조 일병 구하기에 나섰던 지만원은 후지오카의 망언을 발전시켜 수요시위 등에 참여하는 일본군 '위안부'

할머니들이 '가짜'라는 의문이 든다고 주장했다. 그에 따르면 "1944년 당시 일본군 '위안부'로 끌려간 여성이라면 현재 최소한 78살 이상의 고령으로 건강이 너무 상해 거동이 불편할 것"이라며 "최근 TV에 보이는 위안부 할머니들은 건강도 좋아 보이고 목소리에도 활기가 있는 분이 많다"는 것이다. 이어 그는 "대한민국이 부끄럽다. 위안부 놀음, 이제는 접어라"라며 정신대문제대책협의회(이하 정대협)와 나눔의 집이 "몇 명 안 되는 (위안부) 할머니들을 앵벌이로 삼아 국제 망신을 시키고 다닌다"라고 비난했다. 지만원의 주장은 그동안 한·일을 넘나들며 나온 일본군 '위안부' 문제와 관련된 망언의 결정판이라 할 만하다. 정말 부끄러워해야 할 사람들은 누구일까?

일본군 '위안부' 또는 일본군 '성노예' 문제를 이야기하기에 앞서 용어 문제를 정리할 필요가 있다. 한국 사회에서 이 문제를 지칭하는 용어로 가장 먼저 쓰인 말은 '정신대'(挺身隊)다. 그런데 정신대에는 일본군에 끌려가 성노예로 착취당한 분들도 포함되지만, 공장에 끌려가 강제 노동에 시달린 여성들뿐 아니라 남자도 포함될 수 있다. 요컨대 정신대란 말은 일본군 '위안부'를 포함하고 있지만, 훨씬 범위가 넓은 집단을 가리킨다.

위안부란 말에서 문제가 되는 것은 여기서 '위안'이 누구의 위안이냐는 점이다. 일본군의 성욕 발산은 일본군 입장에서 위안이었을지 몰라도 피해자인 여성들에게는 참을 수 없는 고통이었던 것이다. 위안부는 당연히 일본군 입장에서 나온 것이다. 그래서 일본군 '위안부'란 말에는 좀 번거롭기는 해도 꼭 작은따옴표를 붙여서 쓴다. 일본에서 널리 쓰이고 있고, 또 한때 북에서도 사용했던 용어가 '종군 위안부'이다. 이 말은 '위안부'란 말의 문제점을 그대로 갖고 있는 데

위안부 할머니들의 수요시위. 일본군 위안부 문제는 사건이 생길 때만 끓어넘치다가 쉽게 식어버린다.

다 '종군'이란 표현이 문제의 본질을 호도하고 있다. 종군작가, 종군기자, 종군화가 등은 누구에게 억지로 끌려간 사람들이 아니라 제 발로 군대를 따라간 사람들이다. 일본군 성노예는 작은따옴표를 쳐도 잘 지워지지 않는 '위안부'란 용어의 문제점을 없앤 말로 연구자들이나 활동가들 사이에 최근 들어 빠르게 퍼져나가고 있다. 그러나 당사자인 할머니들께서는 이 말을 좋아하시지 않는 것 같다.

매독으로 인한 전투력 손실 막으려 했다

일본의 극우파나 한국의 친일·수구세력은 왜 일본만 갖고 난리냐는 투로 이야기한다. 한 예로 한승조는 "전쟁 중에 군인들이 여성들을 성적 위안물로 이용하는 것은 일본만의 일이 아니다"라고 강변

한다. 동서고금을 막론하고 전쟁의 참화 앞에서 여성들이 총칼 든 사람들의 성적 만행의 대상이 됐다는 점은 사실이다. 그러나 '제도'로서의 일본군 '위안부' 문제는 모든 전쟁에서 발생하는 전시 강간과는 차원이 다르다. 일본군 '위안부'란 일본 국가기구의 주도에 의해 식민지·피점령지 여성을 동원하여 군인들에게 성적 노예로 공급한 제도적 강간이며, 이는 명백한 전쟁범죄로서 파시즘과 결합한 성폭력이었다. 중일전쟁, 태평양전쟁 시기의 일본처럼 국가의 조직적 개입 아래 군인들을 위해 '성적 노예'를 끌고 다니고 성적 노예의 공급을 위해 제도화된 강제 동원을 일삼은 예는 세계 역사상 유례를 찾을 수 없다.

한승조씨(위)는 일본군 '위안부' 진실규명운동을 "좌파적 심성"이라고 공격했다. 이어 지만원 씨(아래)는 할머니들이 "가짜"라는 극언을 서슴지 않았다.

일본군 위안소가 최초로 설치된 것은 1932년 '상하이사변' 전후의 일로 알려졌다. 상하이를 점령한 일본군 지휘부는 병사들의 강간 사건이 빈발하자, 일본 본토에서 위안부를 데려오기 시작했다. 당시 상하이 파견군 참모장 오카무라 야스지(岡次) 중장은 위안부가 파송돼온 뒤 강간 사건이 줄어들어 기뻐했다고 한다. 이런 이유로 김완섭 같은 현대판 친일파는 "해외 원정군에 위안부를 딸려보내 군인과 현지 주민을 배려"한 것은 "세계 전쟁사에 유례가 없는 독창적 발상"으로 "일본군의 휴머니즘을 상징하는 증거"라고 일본 극우파도 차마 입에 담지 못하는 억지를 부리기도 한다.

　일본군이 '위안부' 제도를 도입한 이유는 단순히 강간을 방지하기 위한 것만은 아니다. 일본군 '위안부' 제도는 20세기 일본 군부의 '총력전' 사상에 따른 전략적 사고와 밀접한 관련이 있다. 러시아혁명이 일어나자 제국 일본은 러시아 내전에 백군 편에 서서 개입하여 7만 5천 명의 대병력을 시베리아에 파견했다. 그런데 이 당시 일본군에게 큰 병력 손실을 입힌 것은 적군이나 게릴라들의 공격보다도 시베리아 매독의 공격이었다. 일본군은 이 당시 전투로 인한 병력 손실보다 성병으로 인한 전투력의 손실이 더 컸던 것이다.

　1차 세계대전 당시 연합국에 가담한 일본 군부는 한편으로는 유럽에서 연합국의 승리를 바라면서도 다른 한편으로는 일본군이 모델로 삼았던 독일군(프러시아군)이 얼마나 잘 싸우는지를 주시했다. 그러나 독일군의 패배는 일본군에는 차라리 충격이었다. 근대의 전쟁은 이제 군대만 강해서 되는 것이 아니고, 국가의 총체적·장기적 전쟁 수행 능력이 승패를 결정하는 총력전이 된 것이다. 주변국과 평화롭게 지내기에 일본은 결코 작은 나라가 아니다. 그러나 이웃 중국이나 소련을 정복하기에, 그리고 궁극적으로 미국과 벌이게 될 '세계 최종전'에서 승리하기에 일본은 너무나 작은 나라였다. 만약 러일전쟁 때나 시베리아 출병 당시 일본군의 큰 문제로 대두된 성병 문제를 해결할 수 있다면, 일본은 병력 동원 면에서 15~20%의 증대 효과를 누릴 수 있게 되는 것이다. 이 때문에 일본군과 제국일본이라는 국가는 일반 병사 개개인에 의한 강간과 약탈을 국가가 묵인, 방조하는 선을 넘어서 국가가 조직적으로 "깨끗한 성"을 보급하는 '관리매춘제도'를 구상하게 된 것이다. 분명 '깨끗한 성'을 공급하여 성병을 예방

할 수 있다면 전투력의 향상에 크게 기여할 것이고, 이는 세계대전을 치르기에 인적 자원이 부족한 일본에 큰 도움을 주는 '효율적'인 방법일 것이다. 그러나 기억하라. 특히 효율성을 종교처럼 숭상하는 '합리적'인 신자유주의자들이여, 효율성이 인간의 얼굴을 잃어버릴 때 어떤 모습을 띠게 되는지를!

일본군 '위안부' 문제가 2차 세계대전 직후에 바로 처리되지 못한 데에는 미국의 책임도 크다. 여러 가지 악독한 인체실험을 한 일본군 731부대 문제를 미국이 덮어버린 것처럼 일본군 '위안부' 문제도 미

일본군이 한국인 위안부들을 학살한 뒤 매장하는 처참한 장면. 일본군 '위안부' 문제는 일본 국가기구가 조직적으로 개입한 '제도적 강간'이었다.

국이 덮어버렸다. 일본군 '위안부' 문제는 지금 보면 엄청난 전쟁범죄, 반인륜 범죄이지만 당시 미국에는 그렇지 않았다. 미군의 심리전 당국이 일본군 패전 지역에서 생존한 일본군 '위안부'들에 관한 상세

한 정보를 수집했지만, 이 문제는 일본 전범을 단죄한 도쿄재판의 대상이 되지 않았다. 그러나 일본군 '위안부' 문제가 100% 덮어진 것은 또 아니다. 인도네시아 등지에서 네덜란드 출신 등 백인 여성들을 강제로 '위안부'로 삼은 일본군들은 전후에 전범으로 처벌됐다. 미국 등 연합국은 일본군 '위안부' 문제가 엄청난 전쟁범죄임을 명백히 인식하고 있었지만, 그들 입장에서 볼 때 백인 피해자의 인권과 조선인 등 아시아인 피해자의 인권이 같을 수는 없었던 것이다.

박정희도 고려했던 '위안부'

한국 사회에서는 친일이나 민간인 학살 문제가 지난 수십 년간 아무 일도 없었던 것처럼 묻혀 있었듯이, 일본군 '위안부' 문제도 1990년대에 들어서야 본격적으로 제기되기 시작했다. 일본군 '위안부' 피해자 할머니들과 동년배인 윤정옥·이효재 교수 등과 1970·80년대 학생운동의 영향 속에서 성장한 연구자들이 1987년 6월항쟁을 전후한 시기부터 본격적으로 이 문제를 연구하기 시작했다. 너무 늦었다고 생각할 때가 가장 이른 때였는지 모른다. 한편 일본의 양심세력들도 과거 일본이 행한 잘못을 반성하면서 과거와 직면하기 시작했다.

그렇지만 벽은 높았다. 모진 고생 끝에 살아 돌아온 피해 여성들을 한국 사회는 따뜻하게 맞아주지 않았다. 죽지 않고 살아 돌아온 것은 차라리 죄였다. 그런 가부장적 이데올로기 속에서 몸을 더럽힌 여인들은 제 목소리를 낼 수 없었다. 더구나 끌려간 여성들은 대부분 배우지 못한 가난한 농민의 딸이었다. 꼭 유교 이데올로기가 아니었더라도 한국 사회의 계급구조 속에서 자기 목소리를 낼 수 있는 처지가 아니었던 것이다.

일본군 '위안부'는 결코 단순한 문제가 아니다. 이 문제는 여성 문제를 축으로 하면서도 민족 문제와 복잡하게 얽혀 있고, 계급·인권 문제, 국가와 민주주의 문제 등이 바닥에 깔려 있다. 한국 사회에서 일본군 '위안부' 문제가 한순간 폭발했다가도 언제 그랬냐는 듯 잊혀지는 것은 이 복잡한 문제에서 오로지 민족 문제만 대중적으로 부각됐기 때문이 아닐까 한다. 민족 문제만이 부각된다는 것은 좀 단순화해 설명하면 "일본놈들이 조선 여자를 군위안부로 끌고 갔다"는 사실에서 '일본'과 '조선'에만 방점이 찍힌 경우를 말한다. 물론 민족 문제는 아주 중요하다. 특히 일본군 '위안부'로 끌려간 여성이 적게는 8만, 많게는 20만 명으로 추정되는데, 그중 80%가 조선 여자였다는 점만으로도 민족 문제를 제쳐두고 여성 문제의 프리즘만을 통해 일본군 '위안부' 문제를 볼 수는 없다. 그러나 한국과 일본 사이의 민족 문제가 과도하게 부각될 경우, 다른 민족 소속의 피해 여성 문제는 설 자리가 없어지게 된다.

더 심각한 것은 민족 문제가 과도하게 부각될 경우, 우리 민족 내부의 성(젠더)이나 인권 문제가 사라진다는 점이다. '일본' 놈만을 탓할 경우 "한국 남자들은 어땠는데?"라는 질문을 피할 길이 없다. 일제의 잔재를 전혀 청산하지 못한 우리가 전쟁범죄를 청소하다가 말아버린 (비록 미국에 의한 것이지만) 일본에 대해 일본군 '위안부' 문제로 손가락질만 할 처지는 아니다. 우리 민족의 탈을 쓴 친일파들의 허물이 일본의 전쟁범죄에 면죄부를 주는 것은 결코 아니라는 점을 분명히 하면서, 우리가 절대 잊어서는 안 되는 해방 이후의 몇 장면을 되살려보자. 일본군·만주군 출신이 득세한 한국군은 한국전쟁 당시 일본군 '위안부' 같이 대규모는 아니었다 해도 이른바 '모포부대'를 운영한 흔적이 여기저기서 발견된다. 이 문제를 회고록에 적었던 모 장군은 한동안 선후배들에게 시달렸다고 한다.

어떤 사람들은 한·일협정 체결 당시 일본군 '위안부' 문제가 거론조차 되지 않았다며 박정희 등의 역사의식이 그 정도밖에 되지 않았다고 분노한다. 틀린 이야기는 아니지만 박정희를 너무 높이 평가해주셨다. 한·일협정과 동전의 앞뒷면 관계에 있는 베트남 파병에서 박정희는 한국군이 해외로 출병하는 데 전투력 고양을 위해서는 '위안부'를 딸려 보내주어야 하는 것 아니냐고 참모들과 심각하게 고민했다고 한다. 멀리 남양의 전장에 가면 언제 돌아올지 몰랐던 일본군과는 달리 한국군은 1년 주기로 병사들이 교체된다는 점, 그리고 만약 '위안부'를 보냈을 경우 야기될 국제적 조롱과 김일성이 펄펄 뛸 것 등이 고려돼 천만다행으로 '위안부'를 안 보내는 것으로 결론이 났지만, 참으로 아찔한 순간이었다.

한·일 극우파의 내선일체형 연대

일본군·만주군에서의 교육과 복무 경험을 통해 박정희의 머릿속에는 전투력 향상을 위한 '국가관리 매춘'이라는 구상이 꽉 박혀버린 것 같았다. 1970년대 초반 박정희는 기지촌 정화운동을 통해 주한미군에게 '깨끗한 성'을 공급했다. 기지촌 정화운동의 주무 부서는 경기도도 보건사회부도 내무부도 아니고, 하필이면 외무부였다. 미군을 상대하는 기지촌 여성들에게는 청와대 비서관 등 고위관리들이 나와 안보역군으로 치켜세웠고, 일본인 관광객을 상대하는 '기생관광'에 종사하는 여성들은 외화벌이 전선에 나선 산업전사가 됐다. 왜 해방 직후 친일파 청산이 필요했으며, 오늘날 친일 잔재 청산과 군사독재 잔재 청산이 별개일 수 없는 이유도 이런 쓸쓸한 장면에서 잘 나타난다.

한승조·지만원 등의 부류는 지금 일본군 '위안부' 문제를 제기하는 것은 성을 혁명의 무기—부천서 성고문 사건이 터지자 군사독재 정권이 했던 말인데, 한승조가 되풀이하고 있다—로 삼고 있는 것이라고 주장한다. 한승조·지만원을 비롯해 국내에서 요즘 친일 망언을 일삼는 사람들이 궁극적으로 지키려는 것은 국가보안법으로 대표되는 '수구질서'다. 이 질서가 안전하게 지탱되던 시절에는 이렇게 그들의 정체가 노출될 일도 없었다. 그러나 민주화가 진전되면서 국가보안법에 의해 지탱되던 수구질서가 위기에 몰리게 됐고, 또 한국의 민주화는 일본 극우세력에게도 위기감으로 작용했다. 그런 상황 속에서 현해탄을 사이에 두고 일본의 극우파와 한국의 친일·수구 세력 간에 자학사관 비판에 기초한 내선일체형 한·일 연대가 공고해지는 셈이다.

"우리는 국정 교과서가 그리워요"

_우리는 언제쯤 깨어 있는 역사를 가르칠 수 있을까

2000년 여름쯤이었던 것 같다. 두어 군데 출판사에서 고등학교 근·현대사 교과서 집필에 참여하지 않겠느냐는 제의를 받았다. 그동안 국사 교과서는 국정으로만 간행됐는데, 2003년부터 실시되는 7차 교육과정부터는 국사 과목은 그대로 국정으로 가지만, 새로이 신설되는 근·현대사 교과서는 검인정으로 하게 됐다는 것이다. 한편으로는 의미 있는 일이다 싶었지만, 다른 한편으로는 아무리 검인정이라고는 해도 과연 얼마나 자유롭게 기술할 수 있을 것인가 하는 생각을 떨칠 수 없었다. 더구나 한번 쓴 원고를 수없이 고치고 또 고쳐야 하는 작업을 피할 길 없을 것이 불을 보듯 뻔하니 자진해서 고생길에 들어설 이유가 없겠다 싶어 집필 작업에 참여하지 않았다. 혹시 그때 근·현대사 교과서 집필에 참여했고 내가 필진으로 참가한 교과서가 운 좋게 검정 과정을 통과했다가, 국회에서 교과서 이념 논쟁의 표적이 됐으면 어떠했을까? 생각만 해도 끔찍하기 짝이 없는 일이다.

유신 시절, 『시련과 극복』의 추억

2004년 10월 국회에서 한나라당 권철현 의원이 느닷없이 한국 근·현대사 고등학교 교과서가 이념적인 편향성을 띠었다는 시비를 걸었다. 사실 한국 근·현대사 교과서를 둘러싼 이런 시비는 이번이 처음은 아니다. 2004년만 하더라도 〈월간조선〉 4월호가 "경고! 귀하의 자녀들은 위험한 교과서에 노출돼 있다"라는 선정적인 제목으로 한국 근·현대사 교과서를 집중 공격한 것을 시발로, 군에서도 4월 28일 국방부 군무회의에서 '고교 교과서 역사인식 문제점 분석/대책'이라는 지휘 참고자료가 배부된 바 있다. 군무회의는 국방부장관, 차관, 합참의장, 각군 참모총장, 국방부 기획관리실장, 획득실장, 부차관보 등으로 구성되는 군 수뇌부 회의이다. 그러니 국회에서의 시비는 국회라는 공간 때문에 파장은 컸지만 재탕도 아니고 삼탕이었다. 그 원조는 요즈음 '애국의 무기'를 자임하며 수구세력의 이론 무장을 위한 강연회도 개최하는 〈월간조선〉이었다. 군무회의의 자료도 역시 〈월간조선〉 기사를 요약한 것이었다.

2002년 여름 국회 교육위에서 현대사 검정 교과서의 편향성을 이상주 당시 교육부장관에게 따지는 한나라당 의원들.

우리 역사가 곡절 많은 역사이다 보니, 역사 교과서도 유달리 곡절이 많았다. 박정희의 유신정권 하에서 시작된 3차 교육과정부터 국사는 사회과에서 분리되어 독립 교과가 됐고, 국사교육강화위원회까지 설치됐다. 교과서도 국어, 국민윤리와 더불어 국정 교과서가 됐다. '국적 있는 교육'을 표방하던 유신시대에 '국'(國)자 돌림 과목들이 국정으로 특별 대접을 받게 된 것이다. 유신시대에는 검인정으로 나오던 국사 교과서가 국정으로 단일화된 것에 그치지 않고, 독본용이란 이름 아래 한때 중·고등학교 국사 교재로 『시련과 극복』이란 책도 발간됐다.

박정희 같은 독재자는 아예 처음부터 역사에 대한 관심을 꺼주는 것이 역사학과 역사 교육의 발전을 위해서 좋은 일이련만, 그는 유달리 역사에 관심이 많았고, 전혀 상관없는 역사적 사실을 끌어다가 자신을 정당화하곤 했다. 고려시대 무인정권 이래 군인으로서는 처음 최고권력을 잡아서인지, 그는 무인정권을 즐겨 찬양했고, 미국과의 관계가 불편해지자 강화도의 신미양요 유적을 대대적으로 복원하기도 했다. 이 무렵 박정희는 이선근이라는 사학자와 죽이 맞아서 그를 초빙해다가 국무회의에서 '국난극복사' 강의를 정기적으로 들었는데, 『시련과 극복』도 그 아류였다고 할 수 있을 것이다. '일본제국 최후의 군인'이라는 별명답게 박정희는 일본 군국주의자들이 서구적인 것을 배척하고 일본적인 것을 추구했던 것처럼, 서구에서 온 민주주의를 경멸하고 한국적 민주주의를 추구했다. 군사반란으로 정통성 있는 정부를 무너뜨리고 정권을 찬탈한 박정희로서는 어떤 궤변을 늘어놓아도 민주적이라는 평가를 받을 수 없었기에 처음부터 이를 무시하려 한 것이다.

박정희의 유신독재 하에서, 한국적 민주주의를 위해 역사가 악용된 것은 일일이 꼽을 수 없을 정도로 많지만, 가장 대표적인 것은 신라의 화백(和白) 제도가 엉뚱하게 해석된 것을 들 수 있다. 잘 알다시피 화백 제도란 신라의 귀족들이 갖고 있던 일종의 거부권으로, 귀족들 사이에 만장일치로 합의가 이루어지지 않는 한 중요사항을 결정할 수 없었던 회의 제도를 말한다. 그런데 이 만장일치 제도가 한국적 민주주의의 원형으로 둔갑한 것이다. 왜냐하면 박정희는 통일주체국민회의를 만들어 이 허수아비 기관의 대의원 수천 명을 장충체육관에 불러모아 대통령 선거를 치르고 거의 만장일치에 가까운 지지를 얻는 대통령 선거 놀음을 즐기고 있었기 때문이다. 왜 만장일치가 아니라 만장일치에 가까웠냐고? 박정희 혼자 출마했으니 기호를 매기

고 할 것 없이 투표용지에 지지하는 후보 이름을 써넣게 했는데, 꼭
'박정희'라고 쓰는 사람 몇 명이 무효표를 만들어주는 덕에 100% 지
지가 나오지는 않았던 것이다. 내가 국민학교 다닐 때만 하더라도 학
교에서 이북의 흑백함 선거를 비판하면서 100% 지지는 공산독재에
서나 나오는 것이라고 배웠는데, 중학교에 간 뒤에는 흑백함 선거 비
판을 별로 들어본 적이 없는 것 같다. 대신 100% 지지는 한국적 민주
주의의 아름다운 전통으로 찬미됐다.

80년대 재야 사학자들의 대공세

　박정희가 죽고 1980년 광주학살을 자행한 전두환 일당이 집권한
시기는 때마침 교육과정 개정 주기와 맞물려 4차 교육과정 준비가 이
루어지던 시기였다. 박정희가 유신을 통해 국사 교과서에 자신의 업
적을 찬양하는 내용을 엄청나게 집어넣은 것처럼 전두환 일당도 국
사를 비롯한 국책 과목 교과서를 자신들을 미화하는 내용으로 채우
려 했다. 이런 상황에서 안호상 등 이른바 재야 사학자들은 이번 개정
을 고대사와 관련된 자신들의 주장을 교과서에 반영할 수 있는 좋은
기회로 여기고 대대적으로 움직이기 시작했다. 특히 유신 시기에 군
에서는 5·16 군사반란 직후 혁명재판부 검찰부장으로 위세를 떨치
다가 박정희에 의해 반혁명 사건으로 구속된 바 있는 박창암이 발행
하던 〈자유〉라는 잡지를 정훈 교재로 배부했는데, 이 잡지는 재야 사
학자들의 기관지 역할을 하고 있었다. 당시 군에는 젊은 영관급 장교
들을 중심으로 왜곡된 형태의 민족주의가 대두하고 있었는데, 이들
은 당당하게 미국을 향한 민족의 자주성이나 작전지휘권 문제 등을
제기하지는 못하고 엉뚱하게 고대사에 심취해 대리만족을 구하고 있

었다. 이들 군 요소요소와 보안사 등에 포진한 장교들은 "국사 교과서는 국민들에게 민족의식과 민족적 자부심, 긍지를 심어주는 민족경전과 같은 것"이라며, 따라서 "국사 교과서 내용은 학문적으로 정리되지 않고 입증할 수 없는 내용이더라도 국민 교육용으로 필요하다면 수록돼야 한다"고 주장했다. 구약 성경에는 믿을 수 없는 내용도 많지만, 이스라엘 민족은 이를 자기들의 고대사 교과서로 활용하고 있다는 것이다(당시 문교부 편수관으로 국사 교과서 편찬을 담당한 윤종영의 회고록 『국사 교과서 파동』 참조).

이런 공세 속에서 1981년 11월 26일과 27일 이틀에 걸쳐 국사 교과서를 둘러싼 공청회가 국회에서 열리게 되었다. 이 공청회

2004년 10월 6일 국회 교육위 국정감사에서 한나라당 권철현 의원이 '한국 근·현대사' 교과서의 문제를 제기하고 있다.

에서는 재야 사학자들이 제도권 내의 기성학계 학자들을 식민사관에 물들어 있다고 거세게 몰아붙였고, 기성학자들은 재야 사학자들의 주장이 엄밀한 사료 비판을 거치지 않아 실증에서 너무 많은 문제가 있다는 점을 주로 지적했다. 사실 학문적인 면에서 본다면 재야 사학자들의 주장은 너무나 많은 문제를 안고 있었지만, 민족주의적 정서를 이용한 이들의 주장은 당시 군부의 힘을 배경으로 하면서 기성학계를 압박했다.

고대사를 둘러싼 역사 전쟁은 1986년에서 1987년 '국사 교과서 편찬 준거안' 마련을 앞두고 또 한 차례 거세게 벌어졌다. 1986년 8

월 15일, 〈조선일보〉는 "국사 교과서, 새로 써야 한다"는 제하에 정치면 톱기사로 기획기사를 내보냈다. 〈조선일보〉는 "일본의 역사 왜곡이길 고대사 교육 시급"이라는 제하에 국사 교과서와 기성학계를 성토했다. 모두 11회에 걸쳐 연재된 이 기획기사가 하나의 빌미가 되어 국사교육심의회가 구성되어 '국사 교과서 편찬 준거안'을 마련하게 되었다. 이 과정에서도 또다시 단군조선의 성격과 위치 등을 둘러싸고 격론이 벌어져 일부 위원이 사퇴하는 진통을 겪기도 했다.

사실 재야 사학자들의 두 차례에 걸친 거센 공세는 한국의 국사 교과서가 국정이었기 때문에 가능한 것이었다. 검인정이었다면 아마 시장에서 걸러졌을 설익은 주장이라도, 권력층의 동의를 얻고 여론을 조작하면 국정 교과서라는 고지를 점령하고 교과서의 권위를 빌려 진리로 등극할 수 있다는 점을 재야 사학자들은 노렸던 것이다. 또 이 시기는 군이 우리 사회의 전면에 진출한 시기였는데, 이들은 1970년대 후반에 자신들이 공부한 재야 사학자들의 주장이 마치 진리인 양 생각하면서, 또는 사실이 아니더라도 국민정신 교육에 도움이 된다고 생각하여 이를 적극적으로 전파하려고 했다.

군 '웅비사관'의 악습을 씻지 못하다

실증을 내세운 사학자들의 반발 때문에 국정 국사 교과서를 100% 자기들 방식으로 만들지 못하자 정치군인들은 자신들이 생각하는 화려하고 찬란한 역사를 기록한 역사책을 만들어 군 내외에 보급했다. 『한민족의 용틀임』이니 『민족 웅비의 발자취』니 하는 요즈음 수구파들이 딱 그리워할 그런 책들이 국민들의 세금으로 정치군인들에 의해 만들어진 것이다. 지금 군에서 근·현대사 교과서를 문제 삼는 것도 군이 이런 '웅비사관'의 나쁜 악습을 씻어내지 못했기 때문이다. 군 정훈 당국은 '잘못된 역사 교육 내용에 대한 장병 대응 교육 강화'를 위해 〈국방일보〉를 통해 '바른 역사의식 교육'을 지속적으로

박정희 같은 독재자는 아예 처음부터 역사에 대한 관심을 꺼주는 것이 역사학과 역사 교육의 발전을 위해서 좋은 일이련만, 그는 유달리 역사에 관심이 많았다. 1973년 유신헌법 공포식 모습.(보도사진연감)

강화하겠다고 하는데, 〈국방일보〉에 실린 내용을 보면 중국은 물론 시베리아, 티베트까지 지배했던 "우리의 조상인 치우천황"이 "민족의 가슴에 화려하게 부활"했다고 감격해하고 있다. 이런 주장은 과거 『민족 웅비의 발자취』류의 책에도 나오지 않는 황당한 내용이다.

1980년대에는 재야 사학자들이 국사 교과서에 대해서 식민사관의 산물이라고 거세게 공격했다면, 1990년대 이후는 주로 수구세력이 현대사를 중심으로 한 학계의 새로운 연구 성과를 좌경용공적인

민중사관으로 몰아붙이는 새로운 양상이 나타난다. 1994년 3월 6차 교육과정에 따른 국사 교과서의 편찬 준거안을 둘러싸고 벌어진 논쟁은 그 첫 번째 사례였다. 용어에서부터 문제가 터졌다. 1946년 10월 대구에서 시작되어 전국적으로 확산된 '빨갱이들의 폭동'을 그동안 '대구폭동'으로 불러왔는데, 새 준거안에서는 이를 학계의 연구 성과를 받아들여 '10월항쟁'으로 부른 것이다. 현대사 분야 준거안을 작성한 서중석 교수는 "과거 정권 차원에서 악용된 도식적이고 편협한 시각을 지양하고 우리 현대사를 성숙한 자세로 바라봐야 한다는 취지"에서 시안을 작성했다고 밝혔다. 그러나 보수세력은 분노했다. 예전에는 1987년 초의 '한국민중사' 사건처럼 마음에 안 드는 역사 해석은 잡아 가두면 그만이었는데, 이런 '위험'한 주장으로 아이들을 가르쳐야 한다니! 보수세력은 아예 현대사를 공부하지 못하게 했지만, 박정희·전두환 독재와 싸우던 사람들은 사명감을 갖고 저들이 그토록 감추려고 애쓰던 현대사를 파고들었다. 현대사 준거안을 작성했다가 수구언론의 집중 포화를 맞은 서중석 교수는 민청학련 사건의 주역으로 무기징역을 받았다가 뒤늦게 대학원에 진학했는데, 당시 국내에서 현대사로 박사학위를 받은 단 두 명 중의 한 명이었다.

'검정 교과서'들 붕어빵이네

이 파동을 거치면서 진보적인 학계에서는 국사 교과서를 유신 이전의 검인정 체제로 바꿔야 한다는 주장이 제기되었다. 7차 교육과정에서는 묘한 타협이 이루어졌다. 국사 과목은 그대로 국정 교과서로 하되, 근·현대사를 선택심화 과목으로 신설하고 교과서는 검인정으로 한다는 것이다. 근·현대사를 독립 과목으로 편성한 것은 역사 교육을 강화한 것처럼 보이지만, 과목 자체가 선택 과목이고, 또 이 과목이 분리되면서 국사 과목에서는 근·현대사 교육이 약화됐기 때문에 이 과목을 선택하지 않는 한 다수의 학생들이 근·현대사를 제대로 배우지 않고 졸업하게 되는 기현상이 벌어지게 된다. 사실 현재와 같은 입시 제도 하에서 제대로 된 역사 교육을 시행한다는 것은 참 어려운 일이다. 과목의 선택은 교육적 의의보다는 어느 과목이 더 점수따기 좋은가에 달릴 것이기 때문이다.

2002년 여름 7차 교육과정에 따른 새 근·현대사 교과서가 선을 보였을 때도 난리가 났다. 한나라당과 보수언론은 검정을 통과한 4종의 한국 근·현대사 교과서에서 '현대사회의 발전' 단원 중 '민주주의의 시련과 발전' 부분이 김영삼 정부는 비리, 대형 사고, 보수세력 등을 중심으로 설명한 반면 당시 김대중 정부에 대해서는 개혁, 남북화해, 노벨평화상 수상 등을 부각시켜 대조적으로 기술했다며 연일 대서특필한 것이다. 이 '편향성' 시비 논란으로 공개돼서는 안 될 교과서 검정위원 명단이 공개됐고, 그러자 명단이 공개된 검정위원 10명이 모두 사퇴했다. 파문은 여기에 그치지 않고 교과서 검정 업무를 담당한 한국교육과정평가원 김성동 원장이 한국 근·현대사 검정 교과서 편향 기술과 관련한 정부의 내부 대책 문건을 야당에 유출한 혐의로 경찰 수사를 받고 전격 사퇴하기에 이르렀다.

이런 우여곡절을 거치며 근·현대사 교과서는 검정 교과서로 출발했다. 사실 2002년에 워낙 난리를 쳤고, 수백 건의 수정을 요구하는 등 엄격한 검정 과정을 거친 데다 교육인적자원부에서도 몇몇 부분을 직권 수정했기 때문에 편향성 시비가 나올 만한 구석은 거의 없다. 2004년 10월 국회에서는 금성출판사 교과서가 표적이 되었지만,

시중에 나와 있는 6종 중 먼저 검정을 통과하여 실제 사용되고 있는 4종을 보면 한마디로 붕어빵 교과서라 할 만큼 서로 비슷하다. 용어와 목차까지 세세하게 규정해놓은 '교육과정'과 '집필상의 유의점' 등 검정 기준이 되는 문건에, 검정을 통과하지 못할 경우 손해를 감수할 수밖에 없는 출판사의 압력, 그리고 현재의 입시 제도 하에서 교과서의 역할 등 여러 요인은 닮은꼴 교과서를 만들어냈다.

근·현대사 교과서는 과거의 국정 교과서에 비하면 사진과 그림, 그리고 당시의 분위기를 알려주는 사료를 풍부하게 싣고 있는 등 많이 좋아졌다. 그러나 문제도 많다. 비판적인 사고력이나 상상력을 키워주는 역사 교육이 되기에는 단체나 사람 이름이 너무 많이 나와 역사 지식 교육을 극복하지 못하고 있는 점은 못내 아쉽다. 특히 여기저기 강연을 다니며 일선 교사들과 만나본 바로는 비교적 젊은 교사들조차 대학 시절 사회주의 독립운동이나 현대사를 배운 적이 없어 학생들 가르치려니 당혹스럽다고 한다. 모든 역사학자들이 동의하는 학설이나 해석이란 있을 수 없다는 점에서 현재 진행 중인 논쟁이나 최신 연구 업적들도 소개할 수 있었으면 하지만, 현재의 교과서는 너무 보수적이다.

내놓고 일본 극우파 베끼는 수구세력

더 좋은 교과서를 만들기 위해 우리는 지혜를 짜내야 하고 현행 교과서의 문제점을 비판해야 한다. 그러나 수구세력의 행태는 더 나은 교과서를 향해 가는 것이 아니라 국정 교과서로의 회귀를 바라고 있다. 그런데 그들이 하는 말을 들어보면 단순히 국정 국사 교과서가 아니라 유신시대의 『승공통일의 길』 같은 교과서를 만들어내자는 말로 들린다. 긍정적인 것은 감추고 부정적인 것은 부풀렸다는 수구언론의 비판, 어디서 많이 듣던 얘기 아닌가? 바로 말 많고 탈 많은 일본의 '새로운 교과서를 만드는 모임'이 비판하는 자학사관(自虐史觀)이 그랬다는 것 아닌가? 자기 내용을 만들어낼 능력이 없는 수구세력이 이제 일본 극우파를 내놓고 베끼는 모양이다. 수구세력이 일본만 베끼는 것이 아니다. 저들의 집회 광고에 실린 문구를 보고 뒤집어질 뻔했다. "비겁한 자야, 갈 테면 가라, 우리들은 태극기를 지키련다!" 태극기만 붉은 기로 바꾸면 그게 바로 수구세력이 영화〈실미도〉나 한국방송 프로그램에서 틀어주었다고 악을 쓰는〈적기가〉가사가 아니던가? 자기 내용을 만들어내지 못한 채 재탕, 삼탕 우려먹는 수구세력의 공세를 더 보지 않아도 될 날은 언제일까?

2004년 3월 12일 국회에서 노무현 대통령 탄핵소추안이 가결되어 5월 14일 헌법재판소의 기각 결정이 내려지기까지 2개월이 걸렸다. 그 기간 우리는 일찍이 경험해보지 못한 많은 것들을 겪었다. 3부는 그 시기 참담한 심정으로 써내려간 글들이다. 이제는 철 지난 얘기가 됐지만 그때의 분노만큼은 쉽게 잊혀지지 않았으면 하는 바람이다. 온 국민이 광화문에 모여 염원했던 소망들은 여전히 유효하기 때문이다.

| 3부 |

'탄핵시대'의 수구와 진보

마술피리 소리가 들리는구나
_ '1920년대 이승만 탄핵'과 정반대였던 2004년 3월

1920년 12월 임시정부의 임시대통령 이승만은 대통령직에 선출된 지 무려 15개월 만에 상해에 도착했다. 그리고 5개월여가 지난 1921년 5월 말, 이승만은 일본 첩자를 따돌린다는 핑계로 훌쩍 상해를 떠났다. 1925년 3월 마침내 의정원의 탄핵 결의로 대통령직에서 축출될 때까지 66개월 동안, 그가 정부 소재지인 상해에 체류한 기간은 재임 기간의 '10분의 1'에도 훨씬 못 미쳤다.

신채호 · 이동휘 · 안창호도 떠나고…

이승만은 원래 3·1운동 직후 결성된 상해 임시정부에서는 국무총리로, 한성 정부에서는 집정관 총재로 선출되었다. 이승만을 정부 수반으로 선출한 두 정부 어디에도 대통령이란 직제는 없었다. 그런데도 이승만은 자신을 '대통령'(President)으로 칭하며 다녔다. 안창호는 상해 임시정부는 국무총리제, 한성 정부는 집정관 총재 제도를 채택했기 때문에 어느 정부에나 대통령 직명이 없다면서, 현행 헌법 하에서 이승만이 대통령 행세를 하는 것은 명백한 헌법 위반이라는 경고의 편지를 보냈다. 이에 이승만은 "이미 대통령 명의로 각국에 국서를 보냈으니 문제제기를 해서 우리끼리 떠들어서 행동 일치를 하지 못한 소문이 세상에 전파되면 독립운동에 큰 방해가 될 것이며, 그 책임이 당신들에게 돌아갈 것이니 떠들지 마시오"라는 오만한 답

1920년 12월 28일 상해에서 열린 임시정부 초대 대통령 이승만의 취임식. 이승만에 대한 탄핵안은 너무나 엄중한 일을 두고도 질질 끌다가 결국 임시정부를 빈사 상태에 빠뜨린 다음에야 처리되었다. 가운데 꽃다발 두른 이가 이승만.

장을 보냈다. 황당하기 짝이 없는 노릇이었지만, 그래도 안창호가 동분서주하며 사람들을 설득하여 통합 정부로 새출발하는 상해 임시정부의 헌법을 대통령제로 변경했다.

그러나 이승만이 조선을 미국이 위임 통치하도록 해야 한다는 서한을 보낸 사실이 알려지면서 새로운 파란이 일었다. 신채호 등 강경파는 절대 독립을 목표로 한 임시정부의 수장에 위임 통치를 주장하는 자가 선출되는 것은 옳지 않다고 항의하다가 뜻이 받아들여지지 않자 임시정부를 떠났다. 위임 통치 문제는 이승만의 대통령 취임 때부터 결국 6년 뒤 그의 탄핵에 이를 때까지 내내 문제가 되었다. 대통령 칭호 문제는 상해 정부의 요인들이 이승만의 체면을 살려주기 위해 크게 양보했음에도 잘 풀리지 않았다. 미국에 있는 이승만이 자신을 대통령으로 뽑아준 상해 정부에 공문을 보낼 때 일부러 한성 정부의 집정관 총재란 칭호를 고집한 것이다.

일부러 집정관 총재라는 타이틀로 공문을 보내는 대통령 이승만에게 상해 임시정부의 총리 이동휘는 제발 헌법을 존중해달라고 호소했다. 대통령 이승만의 답변은 참으로 걸작이었다. 헌법을 지키는 일은 어렵지 않지만, 아직 헌법을 읽어보지 않았노라고···. 원래부터 이승만을 탐탁히 여기지 않았던 괄괄한 성격의 이동휘는 바다 건너에서 그런 소리를 해대는 이승만을 보고 "대가리가 썩었다"고 펄펄 뛰었다. 이승만을 통합 임정의 대통령으로 추대하는 데 결정적인 역할을 한 당대의 인격자 안창호조차 이승만을 가리켜 '정신병자'라며 진저리를 쳤다. 이동휘는 저런 대통령 밑에서는 총리 못해먹겠다며 상해를 떠났다.

어디 이동휘뿐이었으랴. 결국은 안창호도 떠났고, 이승만을 적극 옹호하던 이른바 기호 출신의 총장(장관)들도 사임했다. 후계 내각은 구성되지 않았고, 임시정부는 무정부 상태에 빠졌다. 상해에서 1923년 1월 국민대표회의가 소집되어 임시정부를 근본적으로 개조해야 한다는 입장과, 임시정부는 개조하는 것이 불가능할 정도로 망가졌기 때문에 독립운동의 최고영도기관을 완전히 새롭게 재구성해야 한다는 논란만이 끝없이 계속되었다. 빈사 상태에 빠진 임시정부의 의정원은 1924년 대통령 유고안을 통과시켰고, 결국 1925년 3월 저런 사람을 '하루라도' 국가 원수 자리에 두고는 독립운동의 진전을 기대하기 어렵고 국법의 신성함을 유지하기 어려울 뿐 아니라, 순국선열을 뵐 명목도 없고 살아 있는 독립투사들의 소망도 아니라면서 탄핵안을 가결했다.

'오징어놀이'의 추억을 떠올리다

그로부터 80년 가까운 세월이 흘러 대한민국 국회는 노무현 대통령을 탄핵했다. 이승만의 경우는 이쯤 돼야 탄핵 사유가 된다고 하기에는 너무나 엄중한 일을 질질 끌다가 결국 임시정부를 빈사 상태에 빠뜨린 다음에야 겨우 탄핵안이 처리된 것이었다. 반면, 2004년의 사태는 도무지 탄핵거리가 되지 않는 일을 너무나 빨리 무리하게 처리했다.

나는 노무현 대통령의 탄핵을 보면서 어린 시절 아련한 '오징어놀이'의 추억을 떠올렸다. 어떤 우스갯소리에도 나왔지만, 옛날에 아이들 참 많이 죽었다. 금 밟아서…. 오징어 하다 보면 늘 금 밟았네, 아니네 하고 싸우게 마련이다. 대개 자연스러운 다수결이 내려져 문제가 없지만, 아주 가끔은 싸움이 일어난다. 그런데 이번의 탄핵안 발의와 통과는 아이들끼리 금 밟았다 아니다를 다투다가, 갑자기 금에 닿기만 해도 무조건 죽는 거야 하면서 진짜 죽으라고 회칼을 휘두른 꼴이다. 이런 애들하곤 다시는 놀면 안 된다.

지난 1987년 이후 한국 사회는 아주 더디지만 민주화 과정을 밟아왔다. 군사반란의 주역들이 대통령이나 장관 자리를 차지하고 거들먹거리는 꼴을 더 이상 보지 않아도 된 것이다. 그러나 김대중 정권의 출범이 자민련의 도움을 받아야 가능했다는 불행한 역사가 상징

2004년 3월 12일 국회의 탄핵 결정서를 헌법재판소에 제출하는 김기춘 법사위원장(오른쪽 두 번째)과 김용균 한나라당 간사(오른쪽). 한 사람은 유신헌법의 초안을 잡은 이이자 초원복집 사건의 주역이었고, 다른 한 사람은 친일 진상 규명 법안을 끝까지 깔고 뭉갠 이다.

하듯 과거 청산은 없었다. 군사독재 정권이 어디 군 출신들만으로 가능했을까? 그 시절 그들과 손잡았던 사람들, 고문과 조작 사건의 배후에 있던 사람들, 지역감정을 유발하던 사람들, 그리고 유신의 자식들과 5공의 졸개들은 아직도 건재하다. 예전과 같지는 않지만, 국가보안법은 여전히 한국 사회 전체를 지뢰밭으로 만들고 있다.

친일의 진상과 한국전쟁 전후 민간인 희생의 진상을 규명하자는 법안들이, 군사독재 정권의 의문사를 파헤치자는 법률이, 어떤 수모를 겪었는지 조금만 관심이 있는 사람들이라면 다 안다. 국회의 탄핵 결정서를 헌법재판소에 제출하러 간 법사위원장과 한나라당 간사, 한 사람은 유신헌법의 초안을 잡은 자이자 "우리가 남이가?"라는 지역감정 선동으로 유명해진 초원복집 사건의 주역이었고, 다른 한 사람은 친일 진상 규명 법안을 끝까지 깔고 뭉갠 대중적 인지도를 급격히 높인 자였다. 이는 단순한 우연일까? 역사학도로서 나는 감히 이 한 장의 사진이 바로 온 나라를 뒤흔든 탄핵사태의 본질을 보여준다고 생각한다. 과거 청산 없는 민주화가 초래한 민주주의의 위기를….

1987년의 6월항쟁에 이르는 과정은 군사독재세력의 추락과 민주세력의 부활이었다. 그러나 군사독재의 추락이 멈추고 민주세력의 상승이 저지되는 변곡점은 지역주의에 의한 민주세력의 분열이었다. 1987년 대통령 선거의 패배에서 1990년의 3당 합당으로 군사독재 세력인 민정당과 유신 잔당인 공화당, 그리고 민주 진영에서 이탈한 통일민주당은 '한 지붕 세 가족'의 거대 여당 민자당을 만들었다. 그러나 영원할 듯싶던 '민자의 전성시대'는 내분과 부패와 무능으로 그리 오래가지 못했다.

2004년의 탄핵사태도 한나라당·민주당·자민련의 야합이 있었기 때문이다. 민주세력은 다시 분열했고, 신·구 독재세력과 손을 잡았다. 그러나 한민자(한나라당, 민주당, 자민련)를 주연배우로 한 '민자의 전성시대' 속편은 전편에 비해 훨씬 빨리 막을 걷고 있는 것으로 보인다. 탄핵안이 통과됐을 때 그자들은 엄청난 거사에 성공한 것처럼 희희낙락했다. 한나라당의 대표란 자는 자기 입으로 '의회 쿠데타'의 성공을 축하했고, 대변인이란 자는 '갑신정변'이라 불러달라고 기자들에게 주문했단다.

민주주의가 짓밟힌 것이 너무 분하고 억울해서 주체할 수 없었던 차에 갑신정변 운운하는 기사를 보자 기가 막혀 눈물이 다 흘렀다. 어쩌다 역사가 이 지경에 이르러 저 불한당들이 감히 근대화의 꿈과 좌절이 담긴 갑신정변을 들먹이는가 하는 생각에 이를 북북 갈며 갑신정변과 탄핵 쿠데타가 닮은 게 딱 하나 있다는 칼럼을 썼다.

갑신정변이 주체적 준비의 부족에 외세의 개입이 겹쳐 3일천하로 끝났다면, 자칭 제2의 갑신정변은 조금 길게 33일천하로 끝날 것이라는 닮았다면 닮은 점이다. 4월 15일 총선이 바로 그날이다. 임기가 한 달 남은 국회가 임기가 4년이나 남은 대통령을 탄핵하는 것은 참으로 참담한 일이다. 만일 저들 193명이 지배하는 국회가 한 3년쯤 임기가 남아 있었다면 우리는 왜 헌법이 저런 가당치도 않은 것들 손에 대통령을 탄핵하는 권한만 쥐어주고, 국민들이 못된 국회의원들을 소환하는 길은 만들어놓지 않았냐며 머리를 쥐어뜯었을 것이다. 어디 머리만 쥐어뜯고 눈물만 흘렸을까? 우리는 기꺼이 안중근·나석주의 후예가 되고, 윤봉길·이봉창의 제자가 되고, 아니면 멀리 유학을 가 빈 라덴에게 제대로 배워보든지, 하다못해 의사당에 똥물을 뿌린 김두한이라도 닮으려 했을 것이다.

광화문 집회, 이렇게 흥겨울 수가

2004년 3월 12일. 그날은 절규였고 통곡이었고 몸부림이었다. 문득 1991년 봄의 분신정국이 떠올랐다. 온 나라가 그때보다 더 심한 절망에 빠져들어가는 것 같았다. 3월 13일까지도 사람들을 광화문으로 내몬 것은 참담함과 분노였다. 그런데 막상 광화문에 가보니 분위기는 너무 뜻밖이었다. 저들에 차례진 33일을 기다릴 필요 없이 단 하루 만에 분위기가 바뀌어 있었다. 흥겨운 춤판과 무대에서는 '브라보, 브라보, 아빠의 청춘' 같은 노래까지 나왔다. 2002년의 촛불시위 때 더 많은 인파가 모였지만, 이렇게 흥겨운 분위기는 아니었다.

그럴 수밖에 없었다. 왜냐하면 사람들은 미선이·효순이의 죽음을 추모하는 경건한 마음으로 모였고, 10만이 모였다 해서 지금 당장 세상이 바뀌지는 않는다는 사실을 잘 알고 있기 때문이었다. 그러나 촛불 '축제'는 달랐다. 우리 손으로 확실하게 쿠데타를 응징할 날짜를 받아놨고, 해낼 수 있다는 확신을 가슴속에 간직하고 있었으니까. 섣부른 불장난으로 역풍을 맞은 쿠데타 세력의 몰락에 대해, 우리가 경건한 추모의 마음을 보여야 할 이유는 전혀 없었으니까.

한국은 유달리 정치적 관심이 높은 나라이면서도 정치적 환멸이 강하고 정치에 침을 뱉고 기꺼이 투표권을 포기하는 나라이기도 하다. 그러나 탄핵사태를 겪은 뒤 실시된 한 여론조사에 따르면, 4·15 선거에 '투표하지 않으려다 꼭 투표하기로 마음을 바꿨다'는 사람이 44%로 '처음부터 투표하려 했고 꼭 투표할 것이다'라고 답한 40%를 앞섰다. 사람들은 정치에 환멸을 느꼈지만, 환멸로 답할 수 있는 도를 넘자 응징을 결심한 것이다.

한국의 현대사가 격동의 연속이다 보니 오래 살지 않아도 별 희한한 경험을 다 하게 된다. 젊은 시절에는 총칼로 헌법을 짓밟은 군사반란의 수괴들을 대통령 자리에서 끌어내기 위해 최루탄 가스를 마셔야 하더니, 이제는 내 손으로 뽑은 대통령을 유신과 5공의 자식들로부터 지키자고 촛불을 들어야 한다. 이 어둠 속에 촛불을 밝혀 우리가 찾아야 할 것은 숨죽여 살아온 양심적인 보수세력이다. 친일파의 발호 아래, 전쟁의 광기 속에서, 민간인 학살의 섬뜩한 칼날 아래, 그리고 군사독재의 서슬 푸른 불호령 아래 어디론가 사라져버린 그들을 불러내야 한다. 진보세력이 군사독재에 맞서 싸우다 이리저리 차이고 터지고 있을 때 못 본 척 외면한 자들에게 무슨 양심이 있겠냐는 오만과 편견은 던져버리자.

우리 현대사의 불행은 똥과 된장처럼 다를 수밖에 없는 수구반동과 보수주의자, 또는 자유주의자들이 한데 뒤섞여왔다는 것이다. 2002년 대통령 선거가 끝난 뒤 이회창 총재는 정계 은퇴를 선언하면서 한나라당이 합리적인 보수세력으로 거듭나야 한다고 했다. 심지어 이문열 같은 사람조차—누가 누구 얘길 하는 건지 잘 모르겠지만—보수세력이 그동안 수구세력과 너무 가까이 지낸 것을 반성해야 한다고 말했다. 탄핵 사태는 그동안 뒤섞여 있던 수구와 보수가 결정적으로 분리되는 계기가 되었다. 오랫동안 보수적인 입장의 평범한 사람들은 대개 수구의 헤게모니의 지배를 받으면서 그들이 하자는 대로 해왔다. 그러던 수구세력이 호기롭게 '돌격 앞으로!'를 외치며 뛰어나갔지만, 보통 사람들은 해도 해도 너무한다며 제자리에 있으니 자연스럽게 수구와 보수의 분리가 일어난 것이다.

광화문 집회에서 두 가지 소품이 눈에 들어왔다. 하나는 50대로 보이는 아저씨가 든 "나, 이회창 찍었다구"란 작은 피켓이고, 또 하나는 젊은 아가씨가 등에 써붙인 "나, 노사모 아니라니까"라는 종이였다. 탄핵 상황을 친노 대 반노의 사생결단인 것처럼 몰고 가려는 쿠데타 세력의 음모는 시민들의 상식 앞에 이미 힘을 잃고 있었다.

쿠데타! 수구반동은 해도, 파시스트는 해도 그리고 혹시 진보세력은 해도, 보수주의자라면 절대 하지 않을 뿐 아니라 온몸을 내던져 막는 것이 바로 쿠데타다. 보수주의자들이 수구반동에 맞서 자신의 정체성을 회복하느냐, 아니면 지난 수십 년간 길들여진 그대로 수구세력에게 끌려가느냐, 지금도 한국의 민주주의는 보수주의자들에게 달려 있다.

6월항쟁의 성과를 지켜내는 일, 아니 더 거슬러 올라가 미완의 4

월혁명에 마침표를 찍는 일, 유산된 시민혁명을 마침내, 마침내 완수하는 일을 통해 보수주의자들은 역사의 수레를 밀고 나가는 두 바퀴의 하나로 우뚝 서야 한다. 그래야 진보세력도 산다.

수구 세력의 자살골

탄핵사태를 지켜보면서 자살골과 역사의 진보 사이에는 어떤 함수 관계가 있는가 하는 의문이 들었다. 지금 시점에서 분명히 말할 수 있는 것은 자살골도 괜히 아무 때나 나오는 것은 아니라는 점이다. 살충제 만드는 어떤 사람은 그러더만, 숨어 있는 바퀴벌레는 일일이 잡을 수 없는데 자기들끼리 한데 모이는 냄새나는 약만 만들면 떼돈을 벌 거라고…. 내 귀에는 지금도 그날의 마술피리 소리가 들리는 듯하다. 온 나라에 들끓던 쥐떼들을 한데 모아 벼랑 끝으로 몰고 갔다는 그 신기한 마술피리가….

그 처절했던 날 우리들의 가슴을 때린 국회의장님의 말씀은 의장님을 포함한 쿠데타 세력에게 돌려드려야 하지 않을까? '자업자득'이란 문자는 이런 때 쓰는 거라고! 대한민국은 어떤 일이 있어도 전진한다고! 하루아침에 전 의원의 김민석화를 이루며 몰락해간 쿠데타군의 선봉 민주당을 넘어 역사는 전진한다고! 이리 망하나 저리 망하나 마찬가지인데 탄핵 카드도 못 쓰고 망하면 너무 억울하다는 민주당을 부추겨 불장난을 치다가 곳간까지 태워먹은 한나라당을 넘어 대한민국은 전진한다고.

배꼽을 뽑아 그들에게 던져라
_발랄한 보복과 유쾌한 응징의 정치풍자 변천사

우리는 어이없는 소리를 들으면 '개가 웃는다'는 말을 쓴다. 그냥 비유로 그렇다는 얘기였는데, 요즘 촛불집회에 나가면 키득키득 입을 가리고 웃고 있는 '개죽이' 깃발을 볼 수 있다. 그 뒤에는 "이게 다 꿈이었음 좋겠어"란 팻말이 따라간다. 대박의 꿈을 쪽박의 현실로 바꿔버린 누군가의 쓰린 심정을 대변하나 보다. 2004년 3월 12일. 그날만 놓고 보면 "아, 잊으라, 어찌 우리 그날을"이고, "땅을 치고 발을 굴러 울분에 떤 날"이라 해도 시원찮을 것이다. 많은 사람들이 1991년 강경대군이 경찰에 맞아 사망한 이후처럼 분신정국이 오는 것이 아닌가 염려했을 것이다. 그러나 딱 하루 만인 3월 13일부터 광장은 더할 나위 없이 유쾌했다. 살다 보면 현실이 꿈보다 더 극적인 경우도 가끔 있다.

유머가 실종됐던 이승만·박정희 시대

지금은 가히 풍자와 패러디의 전성시대이다. 80년대의 시위나 집회는 최루탄과 화염병이 난무했고, 또 비장하기는 왜 그리 비장했던지! 지금도 사안에 따라 그런 분위기의 집회가 아주 없는 건 아니지만, 적어도 최근의 촛불시위만큼은 쿠데타군에 대한 발랄한 보복과 유쾌한 응징이 넘쳐난다. 인터넷 공간에 떠도는 글이나 동영상을 보면 정말 뒤집어지지 않고는 배길 수 없다. '물은 셀프' '병렬연결의 특징' '개죽이의 미소' '아무개 의원의 탄핵일기' '야당 속~보였습니다' 같은 작품들은 정말 시대정신을 반영하는 문화사적인 작품으로 길이 보존되어야 할 것이다. 솔직히 〈서동요〉나 〈정읍사〉나 "경기 어떠하니잇꼬" 하던 경기체가보다 훨씬 재미있고 시대 상황을 잘 반영하고 있지 않은가? 이 만발한 풍자와 패러디의 전성시대를 더불어 즐기면서 나는 한국 정치사에서 그동안 왜 풍자와 패러디를 찾아볼 수 없었는지 궁금해졌다. 이승만 시대, 하긴 살벌했던 민간인 학살과 부역자 처벌이 지배한 시대에 무슨 유머가 통했을까? 평화통일을 주장한 조봉암이 이북 간첩과 내통한 것으로 몰려 사형을 당해야 하는 현실은 그 자체가 비극과 코미디가 뒤섞인 것이었다.

더구나 이승만은, 그 오만하고 권위주의적인 성격은 차치하고라도, 유머의 대상이 되기에는 출발부터 너무 나이가 많았다. 주변의 아첨배들이 이승만이 방귀를 뀌면 "각하, 시원하시겠습니다"라 하고, 이승만이 무슨 말을 하면 "지당하신 말씀입니다"를 입에 달고 살아 '지당 장관'이라 불리거나 감격의 눈물을 흘리며 '낙루 장관'이라 불린 것 정도가 과문한 탓인지는 몰라도 이승만 주변의 유머였던 것 같다. 외국인이었던 프란체스카 여사도 유머의 대상이 되기에는 대중들과 너무 거리가 멀었다. 국민들은 프란체스카 여사가 오스트리아계인지 호주(오스트레일리아)계인지도 잘 몰라서, 그를 '호주댁'이라 부르고 한국전쟁에 참전한 오스트레일리아군 비행기를 보고 프란체스카 친정에서 보내줬다고 했다 한 것이 대통령 부부 주변의 유머라면 유머일 것이다.

박정희 시대도 유머가 실종되기는 마찬가지였다. 일반인들에게 비친 박정희의 모습 자체가 유머와는 거리가 멀었다. 실내에서도 벗지 않는 까만 선글라스를 낀 채 험상궂은 얼굴에 수류탄을 단 차지철과 날카로운 눈매의 피스톨 박, 박종규가 버티고 선 박정희의 첫 등장을 기억하는 사람들은 그를 유머와 풍자의 대상으로 삼고 싶어하지 않았다. 권위와 콤플렉스로 똘똘 뭉친 박정희에게는 반체제세력도 조금은 주눅이 들어 있었던 것 같다. 또 풍자를 해보았자 별 작품이 나올 것 같지 않은 인간이 박정희였다. 아무리 기억을 더듬어보아도, 그 시절 박정희를 소재로 한 웃기는 애기래봤자 청와대에서 박정희와 육영수 여사가 부부싸움을 하면 그게 뭐냐는 수수께끼 정도였던

박정희의 첫 등장을 기억하는 사람들은 그를 유머와 풍자의 대상으로 삼고 싶어하지 않았다.

것 같다. 어렸을 때 별명 지을 때 제일 재미없는 별명이 이름 갖고 짓는 것이었다. 하나 덧붙인다면 유신 이후 박정희가 스스로 작사·작곡한 〈조국찬가〉인가 하는 왜색 물씬 나는 '건전가요'를 널리 보급할 때, 그 가사를 바꿔 "길이길이 보존해서 내 딸에게 물려주세"라고 불렀던 것 정도일까? 정말 박정희 시대는 웃기지도 않은 시대였다.

웃기지도 않은 시대, 그래 그것이 박정희 시대의 특징이었다. "우

리는 민족중흥의 역사적 사명을 띠고 이 땅에 태어났다"고 출생의 의미부터 규정당한 우리는 사회적 웃음을 잃어버렸다. 나는 박정희가 죽은 대학교 2학년 때까지 학교 벤치에 앉아본 적이 거의 없었던 것 같다. 목 좋은 곳의 벤치에는 다 짭새들이 둥지를 틀고 앉아 있었으니까. 캠퍼스 내에 학생들이 놀 만한 공간이면 어김없이 전경들이 닭장차를 세워놓고 있었고, 갑옷 같은 옷을 입은 우리 또래의 전경들이 우유팩 차기를 하며 놀고 있었다.

'대형 가수' 김지하의 '전설적 콘서트'

학내 시위를 하려면 주동자가 먼저 "학우여!" 하고 외치며 〈정의가〉를 부르는 게 그때의 공식이었는데, 어떤 열혈 투사들은 '학우여'를 외치려다 '학'에서 바로 옆에 있던 짭새에게 입이 틀어막히고 허리가 꺾인 채 들려가기도 했다. 이런 선배 징역 살고 나오면 '학' '학' 하고 놀려먹던 게 가학과 피학이 범벅이 된 웃기지도 않던 시대의 씁쓸한 추억이었다. 판자촌 철거 현장에서 철거반원에게 "야, 이 김일성보다 나쁜 놈아"라고 소리친 것이 반공법 위반으로 걸리던 시대였다. 왜냐고? 김일성은 이 세상에서 제일 나쁜 놈인데 그보다 더 나쁜 놈이라 말하는 것은 감히 김일성을 세상에서 두 번째 나쁜 놈의 지위로 옮겨주는 것이고, 그만큼이 고무찬양이라는 것이다. 시대가 거대한 코미디인데, 풍자가 어디 가 붙을 수 있겠는가? 유머가 교살당한 이 시대에 광야에서 홀로 외친 선지자 역할을 한 사람이 김지하였다. "에라 모르겠다/볼기가 확확 불이 나게 맞을 때는 맞더라도/내 별별 이상한 도둑 이야길 하나 쓰겠다"고 나선 그를 박정희 정권은 볼기만 때리지 않고 사형수의 반열에 올려놓았다. 재벌, 국회의원, 고

급공무원, 장·차관, 장성 등 다섯 도둑들이 재주를 겨루는 광경을 묘사한 그의 장시 '오적'은 원래 〈사상계〉에 발표되었는데, 당시 제1야당이던 신민당의 기관지 〈민주전선〉에 전재되면서—요즘으로 치면 펴나르기—사건이 커졌다. 김지하는 또 다른 풍자시 '비어'에서 시골에서 올라와 아득바득 살아보려던 안도란 청년이 하는 일마다 안 되어 '개 같은 세상'이라 한마디 내뱉었다가 범한 죄목을 늘어놓아 또 사람들을 뒤집어놓았다. 너무 죄목이 많아 다 옮길 수는 없지만 몇 가지만 추려보면 건방지게 무허가 착족죄, 가난뱅이 주제에 직립적 인간본질 찬탈획책죄, 못난 놈이 사유시간 소비죄, 불온하게 흉곽팽창죄, 촌분무휴 증산수출건설적 국가정책 기피죄, 혹세무민적 유언비어 사출죄, 동 발음의욕죄, 동 발음죄, 동 살포의욕죄, 동 살포죄, 이심전심적 반국가단체 조직 가능죄 등등이다.

김지하의 불행은 그가 너무 일찍 태어났다는 데 있는지도 모른다. 당시 사람들은 '오적'이나 '비어'에서 김지하가 내뿜는 통쾌한 독설을 들으며 손뼉치고 즐길 수는 있어도, 여기에 동참할 수는 없었다. 복사기도 없었던 시대에 중앙정보부가 책을 쫙 수거해 갔으니 꺽해야 필사본이 고작이었다. 웃기지도 않은 시대에 김지하라는 대형 가수의 전설적인 콘서트를 그저 추억으로 전하는 것이 1970년대였다면, 지금 21세기는 어디서나, 그리고 누구나 전국노래자랑처럼 자기식 풍자를 만들어 가지고 나오게 되었다.

광주학살이라는 참담한 일을 겪었지만, 전두환 때는 최고권력자를 소재로 한 유머가 되살아나기 시작했다. 전두환은 최근 "내 재산은 29만원뿐"이라고 외치며 녹슬지 않은 기량을 뽐냈던 데서 알 수 있듯이, 사람들을 웃기는 비상한 재주를 타고났다. 그의 등장부터가 그랬다. 박정희 암살 사건의 수사 발표가 끝난 뒤 사람들은 내용도 내용이지만, 그 살벌한 대머리가 누구냐고 수군댔다. 요즘이야 사람들 인권의식이 꽤 높아져서 외모로 사람을 놀려서는 안 된다는 것을 잘 알지만, 그때만 해도 인권이란 개념 자체가 사치스럽게 여겨진 탓인지 그의 대머리는 끊이지 않는 유머의 소재였다. 게다가 비슷한 시기에 또 한 명의 대머리가 등장했다. 둘 다 대머리에 데뷔 시기가 비슷하고 무지무지하게 웃긴다는 점이 공통점인데, 다른 점이 하나 있었다. 한 명은 웃기려고 작심하고 웃기는 사람이고, 다른 한 명은 웃기려고 하는 것은 아닌데 너무 웃기는 사람이었다. 뒷사람이 권력을 장악하자 진짜 웃기는 사람 이주일은 '뭔가 보여주지도 못하고' 한동안 무대에서 "나가 있어"를 당했다.

유머가 교살당한 시대에 선지자 역할을 한 사람은 김지하였다.

말당, 토관과 신토, 오뎅…

전두환의 등장은 한국의 정치풍자 역사에서 획기적인 것이었다. 풍자에 등장하는 전두환은 무식한 인간으로 나온다. 그가 가장 좋아하는 시인은 말당 선생―서정주가 또다시 용비어천가를 불렀는데, 전두환이 무식해서 서정주의 호 미당(未堂)을 말당(末堂)으로 잘못 알았다는 이야기―이고, 그가 좋아하는 영화는 〈토관과 신토〉―〈사관과 신사〉(士官과 紳士)를 잘못 읽어서―라는 등등이다. 〈생각하는 사람〉을 만든 조각가의 이름을 쓰라는 시험은 옆에 앉은 노태우의 답을 잘못 베껴 써서 '오뎅'으로 적었다는 이야기도 한동안 우리를 낄

낄대게 했다.

학살자의 이미지를 벗으려면 아이들과 친해져야 한다는 참모의 말에 전두환이 시골에 가서 놀고 있는 아이 하나를 안아들었다. 그 시절 흔히 그렇듯이 아랫도리를 벗고 있는 아이였다. 한 팔로 아이를 안은 전두환은 만면에 인자한 웃음을 지으며 다른 손으로 고추를 가리켰다. "이거 뭐니?" 아이가 빤히 전두환의 얼굴을 보더니 왈 "X도 모르는 게 대통령이야?" 아무리 전두환이지만 아이를 붙잡고 어떻게 하리오. 이 참패를 만회하기 위해 옆에 마을로 가 또 아랫도리 벗은 아이를 안아들었다. 이번에는 선제공격. "나 이거 뭔지 안다." 아이는

전두환 시대에 시작한 대통령 유머는 불법이지만 구전으로 전래됐고, 김영삼 시대에 합법화되어 유통되기도 했다.

또 빤히 쳐다보다가 말했다. "X만 아는 게 대통령이야?" 광주의 학살자란 이미지를 벗어보려는 전두환의 몸부림은 오히려 유머의 소재가 될 뿐이었다.

김영삼 시대는 대통령을 소재로 한 유머가 만발한 시대였다. 취임 초기에 김영삼의 인기는 하늘을 찔렀고, 그를 소재로 한 유머집도 여러 권 나왔다. 전두환 시대에 비로소 등장하기 시작한 대통령 유머가 아직 불법이지만 구전으로 전해진 것이었다면, 김영삼 시대는 합법화되어 기록으로 남았을 뿐 아니라, 코미디 방송작가가 자기 이름을 걸고 유머를 만들어 유통시키기도 했다(장덕균, 『YS는 못말려』). 이 책

의 성공에 힘입어 후속편은 아예 1,500만 원이라는 웬만한 문학상 상금을 뺨치는 거액의 상금을 걸고 국민들로부터 현상공모를 받아서 우수작을 가려 출간되었다. 이 책의 광고처럼 사람들은 '갱제'는 몰라도 YS 시리즈는 '학실히' 아는 듯했다.

아무리 전문 작가가 가세하고 엄청나게 많은 사람들이 현상공모에 응했음에도 최고의 YS 시리즈는 역시 YS 본인에게서 나왔다. 그의 말실수는 "어떤 동맹도 민족보다 우선할 수는 없다"는 그 엄청나게 감격적인 취임사를 하는 순간에도 예외는 아니었다(요 장면을 그린 김동원 감독의 〈송환〉, 완전히 뒤집어진다). 관광도시가 '강간도시'가 되고 '광섬유'가 옷 해입으면 삐까번쩍 광나는 옷감으로 둔갑할 때만 해도 사람들은 웃음을 잃지 않았다. YS가 서울대 졸업장을 가진 것도 '역사의 아이노리(아이러니)'이지만, 그가 "머리는 빌릴 수 있어도 건강은 빌릴 수 없다"며 열심히 조깅을 할 때 사람들은 다 고개를 끄덕여줬다.

DJ 시절의 히트작, 배칠수 성대모사

그런데 어느 때부터인가 사람들은 웃음을 잃기 시작했다. 자기 머리보다 별로 성능이 좋을 것 없는 아들에 의존하는 YS를 보면서, 사람들은 대통령이 머리는 빌릴 수 있지만, 누구 머리를 빌려야 할지 판단할 머리는 자기 것으로 달고 있어야 하는 게 아닌가 의문을 품었다. "이놈의 손가락으로 찍었어" 하고 김영삼을 찍은 죄로 잘려나간 손가락이 아침마다 쓰레기차에 가득하다고 하더니, 얼마 지나지 않아서는 "내가 눈이 삐었지" 하고 빼버린 눈알이 골목마다 즐비하더라는, 유머라 하기에는 너무 섬뜩한 말이 들리기 시작했다. 급기야는 재임

5년간 YS의 최대 업적은 남북간 소득 격차를 현격히 줄인 것이라는 말을 들으며 우리 역사의 첫 문민 대통령은 아들을 감옥에 보내고 퇴임해야 했다.

　전두환 시절의 유머는 전두환으로 대표되는 군부에 대해 '무식한 집단'이라는 편견에 사로잡혀 있었다. 사실 전두환 개인이나 군부가 그런 식의 무식한 부류는 아니었고, 그렇게 보아서는 한국을 비롯한 제3세계 국가에서 군부독재 출현의 의미를 제대로 파악할 수 없다. 그래도 그 시절의 유머는 독재자 저놈만 쫓아내면 다 잘될 것이라는 희망의 메시지를 담고 있었다. 김영삼 초기의 유머들은 더 희망찼다. 내용도 내용이지만, 대통령을 소재로 한 유머를 이렇게 공개적으로 즐길 수 있는 것 자체가 민주화의 상징인 듯싶었다. 그러나 이 환상이 깨지자 절망이 엄습했다. 군사독재 시절에는 군사독재만 몰아내면 다 잘되는 줄 알았는데, 그게 아니었다.

　개인 김대중은 유머가 풍부한 사람이라 하지만, 대통령 김대중은 '선생님'의 권위와 빈틈없는 노력과 지식으로 인해 유머의 주인공이 되기에는 부적합한 인물이었던 것 같다. 그런데 김대중 시절에 그를 주인공으로 한 걸작 유머가 별로 나오지 않은 것은 유머의 생산과 유통의 주체 문제와도 관련이 있을 것이다. 수구는 머리가 나빠서, 보수는 좋게 얘기해서 점잔빼느라 유머를 만들어낼 수 없거나 만들어내지 않은 것 같다. 신랄한 풍자를 날릴 만한 유머감각을 가진 사람들은 김대중과 같은 편이거나 이런저런 이유로 입을 다물었나 보다. 김대중 시절에 나온 최대의 히트작은 배칠수의 성대모사라는 새로운 기법이 가미된 부시와의 전화통화이다. FX사업을 겨냥하여 낡은 무기 팔아먹는 부시를 우리 김대중 대통령이 쌍코피 터지게 만든 이 작품

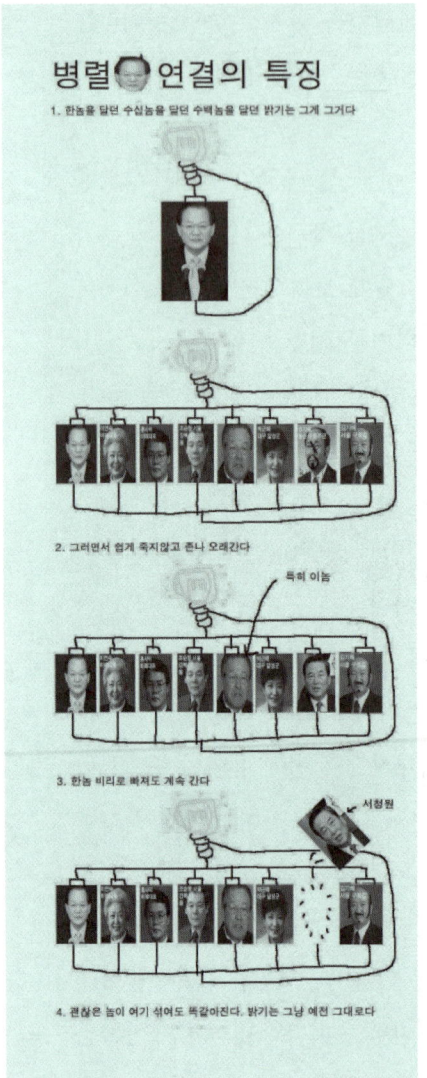

탄핵정국 속에서 터져나온 '병렬연결의 특징' '개죽이의 미소' '물은 셀프' 등은 시대정신을 반영하는 문화사적 작품이라 할 만하다.

은 웃다가 숨넘어가는 것 아닌가 하는 생각이 들 정도의 수작이었다. 그러나 현실의 김대중을 풍자했다기보다는 이랬으면 하는 바람을 담은 작품이었다는 점에서 아쉬움도 컸다.

 탄핵이란 대사변을 유쾌한 축제로 만들어버린 시민들의 유머는 하루아침에 만들어진 것이 아니다. 영화 〈아마데우스〉에 비유한다면 시민들은 모차르트의 경쾌함인데, 저들은 살리에리 식으로 이미 깨져버린 엄숙주의를 고집한다. 그리고 그게 안 통하면 강금실 법무장관과 문재인 전 수석의 만남을 중년 남녀의 불륜 운운하는 식의 막말로 표현하는 것밖에는 대응법을 찾지 못하고 있다. 이미 우아를 떠는 엄숙주의자들에게 "똥꼬 깊숙이" 똥침을 날리는 것을 표방한 〈딴지일보〉가 등장한 지 여러 해가 지났고, 공중파 뉴스에서조차 YTN의 〈돌발영상〉을 본뜬 꼭지가 방영되고 있으며, '웃긴대학' 장학생들은 각종 알바들을 무찌르고 인터넷을 평정하고 있다. 인터넷과 각종 소프트웨어의 발달로 인해 네티즌들은 유쾌, 상쾌, 통쾌에 경쾌까지 곁들여 기발한 작품을 발 빠르게 만들어낸다. 적당한 참여의 방식을 찾지 못한 채 그들만의 리그로 전락해버린 정치에 대해 시민들이 인터넷 시대에 맞추어 새로운 참여의 양식을 개발해낸 것이다. 이제 자기들만의 리그를 고집하는 정치적 엄숙주의자들이 서식할 수 있는 환경은 더 이상 존재하지 않는다.

실제론 풍자가 아닌 치료의 대상

저들은 말한다. 촛불시위가 부화뇌동이라고. 부화뇌동? 그래, 나도 촛불시위에서 부화뇌동 조금 했다. 수만 명이 모인 탓에 음향이 제대로 들리지 않았지만 앞사람들 하는 대로 촛불도 흔들고, 소리도 지르고 했으니까. 저 수많은 사람들의 '배후'에 앉아서 내가 한 짓은 그런 '부화뇌동'이었다. 광주 때는 독침 운운하며 간첩이라고 겁주는 것이 먹혀들었지만, 아이들 데리고 나온 가족 단위 참가자가 부쩍 늘어난 21세기의 촛불시위를 향해 북의 지령 운운하는 것을 보면 저들은 풍자가 아니라 치료의 대상이라는 생각이 든다.

"물은 셀프"가 전국을 강타한 상황에서 조순형 대표에게 사퇴하라고 집으로 찾아간 민주당 공천자들은 굳게 닫힌 대문 앞에서 인터폰으로 집 안의 누군가에게 물 한잔 주지 않는다고 푸념을 늘어놓았다. 지금이 어느 때인데 물 타령인가? 정말로 추락하는 것에게는 날개가 없다는 말이 떠오른다.

'강도당한 지갑'을 기억하라
_민주노동당의 성과는 소박하기 짝이 없다네

탄핵의 열풍 속에 치러진 2004년 4·15총선에는 몇 가지 측면에서 보는 이들을 헷갈리게 하는 착시현상이 작용했다. 열린우리당은 과반수를 넘겨 승리를 거두었다고 하고, 한나라당은 박근혜 대표의 새로운 지도력 덕에 목표치를 훨씬 넘겨 선전했다고 하고, 민주노동당은 44년 만에 진보정당의 의회 진출을 두 자릿수로 이루어내는 쾌거를 거두었다고 한다. 원내의 주요 3당이 모두 선거에서 나름의 승리를 거두었다는 것인데, 그러면 망한 것은 민주당밖에는 없게 된다. 과연 이런 셈법은 정당할까?

지갑에 얼마 있었는지도 가물거리지만…

탄핵 직후의 여론조사를 보면 열린우리당이 최소 200석은 문제없는 것으로 보였는데 막상 뚜껑을 여니 150석을 살짝 넘겼다. 출구조사는 열린우리당 지지자들을 또 한 번 흥분시켰다. 막판에 한나라당이 치고 올라와 제1당이 어려울지 모른다고 했는데, 출구조사 결과 방송 3사가 모두 잘하면 170석대의 압승을 거둘 것이라 했으니, 다시 한번 높아진 기대치 덕에 152석은 성에 차지 않았을 것이다. 그러나 선거 전 열린우리당의 의석 수가 50석이 채 안 된 것을 생각하면 여전히 열린우리당은 의석 수를 3배나 늘려 한나라당을 앞지르는 큰 승리를 거두었다.

1·2등 싸움 못지않게 3·4등의 다툼도 극적이었다. 단 한 석도 의석을 갖지 못했던 민주노동당은 50년 전통의 정통야당을 표방하면서 60석이 넘는 의석을 자랑하던 원내 제2당인 민주당을 앞질렀다. 민주당에게는 끔찍한 일이지만, 한국 정치사에서는 엄청난 일이 아닐 수 없다.

　열린우리당이나 민주노동당이나 사실 탄핵이라는 특수 상황이 아니면 거두기 힘든 정치적 승리를 거두다 보니 조금은 비본질적인 논쟁도 벌어졌다. 민주노동당의 새로운 스타로 부상한 노회찬 사무총장은 열린우리당의 지지도가 갑자기 높아진 것을 두고 '지갑을 주운 격'이라고 비꼬며, 지갑을 주웠으면 경찰에 가져다주라고 일침을 놓았다.

　이에 열린우리당의 유시민 의원은 정작 지갑을 주운 것은 민주노동당이라고 반박했다. 이미 지나간 일이지만 뒤늦게 참견을 해본다면 나는 유시민이 맞다기보다는 노회찬의 비유가 조금은 적절치 않았다고 본다. 왜냐하면 나는 열린우리당이 돈이 가득 든 지갑을 주웠다기보다는 노무현 대통령이 도박을 해서, 그것도 4년이나 임기가 남은 대통령직을 걸고 엄청나게 큰 판을 땄고, 그 판돈을 열린우리당이 챙겼다고 보기 때문이다. 열린우리당은 중간에 돈통을 떨어뜨려 처음 생각만큼 많이 따지는 못했어도 그냥 지갑을 주운 것은 아닌 것 같다.

　그러면 민주노동당이 그냥 길 가다 남의 지갑을 주운 것일까? 아니다. 민주노동당은 잃어버린 자기 지갑을, 그것도 그냥 잃어버린 것이 아니라 강도당한 지갑을 오랜 노력 끝에 찾아낸 것이다. 하도 오래 전의 일이라 원래 지갑에 돈이 얼마나 들어 있었는지도 기억이 가물

이승만에 의해 제거된 조봉암(아래)과 공판정에 선 그의 모습(위 맨 왼쪽). 그는 이승만과의 대통령 선거에서 유효 득표 30%를 얻은 것으로 발표됐지만, 부정선거만 없었다면 그가 이겼다고 보는 시각도 있다.

거리지만, 꽤 많은 현찰이 그대로 남아 있는 것 같다. 그러나 따져보아야 한다. 그동안 화폐가치는 얼마나 떨어졌으며, 이 돈이 없어 얼마나 고생을 해야 했던지를.

마지막 순간까지 손에 땀을 쥐게 한 민주노동당 비례대표 8번 노회찬의 극적인 당선이 더욱 큰 의미를 갖는 것은 그의 당선으로 김종필이 낙선하게 되었다는 점이다. 4·19를 짓밟은 5·16 군사반란의 주역인 김종필은 하필이면 민주노동당의 노회찬에게 자리를 내주고 4월 19일에 정계 은퇴 성명을 내야 했다. 박정

2004년 4월 당선 확정 직후 환호하는 권영길 민주노동당 대표. 화려했던 과거에 비하면 박정희 집권 이후 진보정당은 너무 고생을 했고 지금의 성과도 '초라하기만' 하다.

희, 전두환 등과 함께 군사독재 정권을 상징하는 김종필이 정계에서 활보한 43년의 세월은 우리의 정치에서 '노동'과 '진보'가 실종된 기간이었다. 단순한 실종이 아니라 그 세월은 퇴행의 시절이었다. 지금 많은 사람들은 민주노동당이 거둔 예상 밖의 승리에 감격해하지만, 혁신세력이 비슷한 성적을 거두었던 1960년의 7·29총선을 그 당시 어떻게 평가했는지를 우리는 기억해야 한다.

60년대 7·29총선을 아시는가

미완의 4월혁명으로 이승만 정권이 붕괴된 뒤 실시된 7·29총선에서 혁신세력은 민의원 233석에서 5석, 참의원 58석에서 3석으로 모두 8석을 차지했다. 사회대중당은 민의원에서 4석을 차지하여 175석의 민주당과 큰 격차가 났지만 자유당을 제치고 원내 제2당이 되었다. 같은 해 10월의 보궐선거에서는 한국사회당 위원장이던 전진한이 비록 무소속 간판으로 나섰지만 정치 1번지 종로갑구에서 당당히 당선되기도 했다. 혁신세력의 8석은 모두 지역구에서 얻은 것으로, 당시에 지금과 같이 정당투표에 의한 비례대표제가 있었다면 혁신계는 지역구에서 두 석을 얻는 데 그친 현재의 민주노동당보다 더 많은 의석을 얻었을 것이다.

그러나 역사는 혁신세력이 7·29총선에서 예상 밖의 참패를 했다고 쓰고 있다. 지금 개혁·진보 세력은 민주노동당이 원내에 약진하여 충실한 교두보를 마련했다고 꿈에 부푼 채, 어떤 상임위에서 어떻게 활동해야 할지 행복한 상상을 하기도 하고, 너무 많은 것을 기대하지 말라고 주문하기도 했다. 그러나 1960년 7월의 혁신세력은 지역구 8석의 성과를 거두고도 이를 전면적 패배나 참패로 받아들였고, 의회정치 과정에서 설 땅이 거의 없어졌기에 주된 활동을 의회투쟁에서 의회 밖의 장외투쟁으로 바꾸어야 했다.

이 차이를 어떻게 받아들여야 할까? 혁신정당이 44년 전에 거둔 지역구 8석은 지금과 같이 민주노동당이 자랑하는 수만 명의 진성당원도 없이 이루어졌다. 이들 혁신정당보다 훨씬 더 조직적으로 튼튼하던 진보당의 당원도 기천 명 수준이었다. 민주노동당은 민주노총뿐 아니라 전농이나 전국빈민연합의 조직적 지원을 받았지만, 1960년 7·29총선 당시에는 이런 대중조직은 존재하지도 않았다. 민주노동당은 적어도 1997년의 국민승리21 이래의 경험이 축적됐고, 특히 2000년 총선의 쓰라린 경험 속에서 "진투를 앞두고 분열은 안 된다"는 뼈아픈 학습 효과를 당원들이 공유하여 진성당원들이 자신들의 후보를 직접 선출하고 일치단결하여 선거에 임했다.

그러나 1960년의 혁신정당에는 이런 기운을 찾아보기 힘들다. 우선 혁신세력 자체가 사분오열되어 당선자를 낸 사회대중당, 한국사회당 이외에도 혁신동지총연맹, 독립노농당, 민주혁신낭 등 각종 단체가 선거에 참여하여 혁신계가 입후보한 123개 지역 중 5분의 1에 해당하는 23개 지역구에서 자기들끼리 경쟁해야 했다. 당시의 혁신정당 중 가장 규모가 큰 사회대중당의 경우 부산 동래구에만 4명의

1960년 7월 29일 열린 참의원·민의원 선거의 유세 장면. 혁신세력은 지역구에서만 8석을 얻었지만 언론들은 "예상 밖으로 참패했다"고 보도했다.

후보자를 낸 것을 비롯해 모두 5곳에서 2명 이상의 후보가 같은 당 간판 아래 출마—당연히 모두 낙선—하는 진풍경을 연출했다. 민주노동당을 널리 알리는 데 기여한 인터넷이나 TV 토론은 1960년에는 물론 있지도 않았다. 당의 구심 역할을 해줄 지도자 역시 존재하지 않았다.

　물론 1960년의 7·29총선에서 혁신세력이 거둔 성과에는 과장된 측면도 있다. 특히 참의원 선거에서 거둔 3개의 의석은 혁신세력의 정책이나 선거 전략의 승리라기보다는 '기호'의 승리였다. 당시 혁신세력은 얼마 안 되는 조직과 인적 자원을 민의원 선거에 집중시켰고, 참의원 선거에는 큰 역량을 기울일 수 없었다. 그런 상황에서 효자 노릇을 한 것은 기호 추첨에서의 운이었다. 당시 새로이 도입된 참의원 선거에서 전국 10개의 선거구 중 기호 1번의 후보는 서울을 제외하고는 모두 당선되고 기호 2번은 6명이 당선됐는데, 혁신정당 출신이 경남과 경북에서는 1번을 뽑았고 충남에서는 2번을 뽑아 이들 3명이 모두 당선된 것이다. 경북과 경남에서 당선된 사람이 각각 8명을 뽑는 광역 선거구에서 8등과 7등을 한 것에서 기호의 덕을 톡톡히 보았음을 알 수 있다.

조봉암을 배제한 현 민주당의 뿌리

2004년의 4·15총선에서 색깔론 시비 때문에 직접적인 표적이 된 것은 아이러니컬하게도 민주노동당보다는 열린우리당이었기에, 민주노동당은 1960년 혁신세력이 당한 것처럼 노골적인 색깔 공세에 시달리지는 않았다. 당시 검찰은 선거를 20여 일 앞둔 상황에서 "혁신계 정당원의 60% 이상이 과거 남로당원이며, 이런 구성 비율은 증가 추세"라며 혁신정당들의 구성원과 활동을 전국적으로 조사하라고 경찰에 지시하기까지 했다.

조봉암이 살아 있던 1950년대에는 진보세력이 더 의미 있는 성과를 거두었다. 1952년 2대 대통령 선거에서 혈혈단신 출마한 조봉암은 민주노동당이 4·15총선에서 거둔 정당 득표율 13%에 조금 못 미치는 11%대의 지지를 얻어 2위를 차지했다. 이때 보수야당의 조병옥은 같은 당의 이시영이 출마했음에도 불구하고, 그리고 이승만이 부산 정치 파동을 일으켜 자신의 동료들을 무자비하게 탄압한 직후임에도 불구하고 조봉암을 견제하기 위해 이승만을 적극 지지했다. 당시 조병옥이 "조봉암씨에게 자리를 맡길 것이라면 차라리 김일성과 타협했을 것"이라고 말한 것을 볼 때 그를 비롯한 보수야당 지도자들에게 조봉암은 김일성보다 더 위험한 인물이었다.

사실 조봉암은 처음부터 진보정당을 만들 생각은 없었다. 그는 이승만의 독재를 효과적으로 종식하기 위해서는 진보와 보수를 망라하여 통합 야당을 출범해야 한다고 생각했다. 그러나 대부분의 보수야당 지도자들은 1952년 선거에서 상당한 가능성을 보인 일제 강점기 공산주의 운동의 거물 조봉암과 손잡는 것을 거부했다. 1955년 1월 범야권의 신당이 추진될 때 보수파는 신당조직촉진위원회가 준비한 발기취지문에 "수탈 없는 국민경제 체제"란 표현이 들어간 것을 문제 삼았다. 당시 보수파들이 소속된 민국당의 강령이 "중요한 기본 산업의 국영 또는 통제관리"를 말하고 "노동대중 본위의 사회 입법"에 대해 언급하고 있는데도 이런 표현을 문제 삼은 것은 조봉암을 배제하기 위한 것이었다. 오죽하면 〈조선일보〉조차 "수탈과 피수탈이 없는 균등한 사회를 건설해야 한다는 것은 우리의 헌법이 명시한 국가이상"이라면서 평등은 "새삼스레 논쟁할 필요 없는 자명한 이치"라고 보수파들을 비판했을까? 신당추진운동은 조봉암을 포함한 신당을 추진하는 '민주대동파'와 그를 배제하려는 이른바 '자유민주파'로 갈라졌다. 일제 강점기부터 한민당 시절을 거치면서 보수파 내에서 막강한 지분을 갖고 있던 김성수는 그래도 신당이 조봉암을 껴안고 가야 한다고 생각했다. 그러나 1955년 2월 그가 병사하자, 보수파들은 다시 완강히 조봉암을 거부했다. 공산주의자였던 사람은 비록 전향

자라 하더라도 받아들일 수 없다는 것이다. 2004년 선거에서 몰락한 민주당이 입만 열면 찾는 50년 전통의 정통야당의 연원인 1955년의 민주당은 이렇게 조봉암을 배제한 채 극우정당으로 출발했다. 박정희 때 통일원장관을 지낸 신도성의 표현에 의하면 당시 '자유민주파'가 강조한 자유란 수탈의 자유, 부패할 자유, 양심적인 애국자를 반역자로 몰아 때려잡을 자유일 뿐이었다.

1956년의 3대 대통령 선거는 조봉암과 진보정치의 큰 가능성을 보여주었다. 이 선거는 민주당 대통령 후보인

원내 진출에 실패했던 민중당의 1990년 12월 현판식.

신익희가 선거를 불과 열흘 앞두고 갑자기 사망하는 돌발 상황 속에서 치러졌다. 여기서 조봉암은 216만 표를 얻었는데, 신익희 추모의 성격이 강한 무효표를 포함할 경우 22%, 유효표만을 계산할 경우 30%의 지지를 얻었다. 그런데 당시 실제 선거에서는 조봉암이 이승만을 눌렀다는 이야기가 파다했다. 엄청난 부정 개표 때문에 선거 결과가 뒤바뀌었다는 것이다. 실제로 자유당 정권에서 법무부장관을 지낸 홍진기의 전기에 따르면 대통령 선거의 개표는 자유당과 민주당의 참관만으로 진행됐는데, 조봉암의 표가 의외로 많이 나오자, 민주당은 부통령 선거의 개표를 공정하게 한다는 약속을 받아내고는 대통령 선거에서 민주당 참관인을 모두 철수했다는 것이다. 이에 조

봉암은 "투표에는 이기고 개표에서 졌다"는 유명한 말을 남겼고, 한 평론가는 "조봉암씨는 낙선된 것으로 발표됐다"라고 썼다.

조봉암은 낙선된 것으로 '발표됐다'

이때 조봉암이 얻은 표에 신익희에게 갈 표가 얼마나 섞여 있는가는 오랜 논쟁의 대상이었다. 그러나 당시 보수야당이 조봉암에게 보인 극도의 혐오감과 행동을 보면 신익희의 죽음 때문에 보수야당에 갈 표가 조봉암에게 간 것 같지는 않다. 신익희의 죽음이 워낙 갑작스러운 것이었기에 투표지에는 신익희의 이름이 그대로 인쇄됐고, 민주당은 "용공적 노선을 지지하는 대통령 후보에 대해서는 한 표라도 고 신익희씨를 지지하던 유권자가 투표하는 것을 희망하지 않는다"는 입장을 공공연히 표명했다.

조병옥은 신익희의 죽음 이후 민주당이 사회주의적 경향을 가진 조봉암 대신 "그래도 반공의 지도자"라고 해서 이승만에게 투표하도록 하여 이승만의 당선을 도왔다고 회고했다. 이런 민주당이었기에 민주당은 1960년 대통령 선거에서 강력한 경쟁자가 될 조봉암을 이승만이 진보당 사건을 일으켜 제거할 때 침묵했던 것이다.

2004년 선거에서 민주노동당은 정말 소중한 성과를 거두었다. 그러나 한국전쟁과 100만의 민간인 학살로 우리 정치가 망가질 대로 망가진 1952년과 1956년에 조봉암이 거둔 성과를, 그리고 1960년 4월 혁명 직후의 7·29총선에서 급조되고 분열된 혁신세력이 거둔 성과를 우리는 기억해야 한다. 정식으로 결성된 정당이 아니라 추진위원회 단계의 진보당이 내세운 조봉암이 대통령 선거에서 유효 투표의 30%를 획득할 만큼 1950년대에는 진보의 토양이 존재했다. 지금은 대구·경북이 수구와 지역주의의 아성인 것으로 비쳐지지만, 그 당시에는 조봉암이 부정 개표에도 불구하고 이승만을 꺾은 25개 선거구(전국 181개 선거구)에서 절반인 11개 구가 경북 지역에 있었고, 4월혁명의 도화선이 된 2·28이나 3·15시위도 모두 영남 지역에서 일어났다. 그리고 4월혁명 이후에 만들어진 피학살자 유족회도 대부분 이 지역에 집중돼 있었다. 이것이 박정희 일당의 군사반란이 있기 이전 한국 정치의 분위기이고 영남의 분위기였다.

전쟁과 학살에도 불구하고 이렇게 진보정치가 받아들여질 수 있는 토양이 존재했던 까닭은 어디에서 찾을 수 있을까? 나는 1940년대 후반에 몸으로 느낀 자유와 해방의 기억이 살아 있었기 때문이라고 생각한다. 이 소중한 기억은 적어도 4월혁명까지는 살아 있었다. 그 기억은 반란범 박정희 일당의 군사독재가 시작되면서 서서히 사라졌다. 지금의 50대 중반까지는 모두 박정희 치하에서 학교를 다닌 세대이다. 우리 어린 시절에는 대통령은 박정희뿐이었고, 다른 사람이 대통령이 된다는 것은 상상도 하기 힘들었다. 이승만의 진보당 사건과 조봉암 처형이 진보정치를 죽인 것이었다면, 박정희의 군사독재는 진보정치를 꿈꿀 능력마저 죽여버린 악마의 시대였다.

한국의 진보정치는 힘들게 여기까지 왔다. 언론도 그렇고 당원들도 그렇고, 민주노동당이 4·15총선에서 엄청난 성과를 거둔 것처럼 흥분하고 있다. 그러나 전쟁이 할퀴고 간 50년대나 4월혁명 직후와 비교해볼 때, 탄핵이라는 '우연'한 결과로 얻어진 그 '엄청난 성과'는 소박하기 짝이 없다. 50년대나 60년대 초반의 혁신세력이 보수와 진보로 대별되는 진짜 진보라기보다는 전쟁과 학살에서 살아남은 양심적인 민족주의자들의 집합체라면, 오늘의 진보세력은 그들마저 사라진 척박한 토양에서 정말 새롭게 떠오른 존재이다.

아직도 배가 고프다, 몹시 고프다

그러나 수구냉전세력은 지금 비록 위축됐다고는 하나 부자는 망해도 3대는 간다고 아직도 엄청난 힘을 갖고 있다. 지면이 다하여 충분히 논할 수는 없지만, 민주노동당의 약진이 반가우면서도 여러 가지 면에서 정말 잘해낼 수 있을지 불안한 것도 사실이다. 조봉암을 내치고 결국 그를 죽음으로 내몬 과거의 민주당보다는 훨씬 열려 있는 열린우리당과의 관계를 현명하게 푸는 일은, 민주노동당이 진보적 대중정당으로 발전할 수 있는가의 시금석이 될 것이다. 냉전수구세력의 퇴출보다 더 진보적인 과제는 지금 이 순간 존재하지 않는다. 30년 넘는 군사독재에 이어 아직도 박정희 없는 박정희 시대를 청산하지 못한 상황에서 민주노동당이 거둔 엄청나면서도 '초라한' 성과는 우리가 그 시대에 얼마나 뒷걸음질했는가를 새삼 느끼게 한다. 40여 년 만의 원내 진출이라는 엄청난 식탁을 보면서도 처참했던 50년대에 우리가 서 있던 지점을 생각하면 난 아직도 배가 고프다. 몹시 고프다.

판사님, 판사님, 길들여진 판사님…
_가장 깨끗하고 똑똑했던 사법부가 가장 처절하게 망가진 이유

대법원과 헌법재판소의 활약이 눈부시다. 두 기관이 서로 경쟁이나 하듯 수구적인 결정을 연달아 내놓아, 철없는 '좌경 정권' 때문에 이 나라가 결딴날까봐 노심초사하는 '애국세력'에게 천군만마의 힘이 되어주고 있다. 헌법재판소는 2004년 8월 26일 국가보안법의 말 많고 탈 많은 고무찬양죄에 대해 재판관 9명의 전원 일치로 합헌 결정을 내렸다. 현재는 같은 날 또 양심에 따른 병역거부자들을 처벌하는 현행 병역법에 대해서도 7 대 2로 합헌 결정을 내렸다. 이에 뒤질세라 대법원은 9월 2일 국가보안법 폐지론을 겨냥해 "나라의 체제는 한번 무너지면 다시 회복할 수 없는 것이므로, 국가의 안보에는 한 치의 허술함이나 안이한 판단을 허용할 수 없다"고 강조했다.

대한민국 주류 중의 주류!

대법관이나 헌법재판소 재판관이라는 자리에 오른 분들이 보수적이라는 점이야 익히 알려진 사실로 새삼 놀랄 일이 아니지만, 사람들은 세속의 정치적 일에 초연한 척 지내온 점잖은 분들이 작심을 하고 강경한 발언을 쏟아내는 이유가 궁금할 것이다. 왜 그럴까? 그 입장에 서서 보면 이해할 만도 하다. 1997년 선거에서 대통령 자리가 넘어갔다. 1960년 4월부터 1년여 동안의 짧은 에피소드를 빼고는 대한민국 수립 이래 처음으로 정치권력이 바뀌었다. 어이없는 일이었지만, 그래도 이른바 '주류'는 왜 이런 일이 일어났는지 납득할 수 있었다. IMF 사태에, 이인제 출마로 인한 주류의 분열에, 병풍은 불고, 원

조 보수 김종필마저 김대중과 손을 잡았으니 그럴 만도 했다. 게다가 상대는 대통령선거 4수생 김대중이 아니었던가? 김대중이 재수생일 때만 해도 그가 대통령이 된다면 수류탄 까들고 청와대로 돌진하겠다던, 남달리 '애국적' 이던 아저씨들도 많이 너그러워졌다. "그래, 5년만 참자." 견딜 수 없는 것들을 견뎌내면서 5년은 흘러갔다.

그리고 2002년, 다시 대선의 계절은 왔다. 그런데 또 지고 말았다. 이번에는 책임져야 할 환란 위기도, 이인제로 인한 적전 분열도 없었고, 정몽준은 선거 전날 밤 노무현과 결별했다. **아무리** 생각해도 질 수 없는 선거에서 진 것이다. 김대중은 비주류 내에서는 그래도 주류였지만, 바보 노무현은 비주류 내에서도 비주류였다. 기득권층인 '주류' 로서는 이런 노무현에게 져서 앞으로 5년을 더 보내야 한다는 것도 참을 수 없는 일이었지만, 이런 추세가 계속되어 영원히 정권을 잃어버릴지 모른다는 두려움이 더 견디기 힘들었다.

그런 상황에서 벌어진 것이 탄핵이었다. 의회 다수 의석의 힘을 빌려 잃어버린 대통령 자리를 되찾으려는 무모한 시도는, 3분의 2 이상의 의석을 갖고 탄핵을 밀어붙인 거대 야당이 거대 여당의 출현을 막아달라고 호소하는 결과를 낳았다. 이렇게 해서 '주류'는 행정부에 이어 입법부마저 '비주류'에게 넘겨주게 된 것이다. 국가의 3부 중 주류에게는 이제 사법부 하나가 남은 셈이다. 대통령이 넘어가고, 입법부도 넘어가고, 종이신문의 영향력은 방송과 인터넷 매체에 치여 위축됐고, 게다가 사법부 내의 사정도 옛날 같지 않다. 사법개혁이니 뭐니 해가며 지난 수십 년간 굳어져온 법관 서열 대신에 대법관 인사청문회를 하질 않나, 시민단체가 후보를 추천하거나 검증하겠다고 하질 않나 여간 피곤한 게 아니다. 또 여태까지 아무 탈 없이 양심에 따른 병역거부자 1만 명을 감옥에 보내왔는데 갑자기 하급심에서 무죄 판결이 떨어지지 않나, 해방 이후 최대의 거물 간첩이라며 국가보안법의 사활을 걸고 몰아붙인 송두율 교수가 핵심적인 부분에서 무죄를 받아 풀려나지를 않나, 주류 권력의 마지막 보루가 된 사법부의 입장에서는 나라 전체가 정말 위기 상황에 빠진 꼴이다.

이제 모든 것은 헌법으로 통하는 세상이 되었다. 대법원과 헌법재판소가 과연 우리가 흔히 말하는, 아니 바라는 대로 인권의 최후 보루가 될 것인가, 아니면 흔들리는 '주류' 기득권층이 그래도 끝까지 장악하고 있는 국가권력의 마지막 보루가 되어 계속 시대 흐름에 역행하고, 젊은 법관들이 고뇌하며 내린 하급심의 전향적 판단을 모조리 퇴짜 놓는 그런 역할을 하게 될 것인가? 이 대목에서 우리는 사법부의 역사를 돌이켜 보아야 한다. 1948년 대한민국이 출발할 때 그래도 3부 중에서 가장 깨끗했고 제 기능을 수행했던 사법부가 어쩌다 저 지경에 이르게 되었는지를….

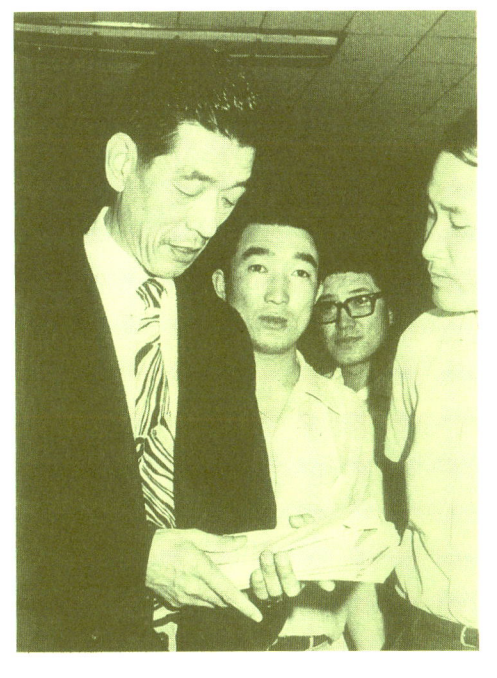

1971년 7월 사법 파동 당시 유태흥 수석부장판사가 형사지법 판사들의 사표를 모아들고 있다. 사법부가 철저히 길들여지는 계기가 됐다.

정치깡패가 판사를 협박하던 50년대

　1950년대는 정치깡패의 시대였다. 1958년 7월 2일 유병진 판사는 간첩 혐의로 구속 기소된 진보당 당수 조봉암에게 예상을 깨고 간첩 혐의에 대해서는 무죄를 선고했다. 그리고 사흘 뒤 법원은 단체 손님을 받았다. "친공 판사 유병진을 타도하라!"고 부르짖는 정체를 알 수 없는 '애국청년' 수백 명이 법원에 난입한 것이다. 경찰은 이런 때면 늘 어디 가서 딴 짓 하다가 한 시간쯤 흐른 뒤에 나타나는 법이다. 유병진 판사는 이에 앞서 4월에는 서울대 문리대 학보에 '무산대중의 체제로의 지향'이라는 무시무시한 부제 아래 '우리는 새로운 형태의 조국을 갈구한다'라는 치기 어린 글을 기고한 류근일—〈조선일보〉의 바로 그 류근일이다—에게 무죄를 선고했다. 그리고 6월 23일에는 용산중학 교감으로 재직 중에 간첩 혐의로 기소된 이태순 피고 사건에서 집행유예 판결을 내렸다. 이때는 비록 김병로 대법원장은 퇴임한 직후였지만, 그가 일궈놓은 전통에 따라 많은 판사들이 법대로 판결하고 있었다. 5척 단구의 조그마한 보수주의자 김병로는 이승만 시대의 무지막지한 외풍으로부터 사법부를 지켜낸 든든한 거목이었다.

　1960년대 전반에도 법원의 결정에 불만을 품은 권력의 주구들은 법원으로 몰려갔다. 한·일 굴욕외교 반대 데모가 한창이던 1964년 5월 21일, 이번에는 정치깡패가 아니라 정복을 입은 군인들이었다. 법원이 박정희가 내건 '민족적 민주주의'의 장례식을 벌인 시위 주동 학생들의 구속영장을 대부분 기각하자 수경사 소속 군인들이 법원에 난입하고 심지어 판사의 집까지 찾아가 당장 구속영장을 발부하라며 행패를 부린 것이다.

　자기를 천황쯤 되는 초월적 지위에 놓고 싶어했던 박정희는 3권

분립을 원리로 삼는 민주주의를 경멸했고, 가끔 행정부를 견제하려 드는 사법부를 극도로 불신했다. 국가재건최고회의 의장 박정희가 1962년 5월 14일 대법원장에게 보낸 '지시각서' 5호의 내용을 잠깐 살펴보자. 박정희는 "혁명 이래 일부 법관이 아직도 새로운 세계관의 확립 없이 돈과 술에 팔리고 정실과 야합"하고 있으며, 중대한 국가적·사회적 법익을 침해한 불순분자는 방면하고 힘이 없어 땅을 치고 우는 약자에 대하여는 무고한 벌을 가하

박정희 정권 시절 검찰총장에 임명돼 벼락출세한 신직수(왼쪽). 그와 환상의 콤비를 이뤘던 법무장관 민복기(오른쪽).

고도 하등의 양심적 가책도 없이 마치 법은 자기를 위하여 존재하는 것으로 착각하고 있다고 질책했다. 완전히 사단장이 밖에서 술 먹다가 사고치고 들어온 초임 법무관 야단치는 어조였다. 박정희에게 모든 국가기구는 통치권자가 세운 목표를 향해 일로매진해야 하는 존재였지만, 사법부는 여기에 역행하고 있었다. 그래서 그는 이승만도 꿈꾸지 못한 사법기구에 대한 지배를 시도하게 된다. 불행하게도 박정희 시대에는 가인 김병로나 권승렬, 최대교같이 늘은 아니더라도 가끔씩 권력에 맞서 외풍을 막아줄 역할을 할 사람이 없었다.

1963년 12월 7일 박정희는 중앙정보부 차장 신직수를 검찰총장에 임명했다. 이때 그의 나이는 서른여섯. 그의 학교나 고시 동기들은 대개 평검사였고 15년에서 20년 정도 세월이 흐른 뒤에야 검찰총장이 되었으니 벼락출세도 그런 벼락출세가 없었다. 오죽하면 심기가 불편한 고검장들이 집단으로 검찰총장의 취임식에 참석하지 않았을까?

신직수가 벼락출세를 한 비결은 박정희가 5사단장 시절, 그가 사단 법무참모를 지낸 인연 때문이다. 육사 출신이 주도한 군사정권과 판검사들의 야합을 육법당(陸法黨)이라 불렀는데, 아마 신직수가 법당의 초대 당수쯤 되지 않았을까? 얼마 전 검찰개혁 문제를 놓고 논란이 벌어졌을 때, 검찰이 연공서열에 따른 인사를 하는 것이 봉건적이라는 비판이 쇄도했다. 나 역시 이 비판에 기본적으로 동의하지만, 저 험한 군사독재 시절에 연공서열에 따른 인사에 나름대로 상황에 따른 합리성이 없었던 것도 아니다. 자격 없는 권력자가 자격 없는 대상자를 검찰총장이나 다른 요직에 인재 발탁이란 미명 하에 끌어올리는 것을 막으려면, 조직 전체가 똘똘 뭉쳐 "서열대로 합시다"라고 할 수밖에. 가끔 장관이나 고위직 인사를 보면 '왜 저런 사람을 저런 자리에 앉나' 하는 의문을 갖게 된다. 뜻밖에 큰 감투를 쓰게 된 것을 '가문의 영광'으로 생각하는 사람이라야 권력자 원하는 대로 진흙탕에서 뒹구는 일도 마다 않고 하는 것이지, 자기가 잘나서 그 자리에 올랐다고 생각하는 사람이 뭐 빚진 게 있다고 무리수를 두겠는가? 이런 게 박정희의 용인술이었다.

신직수는 무려 7년 반을 검찰총장 자리를 차지하여 타의 추종을 불허하는 최장수 총장이 되었는데, 그의 총장 시절 검찰은 완전히 독재권력의 충실한 시녀가 되었다. 그 계기가 된 것이 바로 1964년 8월의 제1차 인혁당 사건이다. 한·일회담 반대시위인 6·3사태로 인해 계엄령이 선포된 지 얼마 뒤 중앙정보부는 북의 지령을 받아 국가를 변란하려는 지하조직인 인민혁명당을 적발했다고 대대적으로 발표했다. 김형욱의 중앙정보부는 이 사건의 각본을 다 짜서 서울지검으로 송치했는데, 서울지검 공안부 부장 이하 검사들이 아무런 증거도 혐의도 찾을 수 없다며 양심상 도저히 기소할 수 없다고 나선 것이다. 이에 법무장관 민복기는 "상명하복의 검찰 기강을 세우기 위해 공소장에 서명을 거부한 검사에 대해서는 조치를 취하겠다"고 강경한 태도를 보였다. 그러자 공안부장 이용훈 등 3명의 검사가 사표를 제출했다. 중앙정보부장 김형욱은 몹시 분개했고, 중정 차장으로서 그를 모셨던 신직수가 총장으로 있던 검찰은 이용훈의 사표를 수리했다. 이 사건을 거치면서 검찰은 1970년대를 풍미한 참고서의 이름마냥 박정희 체제에 '완전정복'되었다. 신직수는 이후 중앙정보부장이 되어 사법살인으로 악명을 떨친 2차 인혁당 사건을 처리했다.

'양심에 따른 기소 거부'를 아십니까

조직을 장악할 때는 당근도 같이 주는 법. 법무장관 민복기, 검찰총장 신직수, 이 환상의 콤비는 대법원이 전체 법조계를 대표하기 위해서 대법원판사에 검찰 출신도 들어가야 한다는 궤변을 내세워 마침내 대검차장 출신의 주운화 등이 검찰 대표로 대법원판사가 되는 길을 연다(이런 이상한 관행은 아직도 계속되고 있다). 그런데 주운화는 동백림 간첩단 사건을 맡아서 역시 법대로 일부 피고의 간첩 혐의의 원심을 파기하고 무죄를 선고했다가 홍역을 치렀다. 유병진 판사 때나 1964년 군인들의 법원 난입 사건 때처럼 직접 법원에 '애국청년'들이 몰려온 것은 아니고, 벽보를 붙이는 수준이었지만, 거기 사용된 표현은 과거의 두 사건보다 훨씬 거칠었다. 담당 재판장 김치걸이나 주심 주운화 등은 "김일성의 앞잡이"로 "법관의 가면을 쓰고 도사린 붉은 늑대"이며 사법부는 "북괴의 복마전"으로 규탄됐다. 이 사건을 만들어낸 정보기관의 간부는 인책 사임했다는데, 사법부 보호를 위해서 공작 자체에 책임을 물어서가 아니라 방법이 너무 졸렬해서 역효과가 났다는 이유 때문이었다고 한다.

박정희 하에서 사법부가 철저히 길들여진 계기는 역시 1971년 7월 말에 시작된 사법 파동이었다. 박정희는 1971년 4월의 대통령 선거에서 김대중에 신승하고 7월에 3선 임기를 시작했다. 바로 이 무렵 대법원은 사상 처음으로 위헌심판권을 행사하여 군인과 군속의 손해배상권을 제한하는 국가배상법을 위헌이라 판결했다. 그리고 학생시위로 구속되거나 반정부 논문을 기고했다가 반공법으로 기소된 문인들이 잇달아 무죄 선고를 받고 풀려났다. 이에 박정희는 격노했다. 새로이 법무장관으로 승진한 신직수에게 사법부 길들이는 과업이 부여됐다.

판사들의 집단사표

1971년 7월 28일 서울지검 공안부(이때 공안부장은 1964년 인혁당 사건 때 공안부 검사로는 유일하게 사표를 쓰지 않은 최대현이었다)는 무죄 판결을 많이 낸 재판부의 하나인 서울형사지법 항소3부 이범렬 부장판사와 배석 최공웅 판사 등의 구속영장을 청구했다. 혐의 사실은 재판부에 할당된 국가보안법 위반 사건의 증인 심문을 위해 제주도에 갔을 때, 피고인의 변호사로부터 향응을 제공받았다는 것이다. 물론 피고인 변호사로부터 향응을 제공받은 것은 잘못이지만, 공식 출장비가 거의 책정되지 않는 현실에서 이는 오랜 관행으로 굳어져 있었다. 형사지법 유태홍 수석부장판사가 증거 인멸과 도주 우려가 없다고 영장을 기각하자 검찰은 증거를 보강하여 다시 영장을 청구했다. 보강된 증거란 두 판사가 출장 가서 '객고'(客苦)를 푼 것에 관한, 좀 쑥스러운 내용이었다.

이 사건은 누가 보기에도 명백하게 법관 길들이기 차원에서 제기된 것이었다. 보수적이고 집단행동을 안 하기로 소문난 판사들도 집단사표를 내는 등 강하게 반발했다. 판사들은 이번 집단사표가 단순히 동료를 두둔하기 위한 것이 아니라 '사법권 독립'의 계기를 마련하기 위한 것이라면서, 1) 반공법, 국가보안법 사건에서 검찰과 견해를 달리한 법관을 용공분자로 취급하여 협박하고 신원 조사를 했다, 2) 판사실에 도청 장치를 했다, 3) 무죄 선고가 나면 법관이 부정한 재판을 한 듯 비난하면서 예금통장을 조사했다, 4) 판사들을 미행, 사찰하고 함정 수사까지 했다 등등 그동안의 사법권 침해 사례 7개 항을 공개했다.

일선 판사들의 집단행동이 이어지자, 대법원판사들은 회의를 열고 대법원장(인혁당 사건 당시 법무장관인 민복기가 대법원장이 되어 있었다)이 대통령을 만나 이 문제를 풀어야 한다고 결의했다. 그러나 대법원장의 대통령 '알현'은 끝내 실현되지 않았다. 박정희는 결국 영장을 청구한 공안부 라인을 문책성 진보 인사를 하는 것으로 법관 쪽에 약간의 퇴로를 제공했고, 법관들은 아무것도 이루지 못한 채 사건 한 달 만에 스스로 사표를 철회했다.

사법 파동이 일어난 1971년 여름은 유난히 큰 사건이 많았다. 파동이 한창 진행 중에 광주대단지 폭동, 남북 이산가족 찾기와 남북 적십자회담 발표, 실미도 사건 등이 일어났고, 뒤이어 교련반대 데모로 위수령이 발동되고 국가 비상사태가 선포됐다. 사법 파동은 박정희의 영구 집권 음모인 10월유신을 앞두고 걸림돌이 되는 각 집단을 각개격파해 나가는 과정이었다. 그리고 유신헌법이라는 황당한 헌법

10·26 사건 당시 김재규에게 신군부가 원한 내란목적살인죄 대신 단순살인이라는 소수 의견을 제시한 대법원판사 6명은 모두 전두환 정권 출범과 함께 재임용에서 탈락했다.

아래 법관 재임용 제도가 도입되어 대통령은 법관의 임명권마저 손에 넣었다. 그리고 1973년 3월 법관 재임용에서는 전체 법관의 10%가 넘는 48명의 법관이 법복을 벗어야 했다. 1971년 국가배상법 위헌 판결에서 위헌 의견을 낸 대법원판사 9명을 포함해, 학생들을 무죄 방면하거나 구속영장을 기각한 판사들도 대개 재임용에서 탈락했다.

살아남은 판사들은 길들여져갔다. 이제 사법부(司法府)는 행정부의 한 부서인 사법부(司法部)라 불리더니 급기야는 사법부(死法部)라 조롱받게 되었다. 10·26 사건 당시 김재규에게 신군부가 원한 내란목적살인죄 대신 단순살인이라는 소수 의견을 제시한 대법원판사 6명은 모두 전두환 정권이 출범하면서 재임용에서 탈락했다. 전두환 정권 출범 직후 대법원장에서 물러난 이영섭은 신군부의 외압에 마음고생을 하다 입이 돌아갈 정도였다. 그가 퇴임사에서 한 말, 자신의 대법원장 시절은 오욕과 회한의 역사였다는 말은 두고두고 인구에 회자됐다. 형사지법 수석부장 시절 검찰의 영장청구를 기각하고, 사표를 쓴 판사들을 대표해서 성명서를 읽던 유태홍은 대법원판사가 된 뒤에는 김재규 사형 판결에서 적극적 역할을 했고, 결국은 대법원장 자리에 올랐다. 그러나 유태홍은 법관 인사의 난맥상을 비판하는 글을 한 법조신문에 기고한 판사를 서울민사지방법원 판사 부임 하루 만에 울산지원으로 전보시켰다가 2차 사법 파동을 초래하고, 대법원장에 대한 사법 사상 최초의 탄핵 발의까지 당하는 수모를 겪었다. 이렇게 처절하게 망가져간 사법부에서 살아남은 사람들이 올라가는 대법원에서 그나마 소수 의견을 가장 많이 낸 판사가 이회창이었다는 사실은 우리를 슬프게 한다.

이회창이 우리를 슬프게 하는 이유

지난번 탄핵사태 때 사람들은 혹시라도 헌법재판소에서 탄핵을 인용하면 어쩌냐는 걱정을 많이 했다. 그러나 3월 13일 광화문의 촛불시위를 다녀온 뒤 나는 그런 걱정을 하지 않았다. 느긋해하는 나를 보고 친구들은 "뭘 믿고 그러냐"며 설마 헌재 재판관들의 양심을 믿느냐고 힐난했다. 나는 내가 그렇게까지 순진하지는 않다면서 '그들의 양심은 나도 안 믿지만 거기까지 올라온 그늘의 눈치만큼은 믿어줘도 된다'며 촛불이 꺼지지 않으면 문제없다고 답해 같이 웃었다. 그런데 이제 헌재는 그 눈치를 벗어버리고—어떤 재판관은 인사 청문회에서 양심에 따른 병역거부를 인정해줘야 한다고 강력히 주장해서 나를 놀라게 했는데, 정작 헌재 결정에서는 가장 강력하게 반대했다—용감하게 수구의 목소리를 대변한다. 그리고 어떤 법원장은 자못 비장하게 시민단체의 개입으로 사법부의 독립이 훼손되고 있다는 퇴임사를 남겼다. 설마 군사독재 시절을 나름대로 고통스럽게 살아낸 저분들이 말하는 사법부의 독립이 국민으로부터의 독립은 아니겠지?

'관습 형법'은 더 죽여주셨다

'살인무기' 국방경비법, 법관님들에게는 '관습적으로' 법이더라

2004년 10월 21일 헌법재판소는 정부가 추진 중인 신행정수도건설특별법에 대해 위헌 판결을 내렸다. 정부가 무리하게 법안을 추진하였다면 위헌이 나올 수도 있다. 그러나 위헌의 유일한 근거가 생소하기 짝이 없는 '관습 헌법' 이라는 데에서는 고개를 절레절레 흔들지 않을 수 없다. 김영일 재판관처럼 헌법 72조의 국민투표권 침해로 위헌 결정을 내렸다면 행정수도 이전을 지지하는 많은 사람들도 수긍했을 것이다. 그런데 자신의 권위의 원천을 성문헌법에서 찾을 수밖에 없는 헌법재판관들이 난데없이 관습 헌법과 『경국대전』을 들고 나와 대한민국의 성문헌법을 공격하는 꼴을 보니 자해공갈단을 본 것처럼 어처구니없다기도 자살테러단을 본 것처럼 짠해지기도 한다. 예전에 사법부가 수구세력의 보루로 나서게 되었다고 지적했지만 이렇게까지 갈 줄은 몰랐다. 관습 헌법 이전에 '관습 형법' 까지 들고 나와 죄형법정주의의 근본을 뒤흔드는 판결을 내릴 때 본질을 알아봤어야 하는데 하는 뒤늦은 후회를 해본다.

극적으로 살아남은 박정희

'국방경비법' 이란 무시무시한 '거시기' 가 있었다. 왜 하필 '거시기' 라 했냐 하면 이름에는 '법' 이란 글자가 들어 있지만, 도저히 법이라 불러줄 수 없기 때문이다. "악법도 법이냐"라는 해묵은 논쟁도 있지만, 이 거시기는 그 논쟁의 대상도 될 수 없다. 국가보안법은 죄형법정주의를 부정하는 내용으로 볼 때 이건 그냥 악법이 아니라 '법도 아니다' 란 소리를 듣지만, 많은 사람들이 태어나서는 안 될 국가보안법이 국회에서 태어나는 과정을 목격했다. 그런 의미에서 국가보안법은 악법의 범주에 속한다고 할 수 있다. 그런데 국방경비법이란 '거시기'는 악법 중의 악법 국가보안법하고도 차원이 다르다. 처음부터 법이 아니었다. 그런데 어느 틈에 법이 되어 대한민국 건국 이래 가장 많은 사람을 법의 이름으로 처단했다. 〈법률신문〉의 추산에 의하면 이 법으로 처벌받은 사람이 16만 명에서 20만 명, 사형을 받은 사람은 추산하기조차 어렵다. 한국전쟁의 혼란기에 "앞줄 사형, 뒷줄 무기"라는 전설과도 같은, 재판인지 개판인지 모를 일이 '군법회의'란 이름으로 진행될 때, 그 군법회의의 설치 근거가 된 것도 국방경비법이란 거시기요, 집단적인 '사법살인'의 흉기가 된 것도 바로 국방

1946년 8월 29일 '국치일'에 분열식을 하는 조선경비대. 원래 국방경비법은 남조선국방경비대가 군대로 발전하는 것을 상정하면서, 군형법 제정의 필요성이 제기됨에 따라 준비된 것이다.

경비법이란 거시기였다.

이 '거시기'로 처벌받은 사람들도 참 다양하다. 제주 4·3 사건 때 체포된 사람들 중 고등군법회의에서 이 법으로 유죄 판결을 받은 사람은 사형 384명을 포함해 모두 2,530명인데 사형을 면한 사람들 대부분도 한국전쟁 당시 정부 쪽에 의해 집단학살됐다. '여순반란' 사건의 수많은 관련자들이나 '여간첩'의 대명사가 되어버린 김수임, 그리고 한국전쟁 기간 중의 빨치산이나 '부역행위' 관련자 다수가 이 법 32조(이적)와 33조(간첩) 위반으로 처형됐다. 해방 직후 미군정 경무국 수사국장을 지냈으나 경찰 내에 친일파가 득세하는 것을 항의하다 축출된 최능진도 제헌국회 선거에서 이승만에 도전한 괘씸죄 때문에 결국 이 법으로 처형됐고, 한국전쟁 당시 상부의 급박한 지시에 의해 한강철교를 폭파해야 했던 최창식 대령도 이 법 27조의 적전비행(敵前非行)죄로 총살됐다.

비전향 장기수의 3분의 1가량은 국방경비법 위반으로 30년 넘게 징역을 살아야 했다(아래쪽). 박정희(위쪽)는 이 법에 걸렸으나 극적으로 살아남아 다시 반란을 저질렀다.

이 법으로 처벌받았지만 용케 살아남은 사람들도 있었다. 햇수로 45년, 세계 최장 기록의 징역을 살아야 했던 김선명 선생을 비롯하여 비전향 장기수의 3분의 1가량은 바로 국방경비법 위반으로 30년 넘는 징역을 살아야 했다. 백범 김구 선생을 암살한 안두희에게도 정치 관여를 금지한 이 법 43조가 적용됐는데, 안두희가 한독당 비밀당원이라는 사실을 부각시켜 백범의 암살이 마치 한독당 내부의 알력 때문인 것처럼 조작하려는 이유에서였다. 그러나 국방경비법으로 중형을 받았다가 사형되거나 옥중에서 학살되지 않고 살아남은 사람 중에서 가장 극적인 삶을 산 자는 역시 박정희였다. 박정희는 18조의 '폭동 또는 반란' 항목이 적용되어 사형 구형에 무기징역을 받았다. 흥미 있는 사실은 남로당이 군에 침투시킨 현역 최고의 프락치 박정희에게 당시의 일반적인 분위기와는 달리 33조의 간첩죄가 적용되지 않았다는 점이다. 이는 박정희의 만주군·일본군 선배와 동료들이 이미 숙군에 협조한 그를 살려주기로 한 마당에 유죄로 인정될 때 사형밖에는 다른 형벌이 없는 간첩죄를 피해야 했기 때문일 것이다. 반란죄가 적용되고도 이렇게 살아남은 박정희는 12년 뒤에 다시 반란을 범하고 만다. 그러고는 최고권력자가 되어 자신을 처벌했던 국방경비법을 폐지하고, 대신 '군형법' 과 '군법회의법' 을 제정하여(1962) 그 빈자리를 채웠다.

버젓이 이름에 '법' 이란 글자를 달고 있고, 이 법에 따라 십수만 명이 넘는 사람들이 재판을 받았는데, 왜 이 법을 법이라 부를 수 없다는 것일까? 드라마만 보면 왜 밤낮 '출생의 비밀' 이 나오는 것이냐고 평론가들은 불평하지만, 한국에 사는 한 어쩔 수 없다. 대한민국이 엄청난 출생의 비밀을 갖고 있는 나라이니까…. 대한민국의 출생의 비밀에서도 가장 피비린내 나는 비밀이 바로 태어나지 않은 국방경비법의 탄생이다.

각종 법령집을 보면 국방경비법과 그 동생 격인 해안경비법은

1948년 7월 5일 공포(또는 공포 지시)되어 1948년 8월 4일 효력이 발생한 법률 호수 미상의 법률이라고 쓰여 있다. 이 이상한 '법률'은 미군정 당국에 의해 공식적으로 출간된 법령집에는 들어 있지 않지만, 1950년대 초반부터 나온 법령집에는 과도정부 법률 항목에 떡하니 자리를 차지하고 들어가 있다.

군대 없는 군형법

그런데 정말 말이 되지 않는다. 과도정부 법률은 모두 12개인데, 마지막인 과도정부 법률 12호는 과도정부의 입법기구인 '조선 과도 입법의원의 해산'을 규정한 것으로 입법의원이 1948년 5월 20일 해산된다는 내용을 담고 있다. 국방경비법이 7월 5일에 공포됐는데, 그 한 달 반 정도 전에 법을 통과시킬 조선 과도 입법의원은 해산된 것이다. 법에도 유복자가 있는 것인가? 아무리 유복자라 하더라도 아버지 돌아가신 뒤에 태어나는 것이지, 어머니 돌아가신 뒤 한 달 반 뒤에 태어나는 유복자는 없다. 법의 탈을 뒤집어쓴 이 허깨비의 정체를 밝히는 작업을 선구적으로 해온 조용환 변호사가 명쾌하게 지적한 대로 국방경비법과 해안경비법이란 "그것을 공포한 관보도 없고 미군정 스스로 만든 법령집에도 올라 있지 않고 미군정 스스로도 법령으로 인정한 일이 없는, 정체불명의 법령들이 대한민국 정부 수립 뒤 한국인들이 임의로 만든 법령집에 '남조선 과도정부 법률, 1948년 7월 5일 공포 법령 호수 미상'이라는 허위의 정보를 달고 기재되어 법률로 시행돼온 것"에 지나지 않는다.

국방경비법이란 처음에는 군형법으로 만들어진 것이었다. 그런데 군형법이 있으려면 먼저 군대가 있어야 할 것 아닌가? 미군정 하의 남조선은 독립된 국가가 아니었기에 군대를 가질 수 없었다. 1945년 11월 미군정은 국방사령부를 설치하고 그 산하에 군무국을 두었다. 그러나 미군정과 일본군, 만주군 출신들의 군대 창설 계획은 맥아더 사령부와 미국 합동참모본부의 반대에 부딪히게 되었다. 왜냐하면 남북이 미국과 소련에 의해 분단되어 있는 상황에서 어느 한쪽이 군대 창설을 준비하게 된다면 상대방의 극심한 반발을 살 것이 뻔했기 때문이다.

미군정 당국은 군대 창설을 준비했지만, 국방이 아니라 국내 치안과 질서 유지를 담당하는 경찰예비대(Korean Constabulary Reserve) 성격을 띤 조직을 만들게 된다. 1946년 1월 미군정은 남조선국방경비대를 발족시키지만, 그해 5월 조선 임시정부 수립을 위한 미소공동위원회가 열리게 되자 소련 쪽은 당연히 '국방'이란 이름이 들어간 군사조직의 출현을 문제 삼았다. 미국으로서도 소련의 주장을 반박할 수 있는 처지가 아니어서 1946년 6월 15일 법령 86호에 의해 '국방부'를 '국내경비부'로 개칭하고 '군무국'은 폐지했으며, 남조선국방경비대는 국방이란 명칭을 빼고 '조선경비대'로 개칭하게 되었다 (그러나 당시 언론에서는 계속 국방경비대란 말이 사용됐다).

국방경비법이란 거시기는 처음에는 남조선국방경비대가 군대로 정상적으로 발전하는 것을 상정하면서, 군형법 제정의 필요성이 제기됨에 따라 준비된 것이다. 이 당시 미군정 군무국에서는 미국 육군의 전시법을 그대로 번역하여 이를 국방경비대의 군형법으로 삼고자 했기 때문에 내용은 미국 육군 전시법을 거의 그대로 따르고 있되 명칭은 '국방경비법'인 초안이 준비됐다. 그런데 흥미 있는 것은 몇몇 법령집이나 군자료집에 국방경비법이 전문 115조와 부표가 실려 있지 않고 50조까지만 실려 있는 점이다. 1961년 육군본부에서 발간한 1960년판 『육군연감』이나 1967년 국방부 전사편찬위원회가 간행한 『한국전쟁사 1』 등이 그런 사례인데, 국방경비법을 50조까지만 소개하면서 이하 생략의 표시도 없다. 51조부터는 군법회의에 관한 내용인데, 처음 초안이 준비되던 당시에는 미군정의 군법회의가 상설화돼 있었기 때문에 처음의 초안에는 군법회의에 관한 내용이 필요 없었을 것이다.

국방경비법의 부활

국방경비대가 군대가 되지 못하고 명칭마저 조선경비대로 변경돼야 하는 상황이 되었으니, 군형법을 염두에 두고 준비된 국방경비법 법안이 승인될 수 없음은 당연한 일이었다. 경찰보다 강력한 장비와 인원을 가진 경비대가 경찰예비대로 묶여 있게 되면서 경찰과 경비대의 관계 설정과 경비대원의 신분 문제 등이 당연히 대두됐다. 1947년 2월 1일 신문 보도를 보면 군정청 경무부장 조병옥과 통위부장 유동열이 그동안 마찰을 빚어오던 경찰과 경비대의 임무 한계를 협의하여 발표했는데, 경비대는 비상시에 경찰을 원조할 수 있지만 평시에는 경찰권을 행사하지 않으며, "경비대원은 그들의 병영과 복무를 떠난 곳에서는 각 관공서와 같이 물론 제 법령을 준수"한다고 되어 있다. 즉, 이들에 대한 별도의 군법이 존재하지 않는다는 것을 확인한 것이다.

초안 상태로 서랍 속에서 잠자던 국방경비법이 살아난 것은 1948년 제주 4·3 사건이 발발하고 이어 10월에 여순반란 사건이 일어난 뒤였다. 군대는 만들어놓았고 군사반란은 일어났는데, 그들을 처벌할 군형법은 만들어져 있지 않은 상황. 그리고 제주에서 일어난 주민들의 저항을 진압하지 못한다면 정권이 미국의 신임을 받을 수 없는 상황. 무척 당혹스러운 상황이었겠지만, 당시 정부와 군 지도자들은 이를 정상적인 방법으로 해결하려 하지 않았다. 미군정 하에서는 민간인도 당연히 군사재판소에 회부될 수 있었지만, 아직 법령 체계가 정비되지 못한 신생 대한민국에서는 '반란군'이나 제주의 무장세력을 군사재판에 회부할 법적 근거가 아무것도 없었던 것이다. 엄청나게 많은 사람들의

국방경비법은 4·3항쟁과 여순반란 사건을 진압하기 위해 난데없이 살아났다. 1948년 여름 4·3항쟁 진압작전에 나선 국방경비대원들.

저항에 직면한 상황에서 국방경비법을 꺼내 쓸 수 있다면 군법회의 설치의 근거도 마련할 수 있고, 또 저항세력을 번거로운 3심제가 아니라 한 번 재판으로 사형으로 날려버릴 수가 있었던 것이다. 이 때문에 당시 대한민국 정부와 군의 운영주체들은 충분한 법적 근거가 있는 구 형법과 구 형사소송법에 의해 재판을 하든지, 아니면 소급입법의 부담을 지더라도 군형법을 제정하여 저항세력을 처벌하는 길을 택하지 않고 입법기구에서 심의된 적도 통과된 적도 공포된 적도 없는 초안에 불과한 국방경비법을 들고 나와 휘둘러댄 것이다.

국방경비법이 엄청난 문제를 갖고 있음은 군 당국도 잘 알고 있었을 것이다. 법으로서 공포되지 못한 '법'을 법령 체계 속에 끼워넣는 작업은 한국전쟁 중에 시작된 것으로 보인다. 조선 후기부터 대한민

국 수립 이후에 걸쳐 광범위하게 진행된 족보 위조는 개인에게만이 아니라 법률 체계에서도 행해진 것이다. 1951년 5월 국방부 육군본부 작전교육국이 펴낸 『군법교범』을 보면 "군형사법은 필히 국회를 통과하여 대통령이 승인 공포로 완전한 '법률'로서 제정되어야 함은 불요다언지사(不要多言之事)"이지만, "과도기 현상으로서 현 국방경비법은 당시 군정장관이 자기 직권으로서 '법령'의 형식으로 제정 발포한 것"이라고 주장했다. 당시 군법무관이던 원세권도 1951년 간행된 『군법해설』이란 책에서 같은 주장을 되풀이했다. 그러나 현재 방대한 양이 남아 있는 미군정의 관보나 내부 보고서, 그리고 당시 신문 자료 어디를 보아도 1948년 7월을 전후하여 국방경비법이 개정되거나 공포된 흔적은 찾아볼 수 없다. 그리고 앞서 인용한 『육군연감』에 이르러서는 족보의 '모록'(冒錄)이 절정에 달해 대부분의 법령집이 '법률 호수 미상'이라 하였던 것과는 달리 '법률 호수 177호'라고 기록되기에 이른다. 이 177호라 함은 국방경비법이 아니라 그 쌍둥이 동생 격인 해안경비법이 1951년 2월 28일 일부 개정됐는데 그 법률 호수가 177호였을 뿐이다.

비적 무리 중 으뜸은 '법비'

이렇게 엉터리로 끼어든 법률 아닌 법률로 재판이 제대로 되었을 리 만무하다. 고등군법회의라 써붙인 법정에 한번 불려가 이름만 불린 사람들은 교도소로 가서야 방문의 자기 이름 옆에 써놓은 것을 보고서야 자신의 형량을 알거나, 교도관으로부터 "자기 형량도 모르는 놈이 세상에 어디 있느냐"는 욕을 먹고서 형량을 얻어들었다. 4·3 사건과 관련하여 20년형을 선고받은 김춘배씨는 그가 복역하던 교도소가 파옥된 뒤 살아남았다가 5·16 뒤 검거되어 잔형을 복역해야 할 처지에 놓이게 되었는데, 당시 군검찰은 군법회의 수형인 명부를 증거로 제출했으나 육군본부 보통군법회의는 전과자 명부는 범행 내용을 구체적으로 알 수 있는 증거가 아니라며 이를 근거로 형집행을 할 수 없다는 판결을 내렸다. 이재승 교수의 표현에 의하면 4·3 사건의 재판은 국방경비법의 규정조차 지키지 않았기 때문에 '하자 있는 재판' 정도가 아니라 처음부터 '재판 불성립'에 해당한다고 한다.

조용환 변호사는 김선명 선생 등 장기수 3명을 대리하여 이렇게 말썽 많은 국방경비법을 대법원과 헌법재판소로 가져갔다. 이 과정에서 그가 준비한 〈성문화된 관습 형법— '국방경비법'의 인권 문제〉는 너무나 명료하게 국방경비법은 법이 아님을 밝히고 있다. 그러나 우리의 대법원과 헌법재판소는 "물론 이와 같이 국가의 기간조직이 미처 형성되기 전의 비상 시기에, 오늘날의 통상적인 입법 과정으로 볼 수 있는 절차를 거치지 아니하고 비상한 절차와 수단으로 법률이 제정되어 통용됐을 경우, 과연 그에 대해 법률로서의 효력을 인정할 수 있는지 여부는 법철학적으로 논란의 대상이 될 수 있다"고 한 뒤, "적어도 그것이 오랫동안 우리나라 일반 국민에 의해 유효한 법률로 승인되어 그 규범력을 인정받아왔다면, 법적 안정성이라는 법의 이념의 요청에 비춰볼 때, 이제 와서 수십 년을 거슬러 올라가 그 당시와 같은 혼란 시기에 오늘날과 같은 완벽한 입법 절차를 거치지 아니하였다는 흠을 들어 그 법률의 규범력을 전면적으로 부인할 수는 없는 것"이라며 대법원은 1998년에, 그리고 헌법재판소는 2001년에 국방경비법은 법이라고 판시했다.

국방경비법을 법으로 인정한다는 것은 죄형법정주의도 법치주의도 모두 부인하는 일이다. 가장 엄격하게 관습법을 배척해야 할 형사법에 관습법을 인용한 나라에서 관습 헌법이 등장한 것은 차라리 당연한 일이다. 국방경비법은 국가보안법은 물론 사회안전법을 거쳐 보안관찰법에 이르기까지 대한민국의 법률에 인용, 계승되는 형태로 지금까지 살아남아 있다. 1930년대 만주는 온갖 비적이 판을 치던 비적의 나라였다. 마적, 토비(土匪), 공비, 병비(兵匪), 정치비(政治匪)…. 그런데 그 다양한 비적 무리 중에서 으뜸으로 친 것은 법을 들고 장난치는 법비(法匪)였다.

'국민학생' 시절 북에서 "김일성이 살이 쪘다"고 말하거나 남에서 "박정희는 키가 작다"고 말하면 무슨 죄냐는 우스개의 정답은 국가기밀누설죄였다. 그때는 철없이 낄낄댔지만 돌이켜보면 참 섬뜩한 상황이 대법원의 뒷받침 속에 만들어지고 있었다. 무엇이 대한민국의 이익에 필요한지 판단하는 것은 국민이 아니라 공안 당국의 몫이었다. 아아, 예나 지금이나 참을 수 없는 저 국익의 모호함이여!

| 4부 |

미치도록 잡고 싶었다

| 간첩의 추억 |

잡고 싶었으나 못 잡은 간첩
_기대에 비해 너무나 '시시했던' 그들(간첩의 추억1)

1999년 미국 유학을 마치고 귀국한 뒤에 한동안 가장 많이 만난 사람들의 직업은 간첩이었다. 그런데도 내가 이렇게 살아 있는 것은 그들이 현직이 아니라 전직 간첩이었기 때문이다. 1999년 여름부터 1년여간 비전향 장기수들의 경험을 채록하면서 나는 어린 시절부터 꼭 한번 내 눈으로 직접 보고 싶었던 간첩들을 무더기로 만나게 되었다. 전직 간첩을 가까이서 보기는 훨씬 전에 재일동포 형제 간첩단 사건의 서승·서준식 형제를 만났고, 미국에 있을 때 구미 유학생 간첩단 사건이나 서경원 의원 밀입북 사건의 배후로 간첩단 괴수로 몰린 서정균 선생이나 성낙영 목사를 만나기도 했으니 비전향 장기수 여러 분들을 만난 것이 처음은 아니었다.

북에서 내려온다는 편견을 버려라

전직 간첩을 여럿 만나보았지만, 비전향 장기수와의 만남이 특별하게 다가온 것은 이들 다수가 북에서 내려온 '순도' 높은 남파 간첩 출신이기 때문이었다. 그분들을 만나던 날, 나는 불운한 시대에 몹쓸 사람들 만나 간첩이라는 엄청난 감투를 쓴 '짝퉁 간첩'이 아니라, '오리지널' 간첩을 가까이서 보게 되어 잔뜩 긴장했다. 어린아이같이 천진한 표정에 고문의 후유증으로 덜덜 떨리는 손으로 차를 내오는 김인수 선생을 가리키며 최하종 선생은 짓궂은 표정으로 "나는 그냥 보통 간첩이고요, 저 양반이 진짜 무장공비라요" 하며 농담을 해서 내

1974년 문인 간첩단 사건의 주인공들. 맨 왼쪽에 이호철씨. 그 옆에 임헌영씨가 보인다. 그들도 한때는 무시무시한 '간첩'의 딱지를 받았다.(75 보도사진연감)

긴장을 풀어주었다.

  2004년 여름 갑자기 '간첩'이 때 아닌 인기를 얻었다. 여야 대변인이 아니라 대통령과 야당 대표까지 나서는 국가 정체성 시비에서도 간첩이 육군대장을 조사하냐며 난리다. 간첩! 음습하면서도 무시무시한 말이다. 예전에 김명인이 '간첩의 추억'에 대한 글(《한겨레21》 497호, 2004년 2월 18일자)을 썼는데, 처음 글을 깨친 대여섯 살 무렵, 국어 교과서의 철수, 영이, 바둑이보다도 먼저 학습한 말이 변변한 담벼락에 빠짐없이 쓰인 '반공방첩'이었다는 것이다. 그 어린 시절 간첩은 우리에게 다가왔다. 우리 또래 사람이라면 로또도 없던 '국민학생' 시절, 절반쯤은 방첩 정신으로 그리고 절반쯤은 현상금에 눈이 어두워 어디 눈먼 간첩이라도 하나 잡아볼까 하는 마음에 좀 수상한(!)

사람이 보이면 친구들과 따라간 기억을 갖고 있을 것이다. 그러나 간첩은 보이지 않았다. 어디에나 있고 어디에도 없는 게 간첩이었다. 누구나 부처님이 될 수 있다지만, 대한민국에서 누구도 될 수 있는 게 간첩이었다.

아직도 끝나지 않은 간첩의 역사와 대면하기 위해서는 무엇보다 먼저 간첩은 북에서 내려온다는 편견을 버려야 한다. 간첩은 출신도 가지가지다. 남파 간첩만 있겠는가? 1972년까지 북에서 실종되거나 사망한 북파 공작원 수는 무려 7,726명이다. 살아 돌아온 사람을 포함한다면 대한민국이 북에 파견한 무장 공작원(북에서 보낸 사람들을 우리는 '무장공비'라 부른다)은 1만 명을 훌쩍 넘을 것이다. 이렇게 남과 북이 직접 상대 지역으로 침투시킨 사람들 이외에도 간첩은 많았다. 휴전선이 처지지 않았던 일본 사회에서 살던 재일동포들은 누구보다도 쉽게 간첩으로 만들어졌고, 일본에 가서 무심결에 총련 출신 재일동포 잘못 만나고 오면 간첩이 되었다. 북에 끌려갔다 돌아온 납북 어부들도, 또 일부 해외 유학생들도 간첩이 되어 텔레비전에 등장했다.

간첩은 북에서만 내려온다는 편견과 함께 한국 사회에 널리 퍼진 간첩에 대한 또 다른 편견은 간첩은 무슨 일이든지 할 수 있는 능력가라는 견해이다. 그런데 이 편견은 대중적인 차원에서는 이미 오래 전에 깨졌다 할 것이다. 간첩에 대해서는 두 가지 이미지가 있다. 하나는 '007'처럼 언제인지 모르게 우리 주변에 다가와 무슨 일이든 할지 모르는 두려운 존재라는 이미지이고, 다른 하나는 영화 〈간첩 리철진〉(1999)에 나오는 꺼벙한 간첩이나 게으른 고정 간첩의 이미지이다. 그런데 후자의 이미지는 영화 때문에 퍼진 것이 아니라, 이미 대

택시강도를 만나 공작금을 모두 털리는 '간첩 리철진'이 등장하기 훨씬 전부터 대중들에게 간첩은 뭘 모르는 존재였다.(사진은 영화의 한 장면)

중들이 간첩에 대해 갖고 있는 이미지가 변화한 것을 포착한 영화사가 그런 영화를 제작한 것으로 보아야 할 것이다.

〈간첩 리철진〉 제작사인 씨네월드는 남녀 414명을 대상으로 설문조사를 실시했는데, 간첩에 대한 느낌을 물은 항목에서는 간첩은 분단 상황에서 어쩔 수 없이 존재하는 인물일 뿐 나와 같은 인간(47.6%)이라는 대답이 정치적인 범죄자(21.7%), 없어져야 할 존재(15.5%)를 압도했다. 간첩을 만났을 때 무조건 신고한다는 대답이 42%에 그친 대신, 진지하게 대화를 나눠보고 결정한다(22.9%)거나 자수를 적극 권유해 새 삶을 찾게 하겠다(21%)는 대답이 예상외로 많았다고 한다(《한겨레21》 256호, 1999년 5월 6일자).

공작금을 몽땅 사기당한 간첩

택시강도를 만나 공작금을 털려버리는 리철진이 등장하기 훨씬 전부터 대중들에게 간첩은 뭘 모르는 존재였다. 〈그녀를 모르면 간첩〉(2004)이란 영화가 나오기 전 30년도 넘었던 시절부터 우리는 누구나 다 아는 일을 새삼스럽게 물어보는 친구를 "간첩 아냐" 하며 면박을 주곤 했다. 한편으로는 간첩의 무시무시함을 과장하며 우리를 공포의 도가니로 몰아넣는 공안 당국에 순응하면서도, 또 한편으로는 덕수궁 앞에서 서울시청을 찾는, 뭘 모르는 사람이 간첩이란 것을 일찍 깨우치고 있었다.

여러 유형의 간첩을 만나 이런저런 이야기를 듣다 보니 참 웃지 못할 사연도 많았고, 〈간첩 리철진〉보다 더 처절한 사연도 있었다. 사실 아무리 제임스 본드라도 좁은 택시 안에서 떼강도를 만났다면 꼼짝없이 공작금을 빼앗겼을 것이다. 그런데 어떤 남파 공작원은 공작금을 강도당한 것이 아니라 몽땅 '사기' 당했다. 이 리철진의 선배가 정말 두고두고 분해서 어쩔 줄 몰라했던 것은 자신에게 사기를 친 작자가 자신이 북에서 온 것을 눈치 채고 사기를 쳤다는 점이다. 간첩이 사기당했다고 경찰에 신고할 수는 없지 않은가? 우리 주변에는 007과 같은 첩보영화를 즐기는 사람도 많고, 또 어떤 청소년은 장래 희망을 007 같은 첩보원이 되는 것이라고 말하기도 한다. 그러나 간첩이 되고 싶다고 말하는 사람은 없다. 간첩과 스파이와 첩보원은 어떤 차이가 있는 말일까? 사실은 그게 그거다. 그러나 분단 한국의 맥락에서 간첩과 스파이나 공작원이나 첩보원은 너무나 다른 의미로 우리에게 다가온다. 간첩이 지금은 한 단어로 쓰이지만, 원래 '간(間)'은 상대방의 내부 사정을 살펴 정보를 파악하여 전달하는 스파이 일반을 의미한다면, '첩(諜)'은 적의 움직임을 구체적으로 살피는 정찰병에 가까운 뜻으로 쓰인 것 같다. 지금 우리는 간첩을 파견하는 북쪽을 악랄하다고 비난하지만, 간첩에 대한 고전적인 저술을 남긴 손자는 『손자병법』의 '용간편'(用間篇)에서 어떤 경우에도 간첩을 쓰지 않을 수 없지만, 간첩은 어진 장수라야 부릴 수 있는 것이라고 주장했다.

북에서 내려온 남파 간첩들은 이런 이야기를 하지 않지만, 서양에서는 스파이의 기원을 모세에게서 찾는 사람이 많다. 성경 '민수기'

에 보면 하나님께서 모세에게 가나안 땅을 정탐할 사람을 보내라고 시킨 대목이 나온다. 여기서 '정탐하다'는 영어 성경에서 'spy out'으로 되어 있다. 이 때문인지 간첩 또는 스파이란 창녀, 세리와 더불어 지구상에서 가장 오래된 직업으로 되어 있다.

국제법상에서 전시의 간첩 활동은 위법이 아니다. 단 걸리면 포로로 대접받지 못하고 교전 당사국의 국내법에 의해서 처벌받게 된다. 해석하기에 따라선 간첩행위가 나쁜 게 아니라 걸린 게 잘못이라는 뜻도 될 수 있다. 또 정찰대원이 자기네 군복을 입고 적진에 들어가 정보 수집 활동을 하는 것은 정상적인 교전행위의 일환이기 때문에 간첩행위가 아니다. 그러나 정찰대원이 민간인 복장을 하거나 적군 군복을 입고 정보 수집 활동을 했다면 간첩 활동을 한 것이 된다. 또 일단 소속군에 복귀한 뒤에 다시 적에게 잡힌 간첩은 포로로서 취급돼야 하며, 이전의 간첩 행위에 대해서는 어떤 책임도 지지 않게 되어 있다. 이상은 1907년의 헤이그 만국평화회의에서 채택되어 지금까지 유효한 '육전의 법규, 관례에 대한 조약'에 규정된 내용이다.

확대된 간첩의 개념

그런데 이 조약에서 간첩이란 남한 사회처럼 다양한 인간들이 포함되는 것이 아니고, 아주 엄격하게 규정되어 있다. "교전자의 작전 지역에서 상대방 교전자에 통첩할 의사를 가지고 은밀 또는 허위의 구실 하에 행동하고 정보를 수집하거나 또는 수집하려는 자가 아니면 이를 간첩이라고 인정할 수 없다"는 것이다. 그러므로 "변장하지 않은 군인으로서 정보를 수집하기 위해 적군의 작전 지역 내에 진입한 자는 간첩이라고 인정하지 않는다." 이렇게 국제법상의 간첩 개념

1975년 6월 6·25를 맞아 "김일성을 때려잡자"는 구호를 가슴에 달고 서울-파주간 40km 구간을 도보로 행군하는 청년들. 간첩이 김일성의 분신처럼 여겨지던 시대였다. (76 보도사진연감)

을 엄격하게 적용한다면, 우리 삶 속에 너무나 '친근'(!)하게 다가와 있는 간첩 중에 간첩 자격을 유지할 사람은 거의 없게 된다. 그 때문에 1960년대와 70년대에 대표적인 공안검사로 활동한 한옥신(韓沃申)은 만국평화회의에서 '육전조약'을 체결하던 당시와 "공산주의자들이 비공산국가를 전복하려고 갖은 수단을 사용하고 있는 현황과는 본질적으로 차이"가 있고, "특히 우리나라는 북괴에 적대하는 준전시 체제에 있으므로 새로운 간첩의 정의가 필요하다"고 역설했다.

한국에서는 간첩의 개념을 새롭게 확대하는 작업은 결국 수사당국의 문제제기를 사법부가 받아들이는 식으로 이루어져왔다. 한옥신에 따르면 간첩죄를 규정하고 있는 우리 형법이나 국가보안법, 군형법에는 간첩에 대한 정의를 내리고 있지 않다면서, 당시 가장 인기 있던 형법책인 유기천(劉基天, 전 서울대 총장)의 『형법학』을 인용하여 간첩을 "적국에 알리기 위하여 대한민국의 국가 기밀 또는 군사상의 기밀을 탐지, 수집하여 이를 적국에 누설하는 행위"이며, 기밀에 속하는 것으로는 "정부의 정책, 장기 계획뿐 아니라 국군의 편제 및 편성 인원, 작전 계획, 병기탄약의 현황, 부대의 소재 등"이 있다고 서술했다.

간첩의 수는 늘어났다. 그런데 1960년대에는 실제 북에서 많이 내려보내기도 했지만, 기밀 범위가 늘어나면서 간첩을 만난 사람들도 단순히 간첩방조죄에 그치지 않고 간첩이 되었다. 기밀 범위 확대는 먼저 국제법상의 군사상의 기밀이 국가 기밀 일반으로 확대됐다. 1957년 대법원은 "현재와 같은 대공 정세 하에 있어서는 군사상의 기밀과 국가 일반정책 하의 기밀의 한계는 이를 확연히 구별할 수 없다"고 판시했다. 그러나 4월혁명 직후인 1960년 10월 대법원은 "근대전이 비록 총력전이라도 정치·경제·문화 등 기타 사회 백반(百般)의 부문을 전쟁과 상관성이 있다 하여서 그를 즉시 군사와 동일시할 수 없다"고 기밀 범위 확대에 제동을 걸었다.

그렇지만 1961년 5·16 군사반란 이후 사법부의 독립성이 크게 침해받으면서 이 새로운 판례는 다시 뒤집혔다. 1966년 대법원은 국가 기밀이라 함은 "북한 괴뢰에 대하여 비밀로 하는 것이 대한민국의 이익을 위하여 필요하다고 생각되는 모든 정보를 말한다"는 것이 되었고, 따라서 "그것이 비록 일반 행인이 쉽게 외부에서 목견(目見)할 수 있는 정보에 속한다고 하여 곧 그것이 위에서 말하는 국가기밀의 범주에 속하지 않는 것이라고는 말할 수 없다 할 것"이라 판결했다. 신문에 나서 널리 알려진 사실은 물론이고, 눈에 보이는 모든 것은 국가기밀이 될 수 있었다. '국민학생' 시절 북에서 "김일성이 살이 쪘다"고 말하거나 남에서 "박정희는 키가 작다"고 말하면 무슨 죄냐는 우스개의 정답은 국가기밀누설죄였다. 그때는 철없이 낄낄댔지만 돌이켜보면 참 섬뜩한 상황이 대법원의 뒷받침 속에 만들어지고 있었다. 무엇이 대한민국의 이익에 필요한지 판단하는 것은 국민이 아니라 공안 당국의 몫이었다. 아아, 예나 지금이나 참을 수 없는 저 국익의 모호함이여!

김추자의 노래가 금지곡이 된 이유

비전향 장기수 여러 분들을 인터뷰하면서 그분들이 자신의 사상과 인간으로서 존엄을 지키기 위해 투쟁한 것에 대해서는 참으로 감동했다. 그러나 한편으로는 007을 방불케 하는 남북간의 치열한 첩보전에 관한 이야기를 실컷 들을 수 있겠다 하는 나의 천박한 기대와는 너무도 거리가 먼 그들의 '시시한 활약상'에 조금은 실망하기도 했다. 이런 사정은 대남 첩보 공작에서 조금이라도 성과가 있었던 사람들은 사형을 당하거나 중도에 전향했기 때문이기도 하지만, 대부분의 남파 공작원 출신의 비전향 장기수들이 부여받은 사명이 무엇을 하거나 어떤 정보를 수집해 보고하라는 것보다는 그야말로 남쪽에 내려가 합법 신분을 획득하여 살라는 것이기 때문이었는지도 모른다. 한옥신도 "요즈음 남파되는 간첩 중에는 국가기밀을 수집하거나 각종 시설을 파괴, 태업, 선동을 하지 아니하는 자가 적지 아니하다"

면서 "그들은 거점 확보, 즉 남한에서 합법을 쟁취하여 정착하기만 하면 사명을 완수하는 것"이라고 썼다. 이렇다 보니 코미디 영화에서 게으른 고정 간첩이 등장하게 되는 것인지도 모른다.

간첩의 남파가 절정에 달한 것은 1960년대 후반이었다. 1968년에는 박정희 목 따러 왔다는 124군부대의 청와대 기습 사건이 있었고, 이듬해에는 울진, 삼척과 같은 산악지대에 농촌혁명 근거지를 건설한다는 목적으로 대규모 무장공비들이 남파됐다가 전멸됐다. 이런 와중에 대대적으로 교육된 것이 '간첩 식별법'이었다. 몇 군데를 찾아봐도 간첩 식별법의 내용은 대개 비슷하지만 표현은 서로 다른 것으로 볼 때 중앙에서 제정된 것은 아니고, 각급 기관이나 학교에서 자체 제작한 것인 듯하다. 그중 1969년도 6월 '방첩 및 승공 사상 앙양 기간'을 앞두고 홍성경찰서장 명의의 담화문에 나온 '간첩 식별법'의 내용을 살펴보자.

1. 새벽 또는 야간에 산에서 내려오거나 바닷가를 배회하는 자
2. 계절과 유행에 맞지 않는 양복을 입고 다니는 자
3. 자주 이사하거나 자주 변장하는 자
4. 과거의 악질 부역자 처단자 가족과 남몰래 가까이 교제하는 자
5. 일본 밀항자로서 출처 불명의 많은 돈을 가지고 귀국한 자
6. 6·25 당시 행방불명 또는 납치됐다가 최근에 나타난 자
7. 한밤중에 북괴 방송을 듣는 자
8. 정부 시책을 은근히 비난하고 북괴를 지지, 찬양하는 자
9. 동무, 쟁취, 호상 등 좌익 용어를 무의식중에 사용하는 자
10. 돈을 많이 써서 주민등록증을 발급받고자 하는 사람

11. 타인 이름으로 주민등록증을 발급받거나 발급받고자 하는 사람
12. 미화 또는 일화를 은닉하거나 바꾸는 자
13. 남한의 물가 시세나 지리를 잘 모르는 사
14. 야간에 밥이나 식료품을 훔쳐 먹거나 훔치는 자

길거리는 방첩과 간첩 신고를 강조하는 표어들로 넘쳐났다. 아예 우리의 일상어가 되어버린 "자수하여 광명찾자!"를 포함해서 "간첩신고 너나없고 간첩자수 밤낮없다" "간첩은 표시없다, 너도나도 살펴보자" "의심나면 다시보고 수상하면 신고하자" 같은 구호가 나오더니 "사랑하는 애인도 알고 보니 간첩!"이라거나, "저기 가는 저 등산객, 간첩인가 다시 보자!" 같은 살벌한 구호까지 나오게 되었다. 급기야는 김추자의 노래 〈거짓말이야〉의 춤에서 손동작이 간첩의 접선 신호라는 이야기까지 돌더니 그 노래는 금지곡이 되고 말았다. 오지를 돌며 남들이 눈길 기울이지 않던 야생화며 거미며 동굴을 탐사하던 사람들 중에 간첩으로 몰려 곤욕을 치르지 않은 사람은 없다.

진짜 두려운 건 '간첩 만드는 사람들'

이런 진지하고 엄숙한 분위기 속에서 간첩을 조금씩 우리 문화 속에 비틀어 정착시키는 시도도 이루어졌다. 어떤 머리 좋은 사람이 장난삼아 만든 것인지 알 수 없으나 영화 〈새드 무비〉의 주제곡에 맞추어 "아침에 산에서 양복 입고 내려오는 자/광화문 앞에서 중앙청을 찾는 자/술집에서 취한 김에 동무, 동무 하는 자, 이런 사람 보~면 지체 없이 113으로/오오오 간첩신~고는 국번 없이 113으로…"라는 노래가 한동안 유행했던 것으로 기억된다. 홍세화 선생의 글을 보면

지금은 판소리의 대가가 된 임진택 선생이 간첩 식별법 재담을 잘했는데, "간첩행위를 영업으로 하는 자/간첩 면허증을 소지했거나 갱신하려 하는 자/날씨가 화창한데도 진흙에 신발이 묻은 자"('신발에 진흙'이 아님) 등으로 사람들의 배꼽을 빼놓았다고 한다. 세월이 흐른 뒤에 간첩 식별법에 하나를 추가한다면, 30대 이상의 대한민국 국민 중에서 간첩 잡아 팔자 고쳐보았으면 하고 생각한 적이 없는 사람이라면 확실한 간첩으로 보아도 무방하지 않을까 한다.

    이때까지는 그래도 간첩을 갖고 웃을 수 있었는지도 모른다. 간첩은 주로 북에서 내려온 존재였으니까. 그런데 동백림 사건이 터지고 1971년에 대통령 선거를 앞두고 재일동포 형제 간첩단 사건이 터지면서 얘기는 달라지기 시작했다. 간첩이 우리의 일상을 옥죄기 시작했다. 아니, 진짜 우리가 두려워한 것은 간첩 그 자체가 아니라, 간첩 잡는 사람들, 좀더 정확히 말하면 간첩을 만드는 사람들이 될 것이다. 박정희 시대의 2기가 시작된 것이다.

간첩은 오지 않는다, 다만 만들어질 뿐이다

_재일동포 간첩 사건이 급격히 늘어난 사연(간첩의 추억2)

1970년 11월에 열린 조선노동당 제5차 대회는 북의 대남사업에서 커다란 전환점이 되었다. 1968년 11월 울진, 삼척 등 후방 산악지대에 농촌혁명 근거지를 만들겠다며 120명이라는 대규모 무장 공작원을 침투시켰다가 실패를 맛본 북은 나름대로 '남조선 혁명'의 성격과 주체 문제에 대해 고민하게 되었다. 한편으로는 1968년 대공세의 참담한 실패의 교훈으로, 다른 한편으로는 이제 체계화되기 시작하는 주체사상의 영향으로 북은 남조선 혁명은 "어디까지나 남조선 인민들 자체가 주동이 되어 수행해야" 하며, 북이 이를 지원할 수는 있지만 대신할 수는 없다고 선언하게 된다. 이런 입장 정리가 이루어지면서, 1971년부터는 남파 간첩의 수가 뚝 떨어지게 된다.

간첩이 와도 걱정, 안 오면 더 걱정

한옥신의 『사상범죄론』에 의하면 1951년부터 1967년까지 자수·체포·사살된 간첩의 수는 1,429명으로 연평균 80명을 넘었다. 대공 기관도 바쁠 수밖에 없었다. 그런데 이제 간첩이 더 이상 남파되지 않게 된 것이다(물론 휴전선 일대의 정찰 임무를 맡은 고전적 의미의 간첩은 계속 파견됐을 것이다). 간첩이 와도 걱정이지만, 안 오면 더 걱정인 사람들도 있었다. 스웨덴 영화 〈깝스〉는 그래도 10년이란 긴 세월 동안 단 한 건도 범죄가 없었던 평화로운 마을에 경찰서를 없애려 했기에 관객들이 코미디로 볼 수 있었는지 모르겠다. 그러나 한국의 간첩 사냥꾼들은 10년은커녕 단 1년도 제대로 기다리지 않았다. 북에서 간첩을 내려보내지 않으면 남에서 만들어냈다. 이 점은 1989년 12월 당시 복역 중인 장기수들의 사건을 유형별, 연도별로 분류해보면 뚜렷이 나타난다.

1970년대에 접어들면서 재일동포 간첩, 납북 어부, 유학생 간첩, 일본 관련 사건 등 그 이전에는 볼 수 없었던 새로운 유형의 간첩들이 출현하기 시작했다. 1989년 12월 현재 장기수 216명 중 순도 높은 오리지널 간첩인 남파공작원은 3분의 1도 안 되는 61명에 지나지 않았다.

간첩은 시도 때도 없이 내려왔는지 모르지만, '간첩 사건'은 아무 때나 터지지 않는다. 수사 기한이 사실상 무한정인 간첩 사건의 경우, 공안기관은 택일을 해서 효과 만점일 때를 기다려 사건을 터뜨린다. 매번 대통령 선거를 앞두고는 꼭 간첩 사건이 떼로 일어났고, 민주화 운동이 치열해지거나 군사독재 정권이 곤경에 처해도 어딘가 숨어 있던 간첩은 어김없이 나타나 구원투수 역할을 톡톡히 했다. 간첩이 본격적으로 만들어지기 시작한 것은 1971년 4월 박정희와 김대중 간에 치열한 대통령 선거를 앞둔 시점이었다.

장충단공원에서 열린 김대중 후보의 유세에 사람들이 구름처럼 몰려들었던 날로부터 꼭 이틀 뒤인 1971년 4월 20일, 보안사령부는 서승·서준식 등 학원 침투 재일동포 형제 간첩단 사건을 대대적으로 발표했다. 보안사령부는 자체 발간한 『대공 30년사』에서 이 사건을 두고 "대공 활동 사상 획기적인 금자탑"으로 "우리 대공팀의 실력을 유감없이 발휘한 한국 대공 활동사에서 찬연히 빛날 공적으로서 사건의 규모 면에서나 우리 대공팀의 활동 면에서나 모든 면에 있어

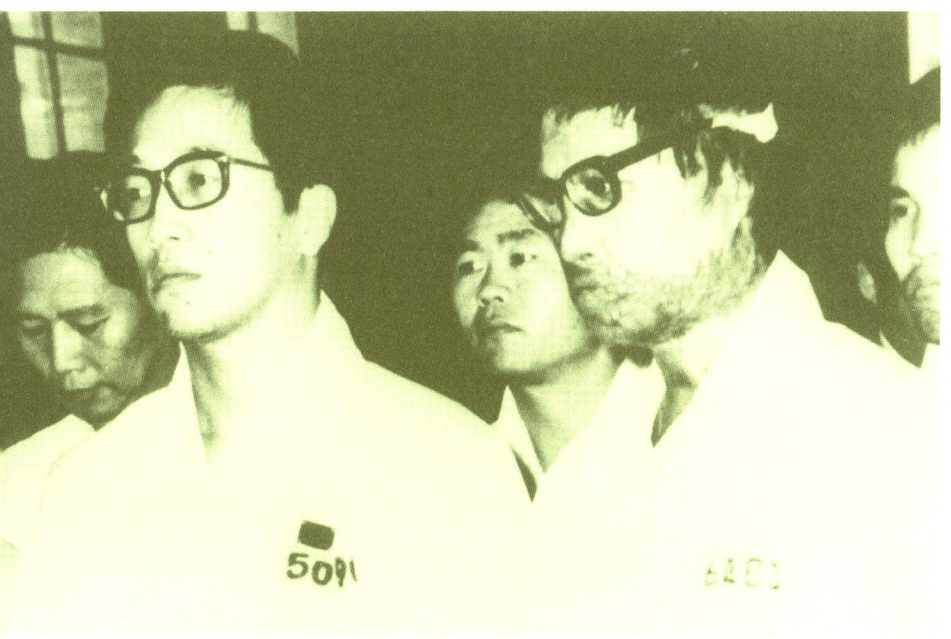

1971년 4월 대선 직전에 터진 재일동포 간첩단 사건의 주인공 서승(오른쪽), 서준식 형제. 보안사령부는 자체 발간한 『대공 30년사』에서 이 사건을 두고 "대공 활동 사상 획기적인 금자탑"으로 평가했다.

서 부족함이 없는 대사건"으로 자화자찬했다. 대통령 선거를 앞두고 "북괴가 학생들을 선동하여 학원 데모를 가열화하여 사회 혼란을 획책하고 있었음을 실증"했다는 것이다. 1971년 4월이라면 김대중은 대통령 선거에서 예비군 폐지를 공약으로 내걸어 돌풍을 일으키고 있었고, 대학가에서는 교련반대 데모가 한창이었다. 서준식이 뒤에 옥중에서 어느 대학생을 만났을 때 그는 "당신들 때문에 교련반대가 깨져버렸소. 우리가 쫓겨다니느라 얼마나 고생했는지 아오?"라고 쏘아붙였다고 한다. 1980년대 후반쯤 되면 조작 간첩 사건에 익숙해져 민주화운동 진영이나 사회 일반에서도 어느 정도 면역력이 생겼지만, 1970년대 초반만 해도 간첩 사건의 효과는 그만이었던 것이다.

공안 당국의 간첩 만들기가 순탄하게만 진행된 것은 아니었다. 당시 보안사는 서승이 북의 지령을 받아 대학생들에게 교련반대 투쟁과 반정부 투쟁을 선동했다는 것과 김대중 후보 쪽에 북에서 받은 불순한 자금을 전달하려 했다는 시나리오를 갖고 그를 고문했다.

"재일동포 대다수가 북 지지"의 비밀

서승은 대통령 선거를 앞두고 자신으로 말미암아 야당 후보가 용공의 낙인을 쓰게 되고, 학생운동에 붉은색이 칠해지는 것을 보고만 있을 수 없었다. "매 앞에 장사 없다"는 말처럼 무지막지한 고문에 쓰러져 나뒹굴면서 이 고문을 버틸 수 없을 거라는 절망감에 빠져들었다. 잠시 기적처럼 취조관도 경비병도 한꺼번에 자리를 비운 사이, 서승은 경유 난로의 연료통을 집어들어 마개를 열고 기름을 머리에 붓고는 불을 붙였다. 석유나 휘발유였다면 그는 지금 이 세상 사람이 아니었을 것이다. 천천히 타들어가는 불길 속에서 그는 "죽어야 한다는 의지와 죽음에 대한 본능적인 공포 사이에서 갈등하며 데굴데굴 굴렀다"고 한다. 서승은 온몸을 내던져 자신이 주범이 된 간첩단 사건이 더 커지는 것을 막을 수는 있었지만, 간첩 사냥꾼들이 다른 재일동포 유학생들을 사냥하는 것까지 막을 수는 없었다.

그런데 왜 당시 대공기관 사람들은 하필이면 고국을 그리워하며 모국어를 배우겠다고 찾아온 재일동포 유학생들을 흉악한 간첩으로 만들었을까? 사실 간첩을 만들라치면 재일동포보다 손쉬운 먹이는 없었다. 이념적으로 자유로운 일본 사회에서 교육을 받았고, 총련(조총련)계와 민단계가 한 가족 속에 있을 정도로 스스럼없이 섞여 살고 있는 동포 사회의 특성상 나쁜 마음을 먹고 국가보안법이나 반공법

같은 자의적인 법을 국내에 들어온 재일동포들에게 들이민다면 걸리지 않을 사람이 없었다. 재일동포가, 또는 일본을 방문한 한국인이 간첩 혐의를 받게 되는 전형적인 계기란 일본에서 총련계 인사들을 만나 북의 영화나 서적을 보고 이야기를 나누는 것인데, 이는 재일동포 사회에서는 다반사로 일어나는 일이다.

재일동포는 원래 97%가 남한 출신이다. 그러니 원래 출신 고향대로 한다면 분단된 조국의 북쪽보다는 남쪽을 택하는 사람이 많아야 당연한 일이다. 그러나 남쪽의 이승만 정권과 박정희 정권은 재일동포를 버리는 기민정책(棄民政策)을 일삼았다. 반면 북은 한국전쟁으로 인한 어려운 여건 속에서도 차별받는 재일동포 사회의 민족 교육에 일찍이 지원을 아끼지 않았다. 이에 따라 많은 동포들이 북을 지지하여 1960년대까지는 총련의 세가 민단을 압도했으며, 고향이 남쪽인 재일동포 10만여 명이 북송선을 타고 북으로 건너갔다.

상황이 이렇다 보니 남쪽의 공안기관은 재일동포라면 모두 북과 연결된 불순한 세력으로 보게 된 것이다. 또 국내의 학생이나 반정부 세력의 경우 기껏해야 고무찬양죄나 이적표현물소지죄 정도밖에는 걸기 힘든데, 반국가단체 성원이 우글거리는 일본에서 살다 온 사람이야 얼마든지 간첩으로 만들 수 있었다. 이는 조심한다고 피할 수 있는 것이 아니었다. 오로지 수사기관이 마음먹기에 달린 것이었다.

증거? 증인? 그런 건 간첩을 만드는 데에는 처음부터 필요 없었다. 'Made in North Korea'의 원단 간첩이 오지 않게 되어 일본산 원료를 들여와 한국에서 가공해 짝퉁 간첩을 만들어내기 시작한 초창기인 1971년에 한 공안검사는 재일동포 관련 사건이란 "거의 대부분이 물적 증거는 없고 또 인적 증거도 거의 없는 것이 상식"이기 때문에 "이들에 대해서는 결국 피고인의 자백에만 의존"할 수밖에 없다고 했다. 그러니 자백을 얻기 위한 고문이 광범위하게 이루어지게 된다. 잡아다가 일단 고문을 시작하는데, 간첩이라 자백하면 당연히 간첩이 되는 것이고, 간첩이라 자백하지 않고 버티면 고문에 저항하는 훈련이 잘된 거물급 간첩이 된다. 수사기관에 간첩으로 찍히면 빠져나올 길이 없는 것이다. 어느 재일동포 '간첩'은 "잠깐 갑시다"란 말에 끌려가 정신없이 맞는 동안 자백을 하지 않자 취조관이 "신사적으로 하니까 안 되겠구만" 하며 전기고문을 시작하더란다.

만년필 한 자루와 이근안

어떤 재일동포가 총련의 하급 간부로 있는 다른 동포와 만나 공화국(북)에는 세금이 없다는 얘기를 듣고 고개를 끄덕이거나, 김일성의 항일무장투쟁에 공감을 표시했다면 우선 고무찬양과 반국가단체에 대한 동조는 기본으로 깔게 된다. 한국에 친척 방문이나 유학 가게 되었다고 말하면, 한국에 갈 수 없는 총련 동포는 부러운 눈으로 기회가 되면 자기 고향도 한번 방문해 어떻게 변했는지 이야기해달라고 할 수 있을 것이다. 그러겠다고 하면 '지령 수수'가 추가된다. 이제 한국에 가면 '잠입'이요, 친척 방문과 관광을 다니다 그 총련 동포 고향 근처에라도 들러 어떻게 변했는지 살펴보면 그게 '탐문 수집'이요, 별 탈 없이 일본에 돌아오면 성공적인 '탈출'이다. 총련 간부 만나 고향 소식 전해주면 회합·보고·통신연락은 또 기본이다. 이 정도면 간첩죄 풀코스가 성립되는 것으로 최소 7년은 기본이다. 이런 재일동포 유학생을 알게 되어 그에게 밥을 사주면 편의 제공이나 간첩 방조가 되고, 밥을 얻어먹으면 포섭이 되어 간첩단에 이름이 오를 수도 있다. 당시 서울의대에 재학 중이던 내 큰형의 친구도 동급생인 재일동포 강종헌에게 몸조심하라는 말을 했다가 도주방조로 징역을 살고는 이민을 떠났다.

어떤 '간첩'은 물증이라고는 여권과 학생증이고, 또 다른 재일동포 '간첩' 강희철

도쿄에 있는 총련 중앙본부 건물. 1970년대에 총련과 민단계 그 어느 쪽과도 스스럼없이 지내던 재일동포를 간첩으로 만드는 일은 식은 죽 먹기였다.

사건에서는 일제 만년필이 물증이었다. 그 만년필로 보고서를 작성하여 지도원에게 보냈다는 것이다. 만년필이 무슨 살인 사건에 사용된 흉기도 아닌데, 작성했다는 보고서도 없는 상황에 만년필이 증거가 되었다. 이래도 "무기 또는 사형, 혹은 7년 이상의 징역"에 처한다는 간첩죄가 성립되는 데는 아무런 지장이 없었다. 유신정권 하의 한국의 사법부는 국가보안법 사건, 특히 간첩 사건에 관한 한 그렇게 길들여져갔다.

옛날 진나라 조정에서 실권자인 환관 조고(趙高)가 사슴을 가리켜 말이라 하자 모두 따라서 말이라 했다는 지록위마(指鹿爲馬)라는 고사가 있다. 일본말 '바가야로'(馬鹿)가 여기서 나온 것이다. 재일동포 유학생 김병진은 자신이 보안사에 의해 간첩으로 만들어졌다가, 강제로 보안사에서 일하게 되면서 다른 재일동포를 간첩으로 만들어야 하는 기막힌 처지에 놓이게 되었는데, 그의 생생한 회고록 『보안사』에서 어느 고참 준위의 명언을 전하고 있다. "이 나라의 재판은 형식적인 것이야. 우리가 간첩이라고 하면 간첩인 것이지." 대법

관을 지낸 박우동은 자신의 회고록 『판사실에서 법정까지』(1995)에서 "두고두고 꺼림칙해서 잘 잊혀지지 않는다"는 간첩 사건에 대해 이야기한 바 있다. 박우동 대법관이 말한 꺼림칙한 간첩 사건이란 바로 만년필 한 자루가 물증인 강희철 사건이었다. 그러나 어디 강희철 사건뿐이었으랴….

한민통 사건, DJ 제거의 '흉기'를 얻다

재일동포 간첩 조작 사건도 1970년대 후반이 되면서 점점 대담해지기 시작했다. 단순히 한고비 어려움을 헤쳐나가려는 것이 아니라 국내 또는 해외의 반독재운동의 손발을 옥죄기 위한 수단으로 적극적인 그림을 그려나간 것이다. 그 대표적인 예가 1977년 학원 침투 재일동포 간첩 김정사(金整司) 일당 사건이다. 이 사건은 엉뚱하게 김정사와는 아무런 상관 없는 한국민주회복통일촉진국민회의(한민통)를 반국가단체로 낙인찍는 계기가 되었다. 김정사는 한민통 회원도 아니고, 단지 한민통 강연회에 한두 번 참가했을 뿐이라 한다. 보안사가 발간한 『대공 30년사』에도 이 사건은 김정사의 상급 지도원이 한국청년동맹(한청) 소속인데 한청은 단순한 반한단체일 뿐 반국가단체가 아니라서 "구속영장 신청시에 고충이 많았다"고 되어 있다. 그래서 김정사가 청취한 "북괴 방송 내용 및 녹음 테이프" 등을 첨부해서 간신히 구속영장을 발부받아 송치하게 되었고, 송치 뒤에 "한청이 북괴 지령 하에 활동하는 반국가단체란 증거 수사를 끈질기게 행하여" 결국 한청의 상급단체인 "한민통은 반국가단체로 규정지은 관례를 남김으로써 앞으로는 한민통에서 공공연하게 침투 활동하는 것을 합법적으로 색출 처단할 수 있는 기틀을 마련"했다고 보안사는 흡

족해했다.

　당시 유신정권이 한민통과 아무런 상관 없는 김정사를 간첩으로 만들어 한민통에 반국가단체란 '훈장'을 달아준 것은 직접적으로는 1977년 한민통이 전 세계의 반유신운동을 하나의 대오로 결집한 민족민주통일해외한국인연합(한민련)을 결성하는 데서 핵심 역할을 했기 때문이다. 그러나 일단 한민통을 반국가단체로 낙인찍자 공안 당국 입장에서는 여러모로 편리해졌다. 유신정권으로서는 눈엣가시였던 김대중을 영원히 제거할 흉기를 얻었다. 1980년 전두환 일당이 군사반란을 일으킨 뒤 김대중을 얽어맬 때도 사형 판결은 내란 음모 때문이 아니라 반국가단체인 한민통 의장이기 때문에 선고할 수 있었던 것이다. 또 한민통이 반국가단체가 됨에 따라 재일동포나 일본을 왕래하는 인사들의 간첩 만들기는 훨씬 쉬워졌다. 조선민주주의인민공화국 국적이 아니라 한국 국적을 가진 한민통 사람들만 만나도 지도원을 만나 지령을 수수한 것으로 만들어버릴 수 있게 된 것이다.

　한민통이 반국가단체가 되는 데는 거물 자수 간첩이라고 소개된 윤효동(尹孝同)의 증언과 주일 한국대사관의 영사 증명이 결정적이었다. 민단 지방간부 출신인 윤효동은 자신이 1970년 4월 한민통의 핵심간부인 곽동의를 대동하고 북에 가서 밀봉 교육을 받았다고 주장했으나, 이 당시 곽동의가 일본에 있었다는 증거는 그의 발언이 수록된 민단 작성의 회의록을 비롯하여 아주 많다. 그가 진짜 북한 공작원인지의 신원은 영사 증명으로 대신하는데, 영사 증명의 내용은 윤효동의 일방적인 진술을 담고 있을 뿐이다. 아무튼 이런 영사 증명에서 한번 북의 공작원으로 몰리면 대책이 없다. 법정에 와서 무고하다고 증언할 수도 없고 귀국은 불가능해져 꼼짝없이 국제 미아가 되고 만다. 출판인 장의균에게 총련 쪽 사람 만나지 말라고 주의를 주었던 양관수는 북의 공작원 감투를 쓰고 십수 년간 귀국을 할 수 없었다. 박정희 시대에 비롯된 재일동포 간첩 만들기는 전두환 시절, 특히 보안사나 안기부, 경찰 등 공안기관이 마음만 먹으면 언제나 승진과 포상금과 해외여행을 위해 주머니에서 꺼낼 수 있는 수단이 되었다.

죄가 무슨 죄가 있냐구!

요즈음 박정희의 친일 문제를 비롯하여 여러 가지 논란이 많다. 박정희가 범한 친일행각이며, 좌익 활동과 전향이며, 군사반란이며, 독재와 인권 탄압에 대해서는 죄가 밉지 사람이 밉나 하며 좀 너그러운 척도 해볼 수 있을 것 같다. 그래, 일본놈 밑이지만 출세하고 싶고, 남로당이 정권 잡을 것 같고, 반란 음모로 걸렸을 때 살아남기 위해서는 동지도 팔 수 있고, 정권 잡고 싶으니 군대 동원할 수도 있고…. 다 나쁜 짓이긴 해도 유독 박정희만 이런 짓을 한 것은 아니다. 그런데 일본에서 멸시와 차별 속에 살다가 민족적 정체성을 찾기 위해 고국에 온 재일동포 유학생들을 장학금을 주며 따뜻한 격려는 못할망정 거꾸로 매달아 간첩으로 만든 소행만 생각하면 자다가도 벌떡 일어나게 된다. 그리고 자꾸 〈넘버3〉에 나오는 조폭보다 더 조폭 같은 마동팔 검사 편에 서게 된다. 죄가 무슨 죄가 있냐구, 죄지은 놈이 정말 나쁜 놈이지….

유신권력에 피맛을 알려준
최종길 교수 사건 _80년 광주학살의 씨앗 뿌려지다 (간첩의 추억 3)

과거사 문제가 불거지면서 한나라당 박근혜 대표도 연일 여러 가지 얘기를 토해내고 있다. 그런데 아무리 아버지 문제로 신경이 날카로워졌다 하더라도 '유신 소녀'가 아니라 지천명을 넘긴 야당 대표라면 할 말 못할 말은 좀 가려서 했으면 하는 소망을 품어본다. 과거의 친북·좌경·용공도 같이 조사하자는 말에는 한편으론 소름이 끼치면서도 한편으로는 걱정이 된다. 군사반란으로 태어난 공화당부터 친다면 집권 경력이 30여 년이 넘고 국회의원만 수백 명을 거느린 거대 야당의 대표 주변에 저런 얘기 하는 것 뇌두는 참모들밖에 없단 말인가?

진심 어린 사과라면 한 번이면 족하다

좌경세력 색출한다고 별의별 사람들을 다 잡아들인 나라에서 이제 무얼 더 조사하자는 얘기인지 알 수가 없다. 반공을 국시로 삼아온 대한민국에서 빨갱이짓 하고 진상 제대로 밝혀지지 않은 것은 남로당 군사부 프락치 박아무개가 숙군 당국에 불지 않아서 살아남았다가 그와 더불어 출세한 몇몇 억세게 운 좋은 사람들 아닐까? 과거 청산이 이제 와서 그런 운 좋았던 사람 조사할 만큼 한가한 일은 분명 아니다. 친북·좌경·용공은 너무 광범위하게 조사하고 너무 가혹하게 처벌한 게 문제였다. 지금 한국 사회가 직면한 과거 청산 문제 중에서 민간인 학살이라든가 군사독재 시기의 각종 의문사와 조작 간첩 사건들은 대개 친북·좌경·용공을 너무 가혹하게 다루다가 발생한 일들이다. 그런데도 친북·좌경·용공을 더 조사하자고 하니 얼마나 더 많은 의문사를 만들어내야 직성이 풀리겠다는 얘기인지 늦더위에도 소름이 끼치지 않을 수 없다.

여기저기 수도 없이 사과했는데 무슨 사과를 또 어떻게 하냐고 한다. 어디서 많이 듣던 얘기 아닌가? 한국은 일본으로부터 저 유명한 '통석의 염'(痛惜の念) 발언을 비롯하여 숱하게 사과를 받아냈다. 그런데 문제는 이런 사과는 받으면 받을수록 화가 난다는 것이다. 정말 진심 어린 사과라면 한 번이면 족하다. 아버지가 한 일을 딸이 사과한다는 것도 우스운 일이지만, 뭐가 잘못된 것인지 진실에 대한 이해도 없이 전에 사과했잖으냐고 나오는 것은 정말 피해자들의 가슴에 두 번 못질을 하는 것이다. 지금 박근혜 대표에게 필요한 것은 박근혜라는 개인이 딸로서 아버지의 잘못을 사과하는 것이 아니다. 공화당-민정당으로 이어진 한나라당의 대표로서 과거 군사독재 시절의 의문사와 각종 인권 유린에 대해 사죄하고 재발 방지를 위해 노력하는 것이다. 과거를 정리하는 것은 역사학자에게 맡겨야 한다고 역사학자를 부각해준 것에 대해 현대사를 공부하는 한 사람으로서 고맙게 생각하는 바이다. 그러나 가해자로서 국가가 책임져야 할 일을 책임지는 것이 과거 청산일진대, 아무리 역사학자들이 오지랖이 넓다 한들 국가의 책임을 대신 질 수는 없지 않은가?

지금 그 이름을 기억하는 사람이 많지 않지만, 박정희가 3선개헌으로도 성이 안 차 유신으로 대한민국 헌법을 짓밟을 무렵 최종길이라는 촉망받는 법학자가 있었다. 한국 최초로 독일에서 법학박사를 받아와 10년째 모교인 서울대 법대 교수로 제자들을 키워내고 있었

생전의 최종길 교수.

다. 데모하는 제자들을 달래다가 사제간에 부둥켜안고 울었다고도 했다. 1973년 10월 2일 서울대 문리대에 이어 4일에는 법대생들이 유신 반대 데모에 나섰다. 경찰의 강경 진압에 대

의문사위가 공개했던 최종길 교수의 주검에 대한 현장 검증 사진. 그의 동생은 중앙정보부원이었으나, 그런 사람조차 예외 없이 간첩으로 조작되는 악마의 시대였다.

해 그는 교수회의에서 스승으로서 모른 채해서는 안 된다면서 "부당한 공권력의 최고 수장인 박정희 대통령에게 총장을 보내 항의하고 사과를 받아야 한다"는 요지의 발언을 했다고 한다. 마침 그의 동생이 중앙정보부에 근무하고 있었다. 제자가 잡혀갈 때 "중정에 가면 성하게 나오는 사람이 없다던데 어쩌냐"며 눈물을 흘렸다던 최 교수는 동생의 안내를 받아 남산에 갔다가 다시는 가족들 품으로 돌아오지 못했다.

가족들은 시신도 없는 빈소를 자택에 만들지도 못하고 동생 집에 차려야 했다. 의사인 부인도 부검에 입회하지 못했다. 중앙정보부는 최 교수의 죽음이 알려지면 장례를 치르지 못할 것이라 협박했다. 주검은 관에 봉해진 채 마석 모란공원의 장지에서 가족들에게 인계됐다. 관 뚜껑을 열고 얼굴이라도 마지막으로 보며 엉엉 통곡이라도 하고 싶었건만, 따라온 중앙정보부 직원들은 오열조차 못하게 했다. 최 교수의 조카는 "가족들은 중정 직원들의 살벌한 감시 속에서 석고처럼 하얗게 굳어가고 있었다"고 추모 문집에 적었다. 북을 '동토의 왕국'이라 즐겨 불렀지만, 우리들의 '겨울공화국'에서 판검사 제자가 즐비한 법학자는 이렇게 묻히고 있었다. 박정희의 친위 쿠데타인 유신 1년 뒤에 흔히 의문사 1호라고 불리는 사건이 일어난 것이다.

최종길 교수가 이렇게 묻히고 4일 뒤인 1973년 10월 25일 중앙정보부는 유럽거점간첩단 사건을 대대적으로 발표했다. 이 발표를 한 자는 중앙정보부 차장 김치열이었는데, 그는 한 달 반 정도 뒤에 검찰총장이 되고, 또 법무장관이 되었다. 중앙정보부의 발표에 의하면 최종길 교수는 일찍이 독일 유학 중에 평양에 가 노동당에 입당한 간첩으로 자신이 간첩임을 자백한 뒤 조직을 보호할 목적으로 중앙정보부 청사 7층 화장실에서 투신자살했다는 것이다.

1973년 10월이란 시점을 주목해보라

당시 민주화운동을 열심히 하고 있던 김근태였지만, 최종길 교수가 간첩이라는 발표를 듣고는 뭔가 "꼬투리가 잡혀서 그렇게 된 것은 아닐까. 그렇지 않다면 아무리 파렴치한 유신독재지만 그렇게까지 할 수는 없을 것이라는 생각을 떨쳐버릴 수 없었다"고 했다. 그 밑바 덕에는 사실 두려움이 깔려 있었다. 간첩이란 말이 지닌 무게. 중세 말 근대 초기 마녀사냥 시절에 마녀를 변호하면 마녀가 되는 것처럼 간첩은 그런 존재였다. 김근태는 "간첩 혐의라고 권력이 발표한 문제에 관심을 표하거나 이의를 제기하는 것은 아무리 민주화운동에 참여하고 있는 나였지만 새로운 차원의 결심이 필요했고, 그것이 너무 두려웠다"고 솔직히 고백하고 있다. 가족들조차도 이 발표를 대놓고 부인하지 못했다. 최 교수의 부인은 〈워싱턴 포스트〉 기자가 집에까지 찾아와 큰소리로 당신의 남편이 중앙정보부에 의해 타살된 것이 아니냐며 물었을 때, 중앙정보부 직원들이 바로 옆에 지켜 서서 감시하는 가운데, 그저 돌아가달라는 말 외에 아무런 말도 하지 못했다고 한다.

이런 침묵 속에서 최종길 교수는 죽어서 간첩이 되어버렸다. 김영삼 정권 시절 수구세력의 사상 공세의 표적이 되어 물러난 김정남 전 청와대 교육문화수석은 "요컨대 우리가 최종길 교수의 고문치사 사건을 막지 못했고, 또 그것을 오늘에 이르기까지 방치해온 우리 모두의 무관심과 무능이, 그 이후 이 땅에서 그렇게도 많이 꼬리에 꼬리를 물고 이어져온 권력기관에 의한 의문사를 초래케 한 것"이라고 회고했다.

저들도 최종길 교수를 처음부터 죽일 생각은 없었을 것이다. 당시의 소문으로는 전기고문을 하다가 기계의 오작동으로 너무 강한 전류가 흘러 사망했다는 것이다. 사람이 죽었으니 당연히 중앙정보부에서도 감찰실을 통해 자체 조사를 했다. 그 결과는 수사관 둘만 "신병 관리 소홀"을 이유로 가벼운 징계를 받았을 뿐이다. 저 악마의 시대에 저들의 반성은 기계 오작동 따위의 실수를 저지르지 않을 '고문

기술자'를 키워내는 것이었나 보다.

　우리는 유신 쿠데타 이후 최초의 의문사 사건인 최종길 교수 고문 살해 사건이 일어난 1973년 10월이란 시점에 주목해야 한다. 이때는 중앙정보부가 어쩌면 의문사 1호가 김대중이 되었을지도 모를 김대중 납치 사건으로 인해 곤욕을 치를 때였다. 이로 인해 중앙정보부 내에서 이후락은 명목상의 부장으로 전락하고 김치열 등 검사 출신들이 득세하게 되었다. 그들은 김대중 사건에 대한 국내외의 시선을 다른 데로 돌릴 필요를 강하게 느끼고 있었다. 게다가 유신 1년이 채 안 되어 대학가에는 반유신 투쟁이 거세게 일고 있었다. 이런 정치적 위기 상황에서 그들은 뭔가 큰 사건을 만들어내야 했다. 2002년 의문사위 조사에서 밝혀진 것이지만, 중앙정보부가 최 교수를 조사한 것은 '공작' 차원에서 그를 중심으로 간첩단 사건을 만들려 했던 것이다. 그런데 사고가 나는 바람에 이미 조사가 끝난 상태에서 발표 시기를 저울질하던 유럽거점간첩단 사건에 끼워넣은 것이다.

　박정희 시대는 10년 동안 서울대 법대 교수로 있으며 많은 판검사들을 키워낸 법학자, 그것도 동생이 중앙정보부원인 사람조차 간첩으로 조작되는 그런 악마의 시대였다. 최종길 교수가 죽고, 사법살인 인혁당 사건이 일어나 8명이 한꺼번에 처형을 당했다. 그리고 재야의 대부인 영원한 독립군 장준하는 일본군 출신 박정희 정권에 의해 목숨을 잃었다. 한국전쟁과 민간인 학살로 워낙 깨끗이 청소한 탓에 한동안 다른 나라에 비해 피를 덜 흘리던 한국이 피로 물들기 시작했다. 권력이 손에 피를 묻히기 시작한 것, 광주는 하루아침에 터진 것이 아니었다.

　독재자 박정희가 죽었다. 그러나 봄은 오지 않았다. 1980년 '광주사태'라는 이름 하에 남도에서 '폭도'들이 총을 들고 난동을 피웠다. 나라에서 시키는 일이라면 두말없이 따라하던 착한 백성들이 어쩌다 '폭도'가 되어 총을 들었냐고? 학살자와 그 앵무새들의 논리는 간단했다. "어디선가 누군가에 무슨 일이 생기면 틀림없이 나타난다, 독침 간첩!" 독침 사건은 두 군데서 터졌다. 5월 24일 계엄사는 "광주사태를 무장폭동으로 유도하고 반정부 선전 및 선동을 위해 남파된 북괴 간첩 이창룡을 검거했다고 발표"했다. 그리고 다음 날에는 시민군이 장악하고 있던 광주의 전남도청에서 독침에 맞았다며 장계범이란 자가 쓰러지고, 상처의 독을 입으로 빨아주던 정형규란 자 역시 거품을 물고 쓰러지는 사건이 발생했다. 나중에 이 사건은 도청 내부를 교란시키기 위한 분열 공작으로 밝혀졌지만, 도청은 큰 혼란에 빠졌다.

80년대, 공안기관 버릇 더 나빠지다

광주학살로 정권을 잡은 전두환 시대에는 1970년대에 비해 저항이 거세졌다. 광주에서 사람이 무참히 죽어나가는 것을 보며 저항세력도 목숨을 걸고 싸우기 시작했다. 저항이 거세질수록 간첩도 많아졌고, 유형도 다양해졌다. 1970년대에는 재일동포 사건이 조작 간첩 사건의 대종을 이루었다면, 1980년대에 들어와서는 재일동포 사건이 여전히 강세인 가운데 일본 관련 사건—국내 인사가 일본에 갔다가 총련이나 한민통 계열 사람과 접촉했다가 간첩으로 만들어지는 사건—이 부쩍 늘어났고, 남북 어부들도 간첩이 되었다. 유럽 유학생들이 몸조심을 한 탓인지 미국 유학생을 중심으로 구미 유학생 간첩단도 만들어졌다.

현재 밝혀진 조작 간첩 사건의 통계나 자료들은 대개 1980년대에 투옥된 사람들에 관한 것이다. 그래서 1970년대와의 비교가 힘들지만, 1980년대에 들어와서 더 힘없고 더 억울한 사건들이 많이 생긴 것이 아닌가 하는 인상을 떨쳐버릴 수 없다. 한마디로 공안기관의 버릇이 더 나빠진 것이다. 군사독재의 입장에서 정국이 어려울 때 간첩 사건을 터뜨린다는 공식이야 변함이 없었지만, 이런 '큰' 목표가 아니더라도 간첩은 꾸준히 만들어졌다. 계급 정년에 걸려 신경질이 늘어난 과장의 승진을 위하여, 하는 일 없어 보이면 예산이 깎이니까, 막대한 포상금과 해외 연수의 기회를 위하여…. 그리고 여기에 일부 반공정신이 투철한 '애국시민'들도 가세했다. 경쟁자의 사업이 좀 잘되어도 간첩으로 본 사례가 있고, 조선대학의 경우는 학내 분규에서 자신의 처남을 간첩으로 신고하기도 했다. 남편에게 살해당한 수지김도 최종길 교수마냥 죽어서 간첩이 되지 않았던가?

간첩으로 몰렸던 납북 어부 김성학. 기적처럼 무죄 판결을 받아 고문 기술자 이근안 등이 처벌을 받았다.

자백은 증거의 왕!

조작 간첩 사건의 피해자들은 대개 두세 달씩 불법 연행되어 모진 고문을 당한다. 고문하면 '물건'을 만들 수 있다는 맹신을 갖고 있는 수사관들 앞에서 고문을 견뎌낼 장사는 없다. 고문하다 죽으면 의문사고, 살아남으면 간첩이 된다. 나에게 힘이 되어줄 사람은 아무도 없고, 내가 왜 여기 와 있는지조차 아무도 알지 못하는 수사기관의 지하 밀실에서 저승사자들은 이렇게 말한다. "너 같은 놈 하나 여기서 죽어 나가도 눈 하나 깜짝할 사람 없다." 누구는 월북하려다가 총 맞아 죽은 것으로 해버린다고 하고, 누구는 교통사고로 죽은 것으로 처리하면 그만이라고 하고, 좀 솔직한 놈은 '심문투쟁' 하다가 죽었다고 하면 시말서도 안 쓰고 끝난다고 하고…. 그 자신이 중앙정보부의 고문 피해자였던 김영삼의 오른팔 최형우도 내무부장관이 되어서는 간

80년대 들어 유럽 유학생들이 몸조심을 하면서 구미 유학생 간첩단 사건이 만들어졌다. 그 피해자인 강용주, 황대권씨(왼쪽부터).

첩은 고문해도 괜찮지 않으냐고 했다. 납북 어부 김성학은 "버둥거리는 통에 눈가리개가 벗겨진 사이로 내 몸에서 피어오르는 연기를 볼 때는 제발 죽여달라고 울부짖었다"며 몸서리를 쳤다.

간첩은 당연히 교육을 받는다. 그가 짝퉁 간첩인지 진짜 간첩인지 가려내는 방법은 그가 어디서 교육받았는지이다. 김성학은 수사관들의 계속되는 추궁에 "알아야 말을 하지요"라고 답했고, 수사관들은 "네가 재북시 북에서 받아온 지령을 너무 오래되어서 기억을 못하는 모양인데"라며 친절하게 가르쳐줬다. 이렇게 달달 외운 것을 검사 앞에 가서 부인하면 큰일이 난다. 검사는 왜 수사기관에서 부인하지 내 앞에서 하느냐며 다시 수사기관으로 돌려보낸다. 그리고 재교육! 자백하고 전향하면 선처해준다는 검사의 말 앞에 대개 굴복하고 만다. 수사기관에서의 자백은 증거 능력이 없지만, 검사 앞에서의 자백은 증거 능력이 있다. 난수표도, 그 흔한 독침도 없는 조작 간첩 사건에

서 자백은 증거의 왕이다.

국가보안법의 고무찬양죄나 이적표현물소지죄는 조작 간첩 사건의 설거지를 위한 든든한 버팀목이다. 가끔, 아주 가끔이지만 '물건'을 만들다 불량품이 난 경우 그냥 곱게 내보낼 수는 없다. '도깨비 빤스'의 고무줄보다 더 신축성 있는 고무찬양죄가 있는 한, 그리고 큰 책방에 가면 수십 권씩은 버젓이 팔리는 '이적표현물' 소지죄가 있는 한 국가보안법 불패의 신화는 이어져왔다. 물론 예외는 있다. 인권운동가 서준식조차 어떻게 무죄 판결을 받을 수 있었는지 이해가 가지 않는다던 기적과 같은 김성학 사건이 그것이다. 이 사건이 무죄가 나면서 고문 기술자 이근안 등이 처벌을 받았다.

박홍이나 황장엽이나 정형근 같은 사람들은 입만 열면 한국 사회에서 암약하는 고정 간첩이 5만이요, 3만이요 떠든다. 진짜 간첩이 그렇게 득시글거린다면 왜 잡지 않는 걸까? 간첩 한 명에 포상금이 얼마인데…. 미국에서 온 지 얼마 안 되었을 때인 것 같다. 한국 사회가 어쩌다가 간첩 잡는 애국자가 간첩에게 쫓겨다니게 되었느냐는 '우국충정' 철철 넘치는 장탄식을 〈조선일보〉에서 보았다. 이게 무슨 얘긴가 깜짝 놀라 알아보니 서경원 전 의원이 자신의 방북 사건을 수사했던 정형근을 그냥 두지 않겠다고 벼른다는 얘기였다.

조작 간첩 문제가 사회적으로 공론화된 것은 '간첩' 서준식이 비전향으로는 처음으로 살아서 옥문을 나서면서부터이다. 민가협에서 조작 간첩 사건에 대한 문제제기를 하면서 사람들은 '아하, 간첩이란 게 북에서만 오는 것이 아니라 만들어지기도 하는구나' 하는 것을 힘들게 깨달았다. 양심수 석방의 요구에서조차 빠져 있던 간첩들, 그래서 "나는 이대로 소리 없이 죽어야만 하는가? 나는 한평생 한 평짜리

독방에서 법무부 교화 자료나 뒤적거리며 살아가야 하는가"—『야생초 편지』로 이제는 우리에게 너무나 친숙해진 황대권의 독백이다—라는 탄식을 해야 했던 조작 간첩들은 대개 석방됐다.

'상습 간첩' 민경우를 석방하라

그러나 아직도 몇몇 '간첩'들은 "해방 이후 최대의 간첩"이라는 송두율 교수도 풀려났건만, 아직도 옥중에 있다. 북은커녕 해외에도 한번 못 나가본 전 범민련 사무처장 민경우는 벌써 두 번째 간첩죄로 투옥되어 있다. 이 '상습 간첩'은 범민련이 이적단체라는 이유로 모든 남북 행사에서 철저히 배제된 탓에 서울에서도 북쪽 사람을 한 번도 만나지 못했다. 그는 "검찰의 주장대로라면 본인은 공안기관이 도청하는 통신공간에서 지령을 수수하고 동일한 방식으로 기밀을 전달하는 전대미문의 해괴한 간첩이 되는 것"이라고 최후 진술에서 항변했지만, 여전히 그는 국가보안법과 공안기관이 살아남기 위해 '간첩 리철진'보다 더 어설픈 간첩이 되어야 한다. 4부 제목을 '간첩의 추억'이라 이름 붙였지만, 민경우와 양심수후원회의 간사로 동분서주하는 그의 부인 김혜정을 생각하면 아직도 분단된 조국에서 간첩을 추억이라 얘기하기에는 너무 조급했던 것 같다.

'간첩'도 민주주의를 지켰다
_의문사위를 물어뜯는 마녀사냥을 보며

2004년 6월 일본의 평화박물관을 둘러보느라고 일본을 다녀왔다. 일본에서 만난 지인들로부터 일본 우익들이 〈실미도〉에 감동하고, 〈태극기 휘날리며〉의 개봉을 고대하고 있다는 이야기를 듣고 씁쓸해했다. 이들 영화가 한국의 자칭 우익들에게 어떤 대접을 받았는지가 생각났기 때문이다. 공산계열의 항일 유격대가 즐겨 부르던 〈적기가〉를 삽입한 〈실미도〉는 국가보안법의 고무찬양죄 위반으로 우익단체에 의해 검찰에 고발됐다. 16대 국회에서 친일 진상 규명 법안을 기를 쓰고 깔아뭉갠 한 의원은 국회에서 〈태극기 휘날리며〉에서 "헌병들이 피난 온 고등학생을 학도의용군으로 강제로 잡아간다는 허위 내용으로 국군의 합법성과 정통성을 훼손하고 있다"면서 이 영화가 "우리 정부와 국군을 비난하도록 세뇌한다"고 주장했다.

일본을 능가하는 한국의 군사주의

일본의 우익들도 처음 이들 영화가 한국에서 흥행에 성공하자 한국의 반공주의가 약해졌기 때문이라고 세심한 '걱정'까지 해주었지만, 정작 영화를 보자 생각이 바뀐 모양이다. 한국에서는 평자에 따라 엇갈리기는 했지만, 〈태극기 휘날리며〉는 감각이 무뎌진 우리에게 전쟁의 참혹함을 일깨워주고 "한국 전쟁영화를 지배해온 레드 콤플렉스, 이른바 〈배달의 기수〉에 마침표를 찍는 영화"라는 식의 평이 많았다. 〈실미도〉도 한국 현대사의 감추어진 비극을 역사 앞에 드러낸 문

비전향 장기수의 의문사 인정 결정을 지지한 민주노동당사에 몰려가 소화기를 뿌리는 대한상이군경회 회원들. 그들은 의문사위의 결정을 "남파 간첩과 빨치산을 민주투사로 인정한 것"이라며 호들갑을 떨고 있다.

제작이란 호평을 받으며 관객 1천만 시대를 열었다.

두 영화가 친일영화가 아님이야 분명한데, 왜 같은 영화를 보고 한국의 우익은 분노한 반면, 일본의 우익은 전쟁을 찬양한 영화로 보면서 환영했을까? 우리는 일본에서 주기적으로 나오는 정치인들의 망언을 보면서 일본이 과거 청산을 하지 않은 것에 분노한다. 그러나 많은 부분에서 과거 청산을 제대로 하지 않았다는 일본 사회가, 한국 사회에 비해 전쟁을 덜 찬양하고 있는 것은 아닐까? 요즘 일본에서 군국주의의 부활 조짐이 심상치 않아 한국 같은 주변국의 우려를 사고 있지만, 정작 한국의 군사주의는 일본 제국주의자들로부터 물려받았음에도 현재의 일본을 훨씬 능가하고 있다. 〈태극기 휘날리며〉가 천박한 반공영화의 수준을 뛰어넘음으로써 한국인들에게 전쟁의 참혹함을 다시 생각할 기회를 주었다면, 일본의 우익은 이 영화가 갖는

다른 측면을 보고 이 영화를 반긴 것이다.

개인적으로 재미있게 본 영화는 아니지만, 〈태극기 휘날리며〉덕에 현대사 강연을 다닐 때 도움이 된 부분이 있다. 한국의 참혹한 전향 공작의 잔혹사에서 첫손에 꼽아야 할 보도연맹 사건 이야기를 설명하기가 한결 쉬워진 것이다. 여주인공 영신은 빨갱이가 아니었다. 보리쌀 두 되에 전향서에 도장 찍고 보도연맹원이

2004년 2월에 열린 비전향 장기수 2차 송환 촉구 대회. 국가가 자행한 강제 전향 공작을 반성한다면 북송을 원하는 강제 전향 장기수들을 모두 북으로 보내주어야 한다.

된 평범한 여성이었다. 전향서를 쓴다는 것, 보도연맹원이 된다는 것은 대한민국의 충실한 국민이 되겠다는 것을 서약한 것이고, 국가가 이를 보증한 것이다. 그러나 전쟁이 나자 전향서는 대한민국에서 그들의 생명을 지켜주는 안전보장증이 되지 못했다. 아니, 오히려 전향서를 제출한 자들의 명부는 학살 대상자들의 명부가 되고 말았다. 전향서를 쓰고 대한민국에 충성을 맹세한 대한민국 국민 20여만 명이 대한민국 군경에 의해 체계적·조직적으로 학살당한 것이다.

이렇게 전향에 대한 몹시 안 좋은 기억을 갖고 있는 나라에서 강제 전향 공작은 시작됐다.(강제 전향의 배경에 대해서는 『대한민국史 02』 '빨갱이에게도 인권이 있다'에서 설명한 바 있다.) 박정희는 5·16 군사

반란으로 정권을 탈취한 뒤, 전국 각 교도소에 흩어져 있던 비전향 좌익수 800여 명을 대전교도소로 집결시켰다. 그 뒤 1968년 1·21 청와대 습격 사건이 일어나자, 정부는 이북 특수부대가 대전교도소를 습격하여 좌익수들을 탈출시킬 것을 우려하여 다시 비전향 좌익수들을 전국 각지의 교도소로 분산 수용했다. 1968년 4월 대구로 90명, 전주로 80명, 광주로 90명, 목포로 90명이 이감되고, 대전에 120~150여 명이 잔류했다고 하니 1968년 비전향 좌익수의 규모는 500명이 조금 안 되는 정도였다.

강제 전향 공작은 1950년대 후반부터 시작됐지만, 박정희의 유신 쿠데타 이후 1973년 8월 2일 법무부 예규로 '좌익수형수 전향공작전담반 운영지침'이 시달되면서 그 이전과는 차원을 달리하며 중앙정보부의 직접적인 통제 아래 새롭게 시작됐다. 전향전담반은 교도소 내에서 상당한 고위직인 교회관(敎誨官)을 책임자로 여러 명의 교회사와 교회사보를 두었지만, 실제로 전향 공작의 일선에 나선 것은 흔히 '떡봉이'라 불린 깡패들이었다. 국가는 깡패 출신 강력범들 중에서 대상자를 선발하여 '떡봉이'라고 쓴 완장을 채워주고, 좌익수들이 수감된 특별사의 청수부로 배치하면서, "나라를 위한 일이니까 잘되면 법무부에 상신해서 가석방도 될 수 있다"는 말로 이들이 좌익수를 많이 전향시키면 석방해준다고 약속했다. 떡봉이들은 같은 수감자임에도 감옥 내에서 술 마시고 담배 피우는 특권을 누렸으며, 비전향 좌익수들이 수감되어 있는 사방 열쇠까지 차고 다녔다. 이들은 시도 때도 없이 비전향수들을 끌어내 자신들의 완장에 쓰인 대로 떡을 만들어버렸다.

야만적 공작을 중단시킨 저항

1973년 8월부터 1년간 대전교도소에서만 전향한 좌익수가 197명이었다. 2004년 7월 의문사진상규명위에서 의문사로 인정된 최석기가 떡봉이들에게 맞아 죽던 1974년 4월 4일만 해도 모두 10명의 A급 수형자들이 전향을 당했다. 광주에서도 전향 공작이 시작되기 전 64명이던 비전향수는 1년이 지나자 10명 정도만 남았다. 변형만은 청주 보안감호소에서 단식투쟁 중 교도소 쪽이 왕소금을 잔뜩 푼 소금물을 고무호스를 식도에 집어넣어 강제 급식하는 과정에서 숨을 거두었다. 떡봉이에게 온몸을 바늘로 찔리는 고문을 당하던 박융서는 1974년 7월 20일 자신의 동맥을 끊고, 흐르는 피를 찍어 벽에다 "전향 강요 말라"는 혈서를 쓰고는 세상을 등졌다. 전향하지 않은 장기수로서는 최초로 석방되어 인권운동의 새로운 지평을 연 서준식도 강제 전향 공작에 맞서 옥중에서 자살을 기도했었다. 영화 〈메멘토〉가 나오기 수십 년 전, 서준식은 자기 몸에 유리조각으로 수백 글자의 유서를 새기고 동맥을 그었으나 천만다행으로 의식을 잃은 가운데 자연 지혈이 되어 목숨을 건졌다. 이들은 죽음으로써 사상의 자유라는 민주주의의 내재적 가치를 지켰고, 반인권적인 권위주의 정권에 적극적으로 저항했다. 이들의 저항이 있었기에 박정희의 강제 전향 공작은 사실상 중단됐다.

이 야만스러운 전향 공작의 희생자들을 의문사진상규명위원회에서 국가 공권력에 의한 의문사로 인정하자 난리가 벌어졌다. 일부 언론이나 자칭 보수단체들은 의문사위의 결정을 "남파 간첩과 빨치산을 민주투사로 인정한 것"이라고 호들갑을 떨었다. 더구나 의문사위의 일부 조사관이 과거 군사독재 시절 사노맹이나 간첩 사건에 연루

된 것을 갖고 "간첩이 육군대장과 전직 국방장관을 조사하는 나라는 대한민국뿐"이라며, 의문사위에 대한 마녀사냥에 열을 올렸다. 이들 언론이나 단체는 한 걸음 더 나아가 "남파 간첩과 빨치산 활동을 한 이들에게서 대한민국의 국법을 준수하겠다는 약속을 받아내는 것이 민주화에 걸림돌이라도 되었다는 뜻인지 묻고 싶다"고 전향 공작 자체를 옹호했다.

강제 전향 공작에 대한 항거는 민주주의의 근본인 사상의 자유를 지키는 일이고, 이들은 죽음으로 야만적인 전향 공작에 맞섰다. 전향 공작에 대한 저항이 민주화운동이냐는 논란이 벌어

수구언론들이 의문사위의 일부 조사관 경력을 문제 삼는 방식을 보면, 이들에게 최소한의 양식을 기대하는 것도 사치스러운 일임을 알 수 있다.

지는 것 자체가 아직 한국 사회가 민주화운동 유공자를 포상할 만큼 민주화되지 못했음을 보여준다. 사실 권위주의 시대의 음습한 정보정치의 상징적인 인물이 의문사위 결정을 놓고 벌어진 TV 토론에 나와 의문사위를 비판하는 뻔뻔스러운 세상에서 우리가 기대할 수 있는 것은 무엇일까? 이들 언론이나 단체가 일부 조사관들의 전력을 문제 삼는 방식을 보면, 이들에게 최소한의 양식을 기대하는 것도 사치스러운 일이란 것을 알 수 있다. 우선 간첩으로 몰린 조사관의 경우를 보면, 1990년대 가장 대표적인 조작 간첩 사건인 이른바 '남매간첩단' 사건의 당사자이다. 이 사건은 1993년 문민정부 출범 이후 안기부 개혁 요구가 거센 가운데, 안기부가 기획한 사건으로 안기부 공작원 백흥용에 의해 날조됐다. 그를 비롯해서 수구언론이 문제 삼은 사

람들은 모두 사면복권되어 공무원 임용에 하자가 없고, 경찰 등 관련 기관의 신원 조회를 거친 사람들이다. 그렇기에 수구언론에서도 법적으로는 문제가 없다는 것을 부인하지 않는다. 또 이들이 의문사위에 전력을 숨기고 들어간 것도 아니요, 수구언론도 이미 2002년 1월에 과거 간첩이나 사노맹 같은 지하조직 관련자로 처벌받은 사람이 경찰 등에서 파견 나온 수사관과 같이 일한다는 사실을 보도하기도 했다. 자기들도 다 알고 있던 일을 갑자기 "뒤늦게 밝혀졌다"며 들고 나온 것이다.

니들 옷에도 빨간 페인트 묻었네!

친일파 민족반역자들에 대해서는 기를 쓰고 '과거를 묻지 마세요'를 합창하는 자들이 의문사위 조사관들에 대해서는 눈을 부라리며 전력을 파헤친다. 그러나 이들은 독재정권에 항거했던 민주인사요, 조작 간첩 사건의 피해자이다. 국가기구가 은폐하려는 의문사의 특성상, 죽음의 문턱에 가본 실제 피해자들이 자신의 몸의 기억과 살아남은 사람의 책임을 바탕으로 진상 규명에 더 유리할 수 있다. 사실 이렇게 엉뚱하게 아무데나 전력을 파헤치자고 나온다면 가장 곤란해질 사람은 박정희와 아직도 그를 떠받드는 수구세력일 것이다. 요즘 한창 논란이 되는 친일파 전력은 차치한다 하더라도, 왼쪽으로 보면 남로당 군사부가 유사시에 크게 써먹을 목적으로 군부 내에 깊숙이 침투시킨 최고위 프락치이자 여순반란 사건으로 사형 구형에 무기징역을 선고받은 화려한 빨갱이 경력이 있고, 오른쪽으로 보면 군사반란으로도 모자라 친위 쿠데타(유신)까지 감행하여 민주주의 기본 질서를 두 번이나 짓밟은 반란범 아닌가? 조작 간첩과 사노맹 출신이 있어 의문사위가 해체해야 한다면, 한나라당도 남아나지 못할 것이다. 무시무시한 남민전과 1980년대의 대표적인 급진조직인 서노련의 주요 인사들이 사무처 요원도 아니고, 당의 간판 중진으로 활동하고 있으니까. 색깔론을 들고 나오려면 적어도 자기가 쓰고 있는 빨간색 안경은 벗어놓고 나와야 하는 것 아닐까? 옛말에 근주자적(近朱者赤)이라 했다. 붉은색 근처에 가면 자기도 빨간 물이 든다는 것이다. 남들에게 빨간 페인트 칠하고서 빨갱이라 몰아치는 짓 자꾸 하다 보면 자기 옷에도 빨간 페인트가 묻는 법이다.

의문사위의 결정에 대한 논란에 기름을 부은 것은 민주화운동보상심의위원회가 감호소에서 숨진 남파 공작원 출신 피해자가 민주화운동과는 무관하다는 결정을 내린 것이다. 물론 국가기관 간에 독자적으로 다른 견해를 내놓을 수 있다. 그러나 결정 과정이나 내용을 볼 때 민주화운동보상심의위의 결정에는 큰 문제가 있음을 부인할 수 없다. 우선 민주화운동보상심의위 산하의 관련자및유족여부심사분과위원회에서는 변영만씨 건의 경우, 신청자가 민주화운동보상법에 신청 자격을 갖는 사람으로 규정된 유족이 아니라 당시의 동료 재소자였다는 점을 근거로 각하 의견을 낸 바 있으나, 위원회는 심의 대상이 되지 않는 사안을 2년이나 묵혀두었다가 논란이 일자 급히 처리하여 언론 플레이를 했다는 비판이 제기되고 있다. 이번 결정으로 과거 동의대 사건에 대한 판정 과정에서 수구세력으로부터 공격을 받았던 보상심의위는 수구세력으로부터 점수를 딸 수 있었는지는 모르나, 진보적 민주화운동 세력으로부터는 결정적으로 신뢰를 상실했다.

권위주의 정권의 하수인들에게 뺨 한 대 맞아본 적 없는 사람들이 대부분인 위원회가 민주주의의 가장 기초적인 가치인 사상의 자유를 죽음으로 지킨 사람들을, "전향 강요 말라"고 문자 그대로 피로 쓴 역사를 과연 심판해도 되는 것일까? 민주화운동보상심의위를 비롯해 과거 민주화운동에 몸담았던 사람들 일부에도 민주화운동을 단순히 긴급조치 위반이나 계엄포고령 위반 등 정치 영역의 반독재운동으로 국한하는 경향이 있다. 이런 태도를 보면서 생각나는 것은 문민정부 시절 김영삼의 최측근 실력자였던 어떤 장관이 자신이 박정희 정권 시절의 고문 피해자였음에도 불구하고 간첩은 고문해야 하는 것 아니냐고 말해 많은 사람들을 놀라게 한 일이다. 이런 태도는 과연 군사독재 시절 우리가 추구했던 민주화된 사회의 내용이 무엇이었는지를 다시 생각하게 만든다. 민주화운동보상법도 그렇고 의문사법도 그렇고, 우선 민주화운동의 규정과 관련하여 대단히 미흡한 점이 많다.

가슴 아픈 일이지만, 대한민국이란 국가는 국가의 이름으로 엄청난 폭력을 휘둘렀고, 그 피해자는 너무나 많다. 전쟁을 치르지 않았는데도 한국의 군대는 1980년부터 1995년까지 이라크 전쟁의 미군 사망자 수의 아홉 배나 되는 사망자를 냈다. 멀쩡한 목숨이 3년마다 1개 연대씩 전쟁을 치르지도 않고 사라졌다. 허원근 일병 사건처럼 수천 건의 죽음이 의문에 싸여 있으나, 의문사위가 다룰 수 있는 '의문사'란 오로지 민주화운동 관련 의문사뿐이다. 민주화운동의 근처라도 갔던 사람들에게 정말 물어보아야 한다. 우리가, 그리고 당신들이 했던 민주화운동이란 것이 과연 민주화운동 관련자의 죽음과 관련이 없는 죽음을 차별할 만큼 잘난 것이었는가를. 한 인간이 자신의 자존심과 존엄을 지키고자 발버둥치다가 스러져간 그런 죽음 앞에서 좀 더 겸허해질 수 없는 것일까? 국민의 정서상 간첩들의 행위를 민주화운동에 포함시킬 수 없다는 사람들이여, 뒤돌아보자. 6월항쟁 같은 정말 짜릿했던 한순간을 빼고, 언제 민주화운동이 국민 다수의 지지를 받은 적이 있는가를.

강제 전향이 폐지된 뒤 정부는 한때 준법서약서란 것을 도입했다. 수구언론의 등쌀 때문이다. 그 당시 최연소 장기수였던 강용주는 이렇게 말했다. "서약서 쓰기를 강요하면서 그것을 거부하면 사면에서 제외할 수밖에 없다고 하고, 그러면서 양심의 자유는 전면적으로 보장됐다고 떠드는 무지하고 야만스러운 사회, 양심의 자유는 보장하지만 서약서는 써야 한다는 말이 얼마나 형용모순을 지니고 있는지 깨닫지 못하는 천박함이 횡행하는 땅에서 제가 있어야 될 자리는 십오 척 담 안일 수밖에 없는 듯합니다." 그 강용주는 다행히 풀려났지만, 송두율은 전향서를 내지 않았다는 이유로 수구세력은 물론이고 국가권력인 검찰에 닦달당했다.

전향 공작 자체가 반헌법적이고 원인 무효이기 때문에 비전향과 강제 전향에서 차별을 두어선 안 된다. 끝까지 비전향으로 남은 장기수가 100명 안팎이었고, 이들 중 63명이 6·15 정상회담의 성과로 2000년 9월 북송됐다. 폭압적인 전향 공작 기간 중에 전향한 좌익수는 400여 명, 현재 그들 중 28명이 북송을 원하고 있다. 우리가 정말 대한민국이라는 국가가 자행한 강제 전향 공작을 반성한다면 북송을 원하는 강제 전향 장기수들을 북으로 보내주어야 한다.

봉원동 산자락에 선 듯한 한국 사회

2002년 1기 의문사위가 남파 간첩을 의문사로 판정했을 때는 조용했던 수구언론이 2년이 지난 뒤 이런 푸닥거리를 하는 것은 탄핵정국과 총선을 거치면서 과거 청산의 지형이 바뀌고 있기 때문이다. 누더기를 만들었던 친일진상규명법안의 수정안이 제출되고, 한국전쟁 전후 민간인 희생에 관한 특별법안도 통과가 유력하고, 조그마한 꽃삽을 갖고 거대한 쓰레기더미를 파헤쳐야 했던 의문사위도 3기가 출범하면 포클레인까지는 안 돼도 곡괭이 하나는 얻어가질 전망이다. 드러나면 곤란한 냄새나는 과거를 가진 사람들은 이제 불안해지기 시작했다. 단 한 번도 제대로 된 과거 청산을 하지 못한 나라, 그나마 의문사위의 활동으로 우리는 판검사들을 키워내던 서울법대 교수가 어떻게 간첩으로 몰려 죽게 되었는지를 알게 되었다.

    지금 한국 사회는 희대의 엽기 연쇄살인범이 피살자들의 주검을 파묻은 봉원동 산자락에 서 있는 형편이다. 덮을 것인가, 땅을 파 주검을 수습할 것인가? 3기 의문사위를 어떻게 만드느냐가 그 답이 될 것이다.

밥을 흘려도 죽였다
_ '중국공산당의 조선인 간첩 사냥' 민생단 사건

일제가 만주를 강점하고 얼마 지나지 않은 1932년 2월 간도에서 일군의 친일 조선인들은 한때 일본제국주의에 반대했던 일부 민족주의자들까지 포함하여 하나의 정치조직을 결성했다. 민생단이라는 이름의 이 친일조직은 불과 5개월 만에 활동이 중단되었고, 다시 3개월 후에는 완전히 해산되었다. 민생단이라는 이름은 만일 중국공산당이 조선인 당원들이 이 조직과 비밀리에 연결되어 있다는 잘못된 의심을 품지 않았더라면 아마 그 당시 명멸했던 수많은 단체들처럼 우리의 기억에서 사라졌을 것이다. 그러나 이 잘못된 의심은 당내의 조선인 공산주의자들을 중국혁명을 파괴하기 위해 당에 침투한 민생단원으로 보는 오류로 이어져 대대적인 숙청을 낳았다.

어처구니없는 죄명, 죄명들

1932년 말에 시작된 민생단 숙청은 1935년 초까지 약 2년 반에 걸쳐 집중적으로 진행되다가 1936년 초에 가서야 중단되었다. 현재 중국공산당이 인정하는 억울하게 목숨을 잃은 희생자만도 근 500여 명이고, 어쩌면 2천 명에 달하는 우리 독립운동의 정화가 이 비극적인 사건으로 사라져버린 것이다.

중국공산당 문서나 일제의 자료는 민생단 숙청으로 인해 희생된 조선인 혁명가들의 숫자가 일제의 잔혹한 토벌에 희생된 조선인 혁명가들의 수를 능가한다고 인정하고 있다. 당시 간도의 혁명 근거지에서 말깨나 하고 글깨나 읽던 조선 사람은 다 억울하게 죽었다는 말이 돌 정도로 숙청은 광범위했다. 대부분의 경우 간첩행위라는 엄청난 죄명을 뒤집어쓰게 된 행동이란 참으로 어처구니없고 사소하며 터무니없지만 끝이 없었다. 처음에는 그럴듯한 정치적 이유로 숙청이 시작되었지만, 일단 숙청이 가속화되자 사정은 달라졌다. 밥을 흘려도 민생단(어렵게 구한 식량을 허비하니까), 밥을 설구거나 태워도 민생단, 밥을 물에 말아 먹어도 민생단(화장실에 자주 가는 것은 전투력을 약화시키니까), 배탈이 나거나 두통을 호소해도 민생단, 사람들 앞에서 한숨을 쉬어도 민생단(혁명의 장래에 불안감을 조장하니까), 설사를 해도 민생단, 고향이 그립다고 말해도 민생단(민족주의와 향수를 조장하니까), 일이 어렵다고 불평해도 민생단, 일을 너무 열심히 해도 민생단(정체를 감추려고 일을 열심히 한 것이니까), 일제의 감옥에서 처형되지 않고 살아 돌아와도 민생단, 오발을 해도 민생단, 가족 중에 민생단 혐의자가 나와도 민생단, 민생단 혐의자와 사랑에 빠져도 민생단, 옷을 허름하게 입어도 민생단으로 몰리는 등 무고한 사람들을 일제의 간첩으로 모는 꼬투리는 끝이 없었다.

더구나 민생단이란 누명을 쓰고 살해당하거나 투옥된 사람들을 보면 대개 항일혁명의 일선에서 누구보다도 용감하게 싸운 사람들이었다. 한 예로 훈춘현 공청단 서기로 사업하다가 민생단으로 처형된 정필국(鄭弼局)은 의병의 아들로 태어나 어려서부터 반일적인 분위기에서 자랐다. 그는 간도를 피바다에 잠기게 한 일제의 대토벌로 어머니와 다섯 형제를 잃었다. 혁명에 대한 열정과 가족을 잃은 사무친 원한이 더하여 정필국은 혁명 대오 내에 잠입한 민생단원을 적발하

는 데 누구보다도 앞장섰다. 그러나 정필국은 반민생단 투쟁이 진행
될수록 의문을 품고 점차 투쟁에 소극적인 태도를 보이다가 1935년
초 민생단의 누명을 쓰고 체포되었다. 정필국은 사형에 처해졌으나,

중국공산당의 간도지부 동만특위(東滿特委)가 있던 소왕청 병영. 민생단 숙청의 무대인 간도는 공식적으로 중국의 영토였지만, 조선인이 전체 인구에서 3/4 이상을 차지하고 있었다.

중상을 당하였을 뿐 죽지 않았다. 피투성이가 된 채 시체더미를 헤치
고 나온 정필국은 보초들에게 기어가 "나는 공산당원이오. 이렇게 값
없는 죽음을 당하지 않고 혁명을 위해 더 많은 일을 하도록 목숨을 살
려주구려" 하고 애원하였다. 그러나 보초들은 시끄러운 일이 생길까
두려워하여 그 자리에서 정필국을 몽둥이로 때려 죽이고 말았다.
　왕청유격대 창시자의 한 사람이었던 양성룡(梁成龍)은 1920년 간

도참변 당시 독립군이었던 아버지와 외할아버지를 일제에 잃었고, 1933년의 혁명 근거지에 대한 '토벌'에서 어머니와 애인 등 여덟 식구를 잃는 등 도합 열 식구가 일제에 의해 목숨을 잃었지만 민생단 간첩이라는 터무니없는 감투는 그를 비껴가지 않았다. 양성룡은 사형장에 모여든 군중들의 항의로 목숨을 건졌지만, 1935년 초 전사할 때까지 1년 반 동안 그에 대한 민생단 혐의는 취소되지 않았다.

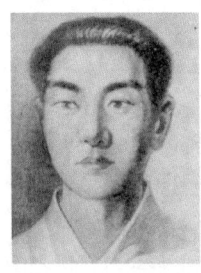

민생단 사건의 희생자들. (왼쪽부터) 사형에 처해졌다가 살아남았지만 다시 보초들에게 맞아 죽은 정필국과 사형장에 모여든 군중들의 항의로 간신히 목숨을 건진 양성룡, 투항 변절하면 혁명에 더 큰 손실을 줄 수 있다면서 죽음을 맞이했던 김일환. 만주성위원회 순시원으로 간도에 왔다 변절자 박두남에게 살해당한 반경유. 반경유의 죽음은 민생단 사건의 도화선이 됐다.

왜 그토록 조선인들을 죽였는가

과연 무엇이 민족의 해방과 사회적 평등의 실현이라는 고상한 꿈을 실현하기 위해 일신의 안일을 버리고 혁명에 투신한 사람들을 이런 터무니없는 이유로 자신의 동료들, 그것도 온 가족을 일제에 잃어 일본이란 말만 들어도 부들부들 떠는 사람들까지 일제의 간첩으로 몰아 처형해버리는 편집광적 마녀사냥꾼으로 만들었을까? 1932년 말 민생단 간첩에 대한 숙청이 처음 시작되었을 때만 해도 당은 아직 이성을 잃고 있지 않았다. 그러나 1933년 5월 중국공산당 만주성위원회 순시원으로 간도에 온 반경유(潘慶由: 조선인으로 본명은 李起

東)가 훈춘유격대 정치위원 박두남(朴斗南)에게 살해당하면서 사건은 일파만파로 번져갔다. 반경유를 살해한 박두남은 혁명 근거지를 탈출하여 일제에 투항하고는 일본군의 길잡이가 되어 혁명 근거지의 파괴에 앞장섰다.

그러나 민생단으로 몰린 사람들 중에는 박두남처럼 진짜 일제의 특무로 전락한 사람들도 있지만, 자신의 혁명적 지조를 죽음으로 지킨 사람들도 많았다. 독립군 출신의 유격대 지휘관 윤창범은 민생단원으로 몰려 체포되었다. 힘이 장사인 그는 자신을 호송 중이던 두 대원의 총을 한 손에 하나씩 낚아챈 다음 이 총을 돌려주면 자신을 쏠 것이기 때문에 자신이 갖고 가다가 두 대원이 잘 아는 장소에 놓아두겠다고 말한 뒤 사라져버렸다. 윤창범은 자신이 과거에 사업한 적이 있는 왕청현의 한 산림대(흔히 마적이라 부른다)로 피신해 있다가 "내 아무 죄도 없이 왜 도망 와 있겠는가? 죽더라도 대오에 돌아가서 동무들에게 모든 것을 밝히고 죽자"고 스스로 대오를 찾아왔다. 그를 민생단으로 몬 사람들은 윤창범이 제 발로 돌아오자 즉각 체포하여 학살하였다. 화룡현위 서기였던 김일환 역시 민생단원으로 몰리자 자신이 투항 변절하면 혁명에 더 큰 손실을 줄 수 있다면서 죽음을 맞이했다.

민생단 숙청은 그 희생자 전부가 조선인이었기 때문에 중국공산당 내에서 중국 민족주의와 한국 민족주의의 충돌로 보일 수도 있을 것이다. 민생단 숙청의 무대인 간도는 공식적으로 중국의 영토였지만, 조선인이 전체 인구에서 3/4 이상을 차지하고 있었다. 간도 지역을 관할하는 동만특위(東滿特委)는 중국공산당의 지부라는 지위에도 조선인 당원이 90% 이상을 점하고 있었다. 때문에 일반 중국인들은 이를 '라오꼬리'(老高麗) 공산당이라 부르고 있었으며, 당내에서는 당의 '중국당화'(中國黨化)가 시급한 과제로 제기될 정도였다. 간도는 인구도 조선인이 많을 뿐 아니라 지리적·경제적·문화적으로도 중국보다는 조선과 가까웠으며, 역사적으로 중국과 조선 간에 영토 분쟁의 대상이 되어온 지역이었다. 이런 상황에서 민생단이 조선인에 의한 간도의 자치라는 구호를 들고 나왔을 때 중국 공산주의자들은 이를 간도를 중국에서 떼어내어 조선에 합병시키려는 과분(瓜分), 즉 제국주의에 의한 중국 분할의 위기로 받아들였다. 특히 일제의 잔인한 '토벌'을 피해 산간 오지로 몰려온 피난민을 토대로 건설된 혁명 근거지의 인구 절대다수가 조선인인 까닭에 이들 근거지는 종종 한인(韓人) 소비에트로 불렸다. 중국공산당 지도부는 이런 현상을 민생단의 간도 자치 구호에 호응한 증거라고 보았다.

'당의 무오류성'이라는 신화와 신념

민생단 사건의 원인으로는 종래 중국인의 대한족주의(大漢族主義), 1930년대 전반 중국공산당의 좌경 노선, 그리고 일제의 모략 책동 등이 지적되었다. 그러나 중국인 공산주의자들의 대한족주의나 조선인 공산주의자들에 대한 차별은 민생단 사건이 벌어진 간도에만 국한된 문제가 아니라 전 만주에 공통적인 현상이었다. 또한 이런 요인만으로는 민생단의 적발과 숙청에 수많은 조선인 공산주의자들과 대중들이 참여한 사실을 설명할 수 없다. 또 좌경 노선의 경우도 민생단 사건에 일정한 영향을 끼친 것은 사실이지만, 북만이나 남만 지방역시 좌경 노선의 영향을 강력하게 받고 있었음에도 민생단 사건과 같은 한인 공산주의자들에 대한 숙청은 벌어지지 않았다. 혁명세력

내에 간첩을 침투시키고 내분을 일으키려는 모략 책동은 비단 1930년대 초반의 간도에 국한된 것이 아니라 각국의 혁명운동사에서 공통적인 일이다.

민생단 사건의 원인으로 기존의 연구에서 간과한 것은 간도의 조중 공산주의자들이 이데올로기에 경도되었으며 당의 무오류성을 깊이 신봉하고 있었다는 점이다. 물론 이데올로기를 중시하고 당의 무오류성을 믿는 것은 정도의 차이는 있을지언정 모든 공산주의운동에서 공통적으로 나타나는 현상이지만, 일제의 잔안한 '토벌' 속에서 유격대를 조직한 간도의 경우는 좀더 각별하게 작용했다. 간도의 한인 공산주의자들과 농민들에게 당의 무오류성에 대한 신념이란 혁명의 승리를 얻기 위해 자기 자신에게 던지는 다짐과도 같은 것이었다. 총도 제대로 없이 불과 수십 명의 청년들로 시작한 유격대가 어떻게 강대한 일본제국주의의 군대를 상대로 승리를 거둘 것인가? 간도의 한인 공산주의자들과 그들의 영향 아래 있던 농민들은 그 해답을, 아니 위안을 당의 영도에서 찾았다. 그들은 "절대로 오류를 범하지 않는 당"과 당의 영도를 받는 유격대가 그들을 승리와 해방의 나라로 이끌어줄 것을 바랐고, 이런 바람은 다시 당의 무오류성이라는 신화를 하나의 내면화된 신념으로 그들의 가슴속에 자리잡게 했다. 그러나 당의 노선에 따라 건실한 소비에트는 현실에 맞지 않아 너무나 많은 문제를 낳고 있었으며, 변변한 무장을 갖추지 못한 유격 근거지의 주민들은 일제 '토벌대'가 쳐들어오면 산으로 도망치기에 바빴다. 이 사실은 당과 당원들은 물론 대중들에게도 당혹스러운 것이 아닐 수 없었다.

만주성위 순시원 자격으로 동만특위에 내려온 반경유는 여기에서 손쉬운 해답을 제시했다. 소비에트 좌경 노선을 채택하고 집행한 것은 바로 정체를 숨긴 채 당에 잠입한 민생단원들의 작간이었다는 것이다. 반경유의 진단과 처방은 몇몇 불행한 희생양을 민생단으로 만들어 당의 무오류성을 지키려는 것이었다. 그러나 민생단으로 지목된 박두남이 반경유를 살해하고 도주하여 일제에 투항한 사건은 민생단이 당과 유격대에 다수 잠입하여 있으며, 이들 때문에 당의 올바른 노선이 혼란에 빠져 있다는 반경유의 논리에 정당성을 부여한 격이 되었다. 이로써 동만특위와 유격 근거지의 대중들은 당의 무오류성의 신화와 당이 끊임없이 잘못을 범하고 있는 것 사이에서 느끼던 갈등에 대해 잘못된 해답을 갖게 된 것이다.

'소비에트'가 쇠불이 이름?

반경유의 죽음과 박두남의 도주가 준 충격은 조선인과 중국인을 가릴 것 없이 간도 유격 근거지의 당과 대중의 이성을 마비시켰다. 당의 무오류성에 대한 믿음, 당의 권위에 대한 맹신, 당과 혁명정권과 유격대를 갖게 되었으니 당연히 혁명에 승리해야 할 터인데 현실은 그렇지 못한 데 대한 의구심, 이 모든 것은 "일제가 한국 민족주의자, 종파분자들로 구성된 민생단을 혁명 대오에 잠입시키고 있다"는 당의 주장을 의심 없이 받아들이게 만들었다. 당은 과거의 정책을 재검토하고 그 문제점에 대한 반성을 통해 당이 범한 잘못을 시정하는 대신, 모든 과오의 책임을 당내에 잠입한 민생단에 돌리며 민생단 마녀사냥을 대대적으로 벌여나갔다. 이는 당이 자기반성의 기회를 빼앗긴 것을 의미했다.

그런데 간도의 당조직이 극도의 정신적 공황에 빠진 원인으로 우리가 주목해야 할 점은 간도 유격 근거지의 조선인 대중들이 지난 몇 년간 실로 엄청난 변화를 겪었다는 점이다. 지난 수백 년간 촌락이라는 좁은 세계 밖을 거의 벗어나지 못했던 농민들이 다른 나라로 이민을 간다는 것은 커다란 변화가 아닐 수 없었다. 당시의 조선인들에게 간도란 씨앗만 뿌리면 곡식이 절로 되는 땅이 널려 있고, 바가지만 있

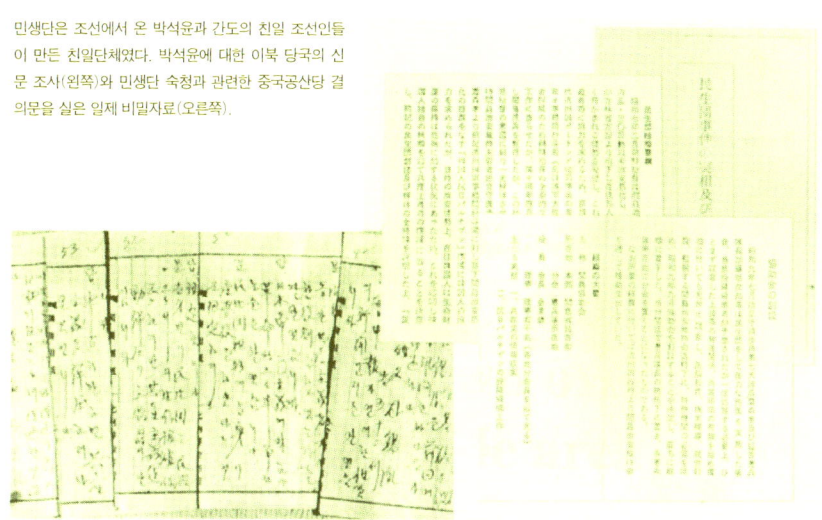

민생단은 조선에서 온 박석윤과 간도의 친일 조선인들이 만든 친일단체였다. 박석윤에 대한 이북 당국의 신문 조사(왼쪽)와 민생단 숙청과 관련한 중국공산당 결의문을 실은 일제 비밀자료(오른쪽).

으면 굶지 않고 얻어먹을 수 있다는 꿈과 희망의 땅이었다. 이는 식민지의 암울한 현실 속에서 식민지 조선의 인구 압박을 완화해보려는 일제가 만들어낸 허상이었다. 더구나 조선인 이민을 받아들이던 중국 당국이 1920년대 중반 이후 태도를 바꿔 조선인에 대한 압박과 탄압을 실시한 데다가 1929년의 대공황이 닥침에 따라 간도의 조선인들의 생활 형편은 더욱 나빠졌다. 또 간도에서 조선인 이민들은 급속히 폭력과 정치적 격랑 속에 빨려들어갔다. 5·30폭동과 그에 뒤따른

일제와 중국 당국의 탄압, 중국 당국과 결탁한 일부 조선인 민족주의자들의 공산주의자 색출 및 학살 등 백색 테러로 간도의 조선 농민들은 거센 정치적 폭력의 세례를 받았다. 조선인 공산주의자들은 이에 대규모 군중을 동원한 주구청산투쟁으로 응답했다.

'만주사변' 직후 일제는 1932년 4월 간도에 조선주둔군을 출병시켜 공산당의 활동이 활발한 조선인 마을을 중심으로 토벌을 전개했다. "조선 사람 100명을 죽이면 그 속에 공산당이 1명은 있을 것이다"라는 잔인한 토벌로 간도의 조선인 마을들은 큰 타격을 입었고, 가족을 잃은 많은 사람들은 일제의 토벌이 미치지 않는 산간 오지로 몰려들었다. 이렇게 간도의 깊은 산골로 모여든 조선 농민들은 중국 공산당의 영도에 따라 소비에트를 건설했다. 농민들의 대다수는 반일의식은 투철하였지만, 대부분 문맹이었고, 별다른 정치적 교육과 훈련을 받지 못했다. 대다수의 농민들은 소비에트를 일제를 잡는 새로운 무기 속사포와 혼동하거나 어떤 신비한 쇠붙이, 또는 어떤 유명한 혁명가의 이름으로 잘못 알고 있을 정도로 자신들이 만든 소비에트가 무엇을 의미하는지를 몰랐다. 그러나 농민들은 촌 단위까지 구성된 각급 소비에트의 주석이며 위원이며 그 밖에 수많은 대중단체와 준군사조직의 감투를 쓰게 되었고, 소비에트가 인민혁명정부로 개편된 뒤에는 자신의 이름으로 토지까지 분배받았다. 아마도 근거지 주민들 중 상당수가 조상까지 거슬러 올라가 볼 때 수백 년 만에 처음으로 자기 땅을 갖고, 관직에 임명되었을 것이다. 그리고 근거지에서는 자주 군중대회를 열어 민생단에 대한 재판 등 중요사항을 결정했다. 간도의 한인 농민들은 일제에 떠밀려 산간 오지에 모여들었고, 이곳에서 폭발적인 정치 참여를 강제당한 것이었다. 근거지에서 농민들이 정치에 휩싸이게 된 것을 강제적 동원이냐 주체적 참여냐, 또는 진보냐 혼돈이냐의 이분법으로 재단할 수는 없다. 그것은 동원인 동시에 참여였으며, 진보인 동시에 혼돈이었다.

3년에 겪은 300년의 변화

소련에서 대숙청이 있기 얼마 전, 스탈린은 농업 집단화의 성과를 놓고 너무 빠른 "성공에 현기증이 난다"(Dizzy with Success)라는 연설을 하였다. 소련의 당과 대중들은 전쟁과 혁명, 그리고 농업 집단화를 약 20년의 세월에 걸쳐 단계적으로 겪었지만, 간도의 당간부들과 대중들은 혁명과 전쟁, 그리고 소비에트의 건설을 단기간에 동시집약적으로 겪었다. 중세 말에서 근대 초기 유럽을 휩쓴 마녀사냥의 원인에 대한 유력한 설명의 하나는 14세기 이후 유럽이 겪은 정치적·경제적·사회적·지적 변화와 혼란이 중첩된 총체적 위기 때문이라는 것이다. 중세 유럽의 총체적 위기와 그 산물로서의 마녀사냥은 약 300여 년에 걸친 변화의 결과였다. 간도의 대중들은 소련의 대숙청에 선행한 20여 년의 변화나 유럽의 마녀사냥을 낳은 300여 년에 걸친 변화에 버금가는 급속한 사회적·정치적 변화와 가치관의 변화를 불과 3, 4년이라는 짧은 시간 동안 간도라는 지극히 좁은 공간 속에서 대단히 집약적으로 겪어야 했다. 이런 엄청난 변화가 준 속도감과 충격과 혼란은 이 모든 것을 짧은 시간에 직접 경험한 간도 유격 근거지의 조선인 주민들이 정신적으로 감당하기에는 너무나 벅찬 것이었다. 그 충격과 혼란은 단순한 현기증으로 끝날 일은 아니었다.

분단된 조국에서 그가 계속 민족의 태양일 수는 없었지만, 우리는 그가 북쪽에 있는 형제들의 수령이었음은 인정해야 한다. 형제들의 수령, 그가 세상을 떠났을 때 평양은, 아니 전 이북이 흐느꼈다. 물론 박정희가 죽었을 때도 착한 백성들은 연도에 나가 슬피 울었다. 그러나 그 강도가 똑같았다고 이야기할 수 있을까? 다 독재자들의 세뇌 탓이라고 말할 수 있을까? 조선민주주의인민공화국이라는 거대한 가족국가의 가부장이었던 김일성이 가족국가의 구성원 개개인과 맺은 진한 관계를 무시한다면, 우리는 백번 죽었다 깨어나도 이북을 이해할 수 없다.

| 5부 |

대립을 넘어 화해의 역사로

| 분단 조국의 남쪽에서 바라본 군대와 북녘 |

20세기형 민족주의자, 김일성
_민족의 태양일 수는 없었지만 형제들의 수령이었음은 인정해야

2004년 7월 8일은 이북의 김일성 주석의 10주기가 되는 날이었다. 강산도 변한다는 10년 세월이 훌쩍 흘렀건만, 우리 사회의 김일성에 대한 인식은 과연 어떻게 변했을까? 어릴 때부터 김일성 때문에 통일이 안 된다고 배워왔는데, 이미 그가 세상을 뜬 지 10년이 넘었건만 통일의 길은 아직도 요원하기만 하다. 그러니 그가 적어도 통일의 걸림돌은 아니었다는 점은 확인된 것일까?

'김일성 가짜설'이 고개 숙인 이유

1987년 '6월항쟁' 이후 여러 민족민주 운동단체들과 대학가에서는 한국 사회에 관한 이러저러한 교양 강좌나 학교가 많이 개설됐다. 당시는 〈이제는 말할 수 있다〉 같은 방송 프로그램도 없었기 때문에 현대사에 대한 욕구는 가히 폭발적이었고, 모든 교양 강좌나 민족민주 운동단체가 개설한 학교에는 현대사 강좌가 빠짐없이 들어가게 되었다. 나도 민주화운동청년연합 사업의 일환으로 청년학교를 개설하고 거기서 상근하게 되었는데, 현대사 강의 의뢰가 오면 '동업자'로서 의리 때문에 도저히 거절할 수 없어 여기저기 바쁘게 발품을 팔아야 했다. 그런데 그 시절에는 어디 가서 무슨 얘기를 하든지—박정희 얘기를 하든, 학생운동사를 강의하든, 해방 직후의 민중운동에 대해 얘

기하든, 한국 군부의 형성사를 강의하든 상관없이—첫 번째 나오는 질문은 신기하리만큼 일정했다. "김일성, 진짜예요, 가짜예요?"

1999년 미국에서 돌아와 처음 강단에 섰을 때만 해도 학생들은 모두 '가짜 김일성설'을 배우며, 그렇게 믿고 자란 세대였다. 그런데 2002년경부터 '가짜 김일성설'을 처음 들어본다는 학생들이 나오기 시작하더니 2004년에는 그 수가 절반이 넘는 것 같다. '김일성 가짜설'을 처음 들어보는 학생이 늘어나는 이유는 한편으로는 한국 사회가 민주화되면서 김일성 가짜설 같은 천박한 이야기를 어린 학생들에게 주입하는 일이 적어진 것이고, 다른 한편으로는 수구 분단세력 입장에서 볼 때 살아 있는 김일성에 비해 죽은 김일성은 '위험'하지 않았기 때문일 것이다.

일황 히로히토(裕仁)가 죽었을 때 총리를 조문 사절로 보내는 것에는 큰 소동이 없던 한국 사회는 1994년 7월 8일 김일성의 죽음으로 '조문 파동'에 휩싸이고 말았다. 김일성과 역사적인 남북 정상회담을 보름 정도 앞두고 있던 김영삼이 대통령으로 있던 한국에서 벌어진 일이다. 김정일이 김일성을 승계할 것이 이미 기정사실화된 지 오래인데, 김영삼이 정상회담을 계속 추진할 것이었다면 상주이기도 한 김정일을 만나 어떤 말로 첫인사를 하려 했을까? 정상회담을 하려던 상대방이 뜻하지 않게 세상을 떴는데, 당시 한국 정부는 전군에 비상경계령을 내렸다. 비상사태에 대비하여 당황하지 말고 밟아야 할 조치를 규정해놓은 프로그램이 당연히 있었을 것이다. 그런데 김일성의 유고시에 취할 조치를 규정해놓은 이 프로그램이 혹시 실미도 부대를 운영하던 시절에 만들어놓은 것은 아니었을까? 남쪽의 특수부대가 북쪽의 최고지도자에게 위해를 가한다면, 북쪽이 군사적 보복을 취하는 것은 충분히 예상할 수 있다. 그러나 정상회담을 앞둔 상황이었다면 그에 맞는 조치를 취했어야 한다. 전군 비상경계령에 이어 조문 파동이 일자, 북의 태도는 싸늘하게 변해버렸다.

조문 파동이 있고 한 2년쯤 지나서 내가 공부하고 있던 워싱턴대학에도 이북 사람들이 방문하여 공개 강연을 한 적이 있었다. 이들은 주로 핵 문제와 조·미 관계를 중심으로 제기된 질문에 능란한 화술로 여유만만하게 답했다. 그런데 누군가가 남북 정상회담 개최 여부에 대해 묻자 갑자기 표정이 확 굳어지더니 딱 한마디 했다. "우리 조선 옛말에 절대로 상종하지 못할 놈을 상갓집 앞에서 춤추는 놈이라 했습니다." 남북 정상회담은 김영삼이 물러나고 김대중이 새로이 대통령이 된 뒤에야 추진될 수 있었다.

김일성. 그에 대한 평가는 극과 극이다. 오죽하면 역사에서 유례를 찾을 길이 없는 '가짜 김일성설'이 나왔겠는가? 갈라진 조국의 한쪽에선 그는 민족의 태양인 반면, 다른 한쪽에선 극악무도한 전범이었다. 한쪽에서는 그를 더 이상 떠받들 수 없을 만큼 떠받들었던 반면, 한쪽에서는 무슨 일만 있으면 화형식을 벌였다. 그러나 우리는 김일성이란 이름이 처음 역사에 등장한 1930년대에 우리 민족은 분단되어 있지 않았다는 사실을 기억해야 한다. 물론 그때도 조선 사람임에도 김일성을 공비, 폭도로 매도하고 그를 토벌하러 다닌 사람들이 분명 있었다. 그러나 김일성에 대한 인식이 지금처럼 갈린 것은 아니다.

그는 과연 '괴뢰' 였는가

일제의 기록에 의하면, 국경 지대에서는 사내아이가 태어나면 "김일성 장군처럼 자라라"고 빌기까지 했다고 한다. 당시 김일성은 "일제의 압박에서 벗어나 광복을 쟁취하고자 했던 우리 겨레의 염원에 대해서 무한한 용기와 기대, 그리고 신념을 솟구쳐주는 원천이며 그 상징"이었다. 이런 평가가 사실이라면 그런 인물에게 '민족의 태양'이라는 호칭은 과분한 것이 아니다. 그런데 이런 평가는 이북의 김일성을 좋아하는 사람들이 아니라, 이북의 김일성을 가짜라고 주장하는 사람들의 대표인 이명영이 진짜 김일성에 대해 내린 평가이다.

1970년대에는 술 한잔 걸치고 어릴 때 인민군에게 배운 "장백산 줄기줄기 피 어린 자욱"으로 시작되는 '김일성 장군의 노래'를 흥얼대던 사람들은 죄다 '막걸리 반공법'에 걸려 감옥에 가야 했다. 심지어 무허가 판잣집을 때려 부수는 철거반원을 향해 "야, 이 김일성보다 나쁜 놈아" 하고 외쳤던 아저씨도 반공법의 고무찬양죄─지금은 국가보안법 속에 버티고 있고, 말 많은 국가보안법에서 가장 많은 사람을 잡아들인 조항도 바로 이 조항이다─로 걸려들었다. "김일성보다 나쁜 놈"이란 말이 어떻게 고무찬양이 되냐고? 김일성은 인류가 출현한 이후 가장 나쁜 놈이어야 하는데, 대한민국의 공무를 집행하는 사람들을 감히 김일성보다 나쁜 놈이라 하였으니 그만큼 김일성을 치켜세웠다는 것이다.

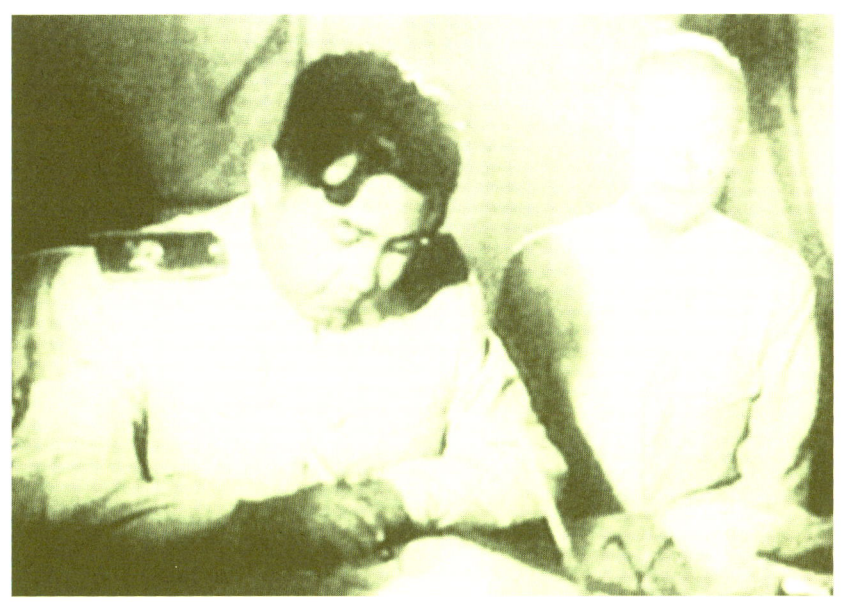

1953년 7월 27일 정전 협정에 서명하고 있는 북한 인민군 총사령관 김일성.

　이런 몰상식한 논리는 물론 좋은 학교 나와서—영문법에서 최상급과 비교급을 같이 쓰면 안 된다는 것은 제대로 배웠음이 틀림없다—고시에 합격한 엘리트 검사들이 만들어냈다. 다행히 이 사람은 1970년 8월 대법원에서 극도의 흥분 상태에서 과장된 표현을 쓴 것에 불과하기 때문에 "북괴의 활동을 고무하는 등 그를 이롭게 하려는 범의가 있었다고는 할 수 없다"는 이유로 무죄 판결을 받기는 하였지만 유치장, 구치소 구경하며 치도곤을 당해야 했다. 이북에서 "김일성보다 나쁜 놈아" 하고 욕을 했다면 감옥에 가는 것이 당연했겠지만, 남쪽에서도 정반대의 이유로 무사하지 못했다. 이런 일을 과거의 코미디라 치부하며 웃어버리는 것은 시퍼렇게 살아 있는 국가보안법에 대한 예의가 아니다.

김일성은 우리 민족이 가장 암울한 상태에 놓여 있던 1937년 보천보전투를 통해 혜성같이 나타났지만, 분단과 전쟁을 거치면서 남쪽에서는 민족의 태양에서 괴뢰집단의 괴수로 전락했다. 괴뢰, 스스로 움직이지 못하는 꼭두각시란 뜻이다. 제 민족을 가리키는 말 중에서 가장 고약한 괴뢰란 말을 남과 북은 서로에게 마구 써먹었다. 지금도 수구언론은 『국방백서』가 '북괴'를 '주적'으로 명시하지 않은 것을 트집 잡고 있다. 김일성을 소련이 내세운 꼭두각시로 모는 것은 해방 직후에 남쪽에서 정권을 잡은 친일파들로서는 불가피한 일이었을 것이다. 그런데 김일성 정권이 1950년대 중반부터 주체를 앞세우고, 자주 노선을 추구했음에도 '괴뢰'란 말은 사라지지 않았다. 더구나 이 '꼭두각시'는 소련의 해체로 자신을 조종할 배후가 없어졌는데도, 여전히 혼자서 춤을 추는 '괴뢰' 치고는 참으로 희한한 괴뢰였다.

친일파와 그 후예들의 웃기는 폄하

김일성은 참으로 많은 것을 성취한 지도자이기도 하지만, 항일무장투쟁 시절부터 꿈꿔온 자신의—아니, 모든 조선 사람의—소중한 꿈을 이루지 못했다. 항일무장투쟁 시절 이래 김일성의 꿈은 조선 민족 누구나가 쌀밥에 고깃국을 먹는 것이었다. 쌀밥에 고깃국은 김일성에게는 사회주의 건설의 완수를 의미하는 것이었다. 김일성은 살아생전에 그 꿈을 이루지 못했을 뿐 아니라, 그의 심장이 고동을 멈춘 직후부터 그를 어버이로 섬기던 이북 주민들이 굶어 죽기 시작했다.

남과 북이 갈라져 있는 한, 김일성에 대한 평가가 일치될 수 없다. 아니, 남쪽 사회 내부에서도 김일성을 놓고 평가가 일치할 수 없다. 그가 항일무장투쟁의 영웅으로만 머물러 있었다 해도 평가가 엇갈릴 수밖에 없는데, 그는 분단과 전쟁을 거쳐 40년이 넘는 기간 동안 첨예한 남북 대결의 주역이었다. 이북의 역사가들은 항일 영웅 김일성의 업적을 너무나 과대 포장했기에, 이북 밖의 학자들은 김일성이 한국 근현대사에서 갖는 의미를 아무리 높게 평가해도 이북 학자들에 비하면 그를 깎아내린 것이 되어버리고 만다.

또 그 주된 원인을 설사 미국 탓으로 돌린다 하더라도 김일성은 이북의 경제난과 인권 문제로부터 자유로울 수 없다. 김일성에 대한 평가가 남쪽 사회 내에서 갈릴 수밖에 없다 하더라도, 한 가지만은 분명히 해야 한다. 친일파와 그 후예들이 김일성의 항일투쟁을 깎아내리는 일만큼은 용인돼서는 안 된다. 민족의 독립과 해방을 위해 단 하룻밤이라도 한데서 새워본 적이 없는 자들이, 자신과 자신의 가족 이외의 사람들의 이익을 위해 단 한 번도 발품을 팔아본 적이 없는 자들이, 영하 40도가 되는 추위의 밀림 속에서 밤을 지샌 투사들을 모욕하게 할 수는 없다. 항일투사 김일성에 대한 폄하는 곧 1930년대 후반 이래의 우리의 항일 민족해방운동에 대한 폄하가 된다.

김일성을 한국전쟁의 '전범'으로 규탄하는 일은 친일파들에게는 더없이 좋은 탈출구였다. 그들에게 모든 역사는 1950년 6월 25일에서 시작하는 것이었다. 그 이전에 우리가 왜 분단됐는지, 분단의 책임은 누구에게 있는지, 누가 일제의 앞잡이였고, 누가 항일을 했는지는 중요하지 않았다. 어떤 과정을 거쳐 전쟁이 찾아왔는지도 전혀 상관이 없었다. 처음 군대를 동원한 자가 모두 뒤집어쓰는 그런 게임이었다. 한국전쟁으로 인한 수많은 사상자들, 특히 민간인 학살의 피해자들이 누구 손에 죽었는가도 상관이 없었다.

김일성은 이런 과정을 거치며 민족의 태양에서 소련의 괴뢰로, 동

족상잔의 비극을 가져온 전범으로 추락해갔다. 분단된 조국의 남녘에서 그가 계속 민족의 태양일 수는 없었지만, 우리는 그가 북쪽에 있는 형제들의 수령이었음은 인정해야 한다. 형제들의 수령, 그가 세상을 떠났을 때 평양은, 아니 전 이북이 흐느꼈다. 물론 박정희가 죽었을 때도 착한 백성들은 연도에 나가 슬피 울었다. 그러나 그 강도가 똑같았다고 이야기할 수 있을까? 다 독재자들의 세뇌 탓이라고 말할 수 있을까? 조선민주주의인민공화국이라는 거대한 가족국가의 가부장이었던 김일성이 가족국가의 구성원 개개인과 맺은 진한 관계를 무시한다면, 우리는 백번 죽었다 깨어나도 이북을 이해할 수 없다.

귀족 영웅 아닌 자수성가형 민족 영웅

김정일의 출생을 두고는 이북의 이데올로기들이 백두산에 샛별이 솟았다느니 하면서 여러 가지 초자연적 현상을 늘어놓지만, 김일성의 출생은 그렇게 미화되지 않는다. 왜냐하면 김일성은 자수성가한 전형적인 민중 영웅이었지, 출생부터 신비스럽게 미화돼야 할 귀족 영웅은 아니었기 때문이다. 일제의 강제 동원이 극심해지던 때, 사람들은 김일성에게 기대를 걸 수밖에 없었다. 그러나 김일성은 소련으로 가버렸고, 그의 활동을 공비의 살인·방화·약탈 만행으로 폄하하면서도 내중들에게 전해주었던 〈조선일보〉〈동아일보〉 두 신문도 사라져버렸다. 그러던 차에 해방이 되고 김일성이 나타났다. 그것은 죽은 줄 알았던 홍길동이나 홍경래, 또는 로빈 후드의 귀환이었다. 그리고 그는 인민위원회를 조직하여 위원장이 되어 그의 이름으로 땅을 나누어주고, 각종 조직을 만들어 주민들을 참여시켰다.

김일성이 임시인민위원회를 만들고 처음 내린 정령은 연필 생산에 관한 것이었다. 배우지 못한 한을 품은 사람들을 김일성은 감동시킬 줄 알았다. 많은 사람들이 김일성의 이름으로 실시된 개혁을 통해 수백 년 조상을 거슬러 올라가 봐도 처음으로 자기 이름으로 된 땅을 갖게 되었고, 인민위원회다 농민동맹이다 여성동맹이다 하는 각종

김일성 주석이 세상을 떠났을 때 전 이북이 흐느꼈다.(왼쪽) 남한 언론은 조문 논쟁을 일으키며 남북 관계를 냉전 시대로 되돌려놓았다.(오른쪽)

조직의 감투를 쓰게 되었다. 그리고 자기 이름 석 자를 쓸 줄 알게 되었다. 그는 비록 이북의 역사가들이 주장하고 싶어하는 것처럼 조선인민혁명군을 이끌고 일본군을 삼대 쓸듯 물리치며 군사적 해방을 쟁취한 짜릿한 순간을 연출하지는 못했다 하더라도—세계사에서 이 수준의 혁명을 달성한 지도자는 몇 안 된다—분명히 혁명의 창건자로서 위치를 누릴 수 있었다. 혁명의 창건자, 이는 스탈린이나 덩샤오핑도 넘볼 수 없는, 한 나라에서 오직 한 명의 혁명가만이 누릴 수 있는 자리였다.

김일성은 공산주의자였지만, 또한 민족주의자였다. 1920년대나 1930년대에 소련인이 아니라면, 공산주의자인 동시에 민족주의자가

된다는 것은 위험한 일이었다. 국제 공산주의운동에서 소련의 권위는 소련이 잘해서 생겼다기보다는 국제 공산주의운동의 대의에 자발적으로 복종한 각 나라 공산주의자들의 충성심에서 비롯된 것이라 할 수 있다. 레닌이 죽고 스탈린이 일국 사회주의 노선을 제기하자, 국제주의자를 표방하는 각 나라 공산주의자들의 임무는 소련을 보위하는 것이 되었다.

민족주의자, 그리고 실용주의자

민족주의자의 아들로 태어나 만주땅에서 공산주의 운동에 투신한 김일성은 중국 공산주의자들과의 협력과 갈등, 특히 조선인 항일투사가 최소 500명 이상 희생된 민생단 사건을 통해 남다른 민족주의를 체득할 수 있었다. 전후의 공산국가 지도자로서는 특이하게 중국공산당과 소련의 감옥을 모두 체험한 김일성은 약소 공산국의 지도자 수업을 온몸으로 단단히 치렀다. 원래 공산주의자들은 민족주의를 부르주아지의 전유물로 보면서 비판해왔고, 이북도 이 점에서 예외는 아니었다. 그러나 1990년대에 들어와 민족주의에 대한 이북의 평가는 단순한 변화가 아니라 '전복'이라 부를 만큼 달라졌다. 종래 민족주의를 부르주아 민족주의와 동일시하면서 부정적으로 보았던 이북은 1999년에 간행된『조선대백과사전』에서 민족주의는 민족의 이익을 옹호하는 사상이라고 하여 긍정적으로 보았다.

민족주의에 대한 사전상의 정의의 변화는 김일성 자신이 민족주의에 대해 말하고 있는 것에 비하면 오히려 소극적이라고 할 수 있다. 1986년 김정일의 '조선민족제일주의론'의 제기나 1990년대에 들어와 단군릉을 거대하게 지은 것도 다 민족주의자로서 김일성의 색깔이 드러나는 것이라 할 수 있다. 회고록에서 김일성은 아예 자신을 공산주의자인 동시에 민족주의자라고 규정하고 있다. 김일성은 민족주의 앞에도 '진정한'이란 수식어를 붙였지만, 공산주의 앞에도 역시 '진정한'이란 수식어를 붙이면서 이렇게 말했다. "사회주의 혁명이 민족국가 단위로 진행되는 새로운 역사적 조건 하에서 식민지 나라들에서의 진정한 민족주의와 진정한 공산주의 사이에는 사실상 깊은 심연도 차이도 없다. 〔……〕 진정한 공산주의자도 참다운 애국자이며 또 진정한 민족주의자도

덩샤오핑과 만나는 모습.

참다운 애국자라고 보는 것은 나의 변함없는 신조이다. 그러므로 나는 우리 자신을 공산주의자인 동시에 민족주의자이며 민족주의자인 동시에 공산주의자라고 서슴없이 말하는 것이다."

김일성은 1992년 자신의 80살 생일을 맞이하여 『세기와 더불어』라는 이름의 회고록을 펴냈다. 그의 갑작스러운 사망으로 회고록은 1945년 항일투쟁 시기를 다루는 8권에서 중단됐다. 그는 책 제목과 관련하여 "20세기와 더불어 흘러온 나의 한생은 그대로 우리 조국과 민족이 걸어온 역사의 축도"라고 말했다. 이 회고록의 1권과 2권은 민족주의자라고 커밍아웃을 한 김일성이 자신의 선배이자, 자기 아버지의 친구이자 후배들이었던 민족주의자들에게 바치는 따뜻하며 가슴 에이는 헌사였다.

'세기와 더불어'라는 제목이 상징하듯 김일성은 20세기의 인간이

었다. 그는 누구보다 부국강병에 기초한 근대화를 추구한 20세기형 민족주의자였다. 그는 누구보다 철저한 실용주의자였다. 덩샤오핑은 쥐를 잘 잡는다면 검은 고양이면 어떻고 흰 고양이면 어떠냐는 흑묘백묘론을 설파하여 유명해졌지만, 많은 사람들은 김일성이 그보다 25년 전에 밥만 잘 먹을 수 있으면 되었지 왼손으로 먹건 오른손으로 먹건 무슨 상관이냐는 말을 하였다는 것을 기억하지 않는다. 작은 나라 이북에서 그의 말은 법이 되고 그의 경험은 철학이 되고 이데올로기가 되었다. 그는 누구도 넘볼 수 없는 권위와 권력을 누렸고, 유례가 없는 권력 승계를 이루었다. 나도 사회주의 국가를 표방하는 나라에서 벌어진 부자간의 권력 승계가 탐탁지는 않다. 그러나 이를 비난만 하다 보면, 정치권력은 부자지간에도 공유할 수 없다는 상식을 깨

『세기와 더불어』에 실린 김일성의 유격대 활동 상상도.

평양의 만수대 김일성 주석 동상. 김일성이 가족국가의 구성원 개개인과 맺은 진한 관계를 무시한다면, 우리는 백번 죽었다 깨어나도 이북을 이해할 수 없다.

고 김일성-김정일 부자가 함께 20년가량 북을 다스린 사실을 잊게 된다.

레닌이나 호치민이 되기에는…

어버이 수령이라는 봉건적으로 보이는 권위로 무장한 그는 분명 민주주의를 신봉하는 자유주의자들이 좋아할 수 있는 유형의 지도자는 아니다. 대통령 씹는 것이 일상화된 남쪽의 시각으로는 장군님의 사진이 비 맞고 있다고 금방 닭똥 같은 눈물을 흘리는 이북 사람들이 낯설 수밖에 없다. 그러나 이북 사람들에게는 저기 멀리 있는 대통령은 잘근잘근 잘도 씹어대면서 사장님은 고사하고 부장님, 과장님 앞에만 가도 "그대 앞에만 서면 나는 왜 작아지는가" 하며 얌전히 〈애모〉 노래만 불러대는 우리의 모습이 이해가 안 될 것이다.

    김일성, 그는 레닌이 되기에는 너무 오래 집권했고, 호치민이 되기에는 일가친척이 너무 많았을지 모른다. 그러나 그의 역사를 가벼이 보아서는 안 된다. 나중에 비록 왜곡됐을지언정, 그가 세운 나라에는 분명 동학 농민군의 꿈과, 의병과 독립군의 꿈과, 항일 빨치산의 꿈이 담겨 있었다. 그가 세운 나라는 어린 누이가 빚에 팔려 첩살이 가는 것을 보고 발을 동동 구르던 사람들이 당 간부가 되고, 장군이 되고, 최고인민회의 대의원이 된 그런 나라였다. 소수의 빨치산만이 아니라 사회의 전체 구성원이 건국 반세기 이후에 한국전쟁 때보다 더 힘들었다는 고난의 행군을 겪어야 했던 나라의 지도자 김일성. 10년이란 세월은 아직 형제들의 수령을 평가하기에는 이른 것일까?

북한 연구의 큰 별이 떨어지다
_김남식 선생이 남겨놓고 간 것

김남식 선생이 돌아가셨다. 일반 시민들에게 널리 알려진 분은 아니지만, 통일 문제나 북에 대한 연구와 실천을 해온 사람들에게는 스승과도 같은 분이다. 그분의 빈소에 후학들이 모여 고인을 추모하면서 이런저런 옛 이야기를 나누다 보니, 남에서 북을 어떻게 이해해왔는지에 대한 변천사가 자연스럽게 정리됐다.

차린 건 많은데 먹을 게 없던 북한 연구

북괴, 지금은 들어보기 힘든 말이 되었지만 1980년대 중반까지만 해도 북을 '북괴'라 하지 않고 북한이라고 부르는 것도 사실 용기가 필요했다. 용례가 가장 풍부하다는 『우리말 큰사전』에도 올라 있지 않은 말로 우리는 제 동포의 절반을 불러왔다. 1980년대 북에 대한 새로운 관심이 막 일어날 무렵, 어느 한국 문학 교수는 '북괴'라는 말을 "제 민족을 가리키는 말 중에 가장 고약하고 야비한 말"이라고 했다. 다른 것은 다 해도 통일만은 않겠다는 뜻이 똘똘 뭉친 용어가 북괴라는 것이다. 북괴는 그저 때려잡고 처부수고 무찔러야 할 그런 대상이었다.

1988년 서울 올림픽을 앞두고 한 일간지가 흥미 있는 여론조사를 실시했는데, 북과 미국, 북과 일본, 북과 소련이 축구 경기를 할 경우 어느 팀을 응원하겠냐는 것이었다. 결과는 북 · 미 경기는 말할 것도 없고, 북 · 일, 북 · 소의 경기까지 모두 북이 아니라 상대 팀을 응원하겠다는 사람들이 다수였다. 북 · 일간의 경기에서 많은 사람들이 같은 민족인 북을 제쳐두고, 우리에게 큰 불행을 안겨주었던 일본을 응원하겠다고 나선 것은 분명 반공의식이 민족의식을 압도한 결과였다. 그리고 같은 공산권인 북 · 소간의 경기에서 소련을 응원하겠다는 사람이 더 많은 것은 반공의식의 핵심은 바로 반북의식이었음을 보여주는 증거였다.

북한 연구는 한국의 인문사회과학계에서 단일 주제로는 아마도 가장 많은 연구 논문과 저서가 쏟아져 나온 분야일 것이다. 1963년부터 1994년까지 나온 석 · 박사학위 논문만 해도 1천 편이 넘고, 분단 이후 1986년까지 발간된 단행본이나 논문이 3천 건에 가까우니 이만큼 많은 연구 결과물이 나온 분야는 거의 없다. 그런데 문제는 차린 건 많은데 먹을 건 없다는 점이다. 그 3천 건 중에 독자적인 학술적 가치가 조금이라도 있는 논문이 100건이 넘을까? 사실 북에 대한 학문적 연구는 1990년대부터 본격화됐다고 해도 과언이 아니다. 북을 둘러싼 문제가 한반도의 장래에 결정적인 변수가 된 2000년대에 들어와 새로운 세대의 대표주자 격인 이종석, 서동만 등이 정부 요직에서 활약하게 된 것도 결코 우연한 일은 아니다.

한국 민주화운동의 지적 역사에서 1970년대 후반과 1980년대 초반은 복사의 시대였고, 1980년대 중반은 번역의 시대였다. 1970년대 후반에는 하와이대 서대숙 교수의 『한국 공산주의 운동』(Korean Communist Movement) 같은 책이 해적판으로 돌았는데, 험한 시대이

2005년 1월 7일 타계한 북한 연구자 김남식 선생의 빈소에서 한 방문객이 분향하고 있다. 그는 북한 연구 분야에서 등대 같은 존재였다.

다 보니 학생운동 출신의 영인본 업자는 책표지를 떼하니 『한국 민족주의 운동』(Korean Nationalist Movement)으로 바꿔 출판했다. 꼭 이 책 제목 탓은 아니었겠지만, 한국 사학계 내에는 우리가 흔히 민족주의자라 부르는 사람은 사실 친일파 내지는 타협파였고, 공산주의자들이야말로 진짜 민족주의자였으며, 민족을 초월한 진짜 공산주의자는 존재하지 않았다는 주장도 있다.

나도 1986년에 버클리대학의 스칼라피노 교수와 펜실베이니아대학의 이정식 교수가 같이 쓴 『한국의 공산주의』(Communism in Korea)의 1부 '운동편'을 『한국 공산주의 운동사』란 제목을 달아 3권으로 번역해서 출간했다. 비슷한 시기에 서대숙의 책도 원래의 제목을 회복하여 『한국 공산주의 운동사』란 제목으로 출간됐다. 이북의 김일성이 '가짜' 김일성(『대한민국史 02』 '김일성 가짜설 누가 퍼뜨렸나' 참고)이 아니라고 사실대로 써놓은 두 책은 출판사 사장이 잡혀가는 정도의 곤욕을 치르지는 않았지만, 금지 도서 목록에는 그 이름을 올려놓았다.

'넘어 넘어', 그리고 또 '넘어' …

미국 유학 시절 한 세미나에서 『한국의 공산주의』를 갖고 토론한 적이 있었다. 그런데 평소에 상당히 보수적이었던 미국 학생들은 이 책이 너무 보수적·반공적이라고 비판한 반면, 진보적인 얘기를 많이 하던 나는 열심히 이 책을 옹호했다. 팔은 안으로 굽는 법, 번역자인 내가 이 책에 대해 좋게 이야기하는 것은 당연했는지도 모른다. 그런데 내가 이 책을 좋게 얘기한 것은 단순히 번역자였기 때문만은 아니다. 미국에 가기 이전까지 내가 국내에서 읽은 책들 중에서 이 책만큼 '객관적'으로 쓰인 책도 없었다. 이 책은 무엇보다 김일성의 실체를 인정했을 뿐 아니라, 북에 대해서도 〈로동신문〉이나 〈근로자〉 등 원사료를 충실히 이용하면서 북에서 일어난 사실들을 '있는 그대로' 서술하고 있었다. 반공의 본산 미국의 보수적인 대학원생들이 너무 보수적이고 1950년대식의 전체주의 연구 방법론의 시각에서 북을 다루었다고 비판하는 책이, 1980년대 후반의 한국에서는 공식적으로는 금지 도서요, 북한 바로알기 운동의 최일선에 서서 정신없이 지내던 내게는 상대적으로 좋은 책으로 보일 수밖에 없었던 것이 우리의 현실이었다.

1980년대 후반, 남쪽에서 북과 관련된 최대의 베스트셀러는 『분단을 뛰어넘어』였다. 그 시절 참 넘어야 할 것도 많았다. 1980년대의 질풍노도의 시대를 연 책이 광주의 학살과 저항을 기록한 『죽음을 넘어, 시대의 어둠을 넘어』였고, 그 책을 줄여서 '넘어 넘어'라 불렸는데 또 '넘어'가 나왔으니 말이다. 『분단을 뛰어넘어』는 1983년 미국에서 통일운동을 하던 선우학원·최익환·양은식·진순태 선생 등 교수, 사업가 등이 처음으로 북을 방문한 뒤, 이듬해인 1984년에 펴낸 고향 방문기였다. 동포사회에서 화제를 불러온 이 책이 국내에 들어와 복사본으로 돌다가 출판된 것이다. 북에 대한 글이라곤 악의로 가득 찬 반공 서적 외에는 볼 수 없었던 우리 세대에게, 미국에서 민주화운동과 통일운동을 해온 이산가족 출신 해외동포들의 고향 방문기는 그야말로 충격과 감동이었다.

1987년 6월항쟁 이후 직선제 선거에서 민주 진영은 분열되고 노태우가 당선됐다. "죽 쒀서 개 줬다"란 말이 이때처럼 실감난 적도 또 없었다. 그런데 개가 죽 먹는 동안이었는지는 몰라도, 서울 올림픽을 치른 1988년은 아마 해방 직후를 빼곤 단군 이래 최대의 언론 자유를 누린 시기였다. 충분하진 않았지만, 민주화투쟁의 성과로 얻어낸 새로운 열린 공간에서 이제 통일운동이 대중 속에서 시작됐다. 당시 통일운동의 주된 과제는 '북한 바로알기'일 수밖에 없었다. 그 무렵 '북한 바로알기 운동'에서 손꼽히는 강사는 몇 명 안 되었는데, 사람이 없다 보니 나도 그중의 한 명이었다. 바닥이 좁다 보니 강사들끼리 다 잘 아는 사이였고, 가끔씩 밥도 같이 먹으며 안부도 묻고 나름대로 정보도 교환했다. 사실 그때 비슷한 처지에 있던 사람들끼리 제일 궁금했던 것은 어디까지 이야기해도 괜찮은지였다. 서로 무슨 얘기 어떤 식으로 했느냐고 묻다가 "그런 얘기 하고도 안 잡혀가? 요새 안기부는 뭐 하나?"하며 까불기도 했고, '아, 저 정도까지는 얘기해도 되는 건가' 하고 수위를 조절하기도 했다. 사실 그때는 북한 바로알기 운동을 벌이는 사람들이나, 이를 단속하는 기관원들이나 새로운 상황에서 기준을 상실한 그런 시기였다. '물태우' 별명을 얻은 노태우가 문익환 목사가 방북한 뒤, '날 물로 보지 마'라며 공안정국을 불러온 1989년 봄이 올 때까지는.

당시의 상황에서 북한 바로알기 운동은 필연적인 요구였으나, 이를 감당할 만한 역량은 사실 준비돼 있지 않았다. 나를 포함하여 그때 잘나가던 강사들도 어디서 제대로 북에 대해 공부한 적이 없었다. 한 1년쯤 학보 같은 데다 조각글 쓰고 났더니 그나마 책 번역하면서 공부한 것은 다 바닥이 났다. 북에 대해 독학으로라도 공부하고 싶어도 쉽게 구할 수 있는 책들이란, 읽고 있으면 이런 책 계속 읽어야 하나 하고 처량한 생각이 들 정도의 한심한 책들이 대부분이었다. 요즘이야 연구자들이 북에서 나온 책들을 비교적 쉽게 구해서 읽어볼 수 있지만, 그때는 정말 어려웠다. 그래도 나는 책을 번역하면서 이정식 선생 소개로 안정적으로 북쪽 자료를 볼 수 있었지만, 북쪽 자료를 갖고 있는 기관조차 많지 않았다. 통일원만 하더라도 1960년대 이전 자료는 거의 없었다.

북한 연구자 서대숙(위), 이정식(아래) 선생. 그들의 저작은 남한에서는 진보적이라는 평가를 받은 반면, 미국에서는 너무 보수적·반공적이라고 비판했다.

남파됐다가 전향했던 비운의 인생

김남식 선생은 1980년대 후반 실천운동의 차원에서 북한 바로알기 운동이 처음 벌어지고, 또 젊은 연구자들이 북을 학문적 연구 대상으로 삼기 시작할 무렵 등대가 되어주신 분이었다. 선생은 일제 말기에 민족해방운동에 투신하셨고, 해방 이후에도 남로당 활동을 하다가 월북한 분이다. 1960년대 중반 남파됐다가 검거된 후 전향하여 기관 쪽 일을 많이 보았다. 그러면서도 『북한총감』(1968), 『실록 남로당』(1974), 『남로당연구자료집』(1974) 등의 책을 펴냈다. 『실록 남로당』은 선생이 신문에 연재한 것을 모아 책으로 펴낸 것으로, 1970년대라는 시대적 제약과 신문 연재라는 형식적 제약이 겹친 것이었는데, 이를 손보아 1984년에 『남로당연구』라는 제목으로 자료집과 함께 재출간을 했다. 그런데 마침 내가 이정식·스칼라피노 두 분의 『한국 공산주의 운동사』를 출간하기로 하고 번역하고 있던 곳과 같은 출판사라서 인사를 드리게 되었다.

그 뒤 출판사에 있던 선배의 '명령'으로—사실은 모 운동단체의 활동 자금을 마련하기 위해—『한국 현대사 자료총서』를 기획하게 되었다. 당시는 워낙 자료가 부족했던 시대라 온갖 부지런을 떨며 현대사 자료를 모았다. 좌익 자료도 일부 있었지만 주로 우익·중도 자료였는데, 김남식 선생은 해방 이후의 귀중한 자료들, 특히 좌익 쪽 자료들을 많이 보관하고 계셨다. 선생이 모아놓은 자료와 내가 모아둔 자료를 합쳐보니 두꺼운 자료집으로 15권 분량이 되었다. 선생이 아니었다면 조선공산당 기관지 〈해방일보〉, 남로당 기관지 〈노력인민〉 등 희귀 자료들은 연구자들에게 전해지지 못했을 것이다.

나는 선생을 모시고 『한국 현대사 자료총서』 편집을 한 덕에 다른 젊은 연구자들보다 일찍 선생의 가르침을 받을 수 있었다. 선생님은 참 막힘이 없는 분이셨다. 공부하다가 모르는 것이 있어 여쭤보면 "아, 그건 말이야" 하면서 특유의 손짓을 하며 즐겁게 설명해주셨다. 현대사의 굴곡이 온몸에 상처로 남을 수밖에 없는 처지였던지라 정식으로 대학 강단에 서실 수 없었지만, 선생은 북한 연구의 길에 갓 들어선 젊은 연구자들에게 나침반과도 같은 역할을 해주셨다. 지금 대학에서 현대사를 가르치는 사람들이 공부를 시작하던 1980년대에는 어디서도 현대사를 가르치지 않았다. 1880년대 개화파 청년들이 백의정승 유대치의 약방을 드나들며 가르침을 받았듯이, 1980년대의 현대사 연구와 북한 바로알기에 나선 젊은 연구자, 활동가 들에게 선생은 백의정승 유대치와도 같은 존재였다. 1990년대 이후 전혀 다른 차원에서 새롭게 시작된 북에 대한 연구를 주도한 젊은 연구자들 중에 그의 학은을 입지 않은 사람은 없다고 해도 과언이 아니다. 나도 언젠가 글을 하나 틀리게 썼다가 책방에서 우연히 뵈었을 때 1시간가량 노상 강의를 들은 적이 있다.

1986년 '김일성 사망' 보도의 정곡을 찔러

1986년에 김일성이 사망했다고 해서 한바탕 소동이 벌어진 적이 있었다. 모든 신문이 주먹만 한 활자로 '김일성 사망'을 1면 톱으로 뽑았는데, 〈중앙일보〉만 '설'이라는 한 글자를 더 써서 망신을 덜 당했다. 대한민국의 북한 전문가란 사람들은 모두 김일성 사망의 원인에 대해 나름대로 분석을 내놓았고, 몇몇 사람들은 마치 자기들이 김일성이 죽는 장면을 보기라도 한 듯 오버에 오버를 거듭했다. 그때 신중하게 김일성 주석이 사망한 것 같지 않고, 또 설혹 사망했다 하더라도 북이 저런 식의 반응을 보일 리 없다는 태도를 보인 전문가는 내 기억으로는 선생밖에 없었다.

격동의 현대사에 온몸을 내던졌다가 살아남은 사람은 많지 않다. 그 몇 안 되는 사람 중 한 분인 김남식 선생은 살아남은 자의 슬픔을 간직한 채 살아남은 자의 도리를 다하고자 했다. 그는 이름도 남기지 못하고 죽어간 옛 벗들의 사랑과 열정을 기록으로 남기는 데 혼신의 힘을 다했다. 남쪽에서의 삶을 시작하게 된 1960년대 중반부터 그는 처음에는 노예의 언어로나마 자료를 남기고 기록을 해두셨고, 노년에는 주인의 언어로 젊은 날의 꿈을 새로운 현실 속에 이어갔다.

실천운동으로서의 북한 바로알기 운동과 학문적 차원에서 진행된 북에 대한 연구는 중첩된 영역을 가질 수밖에 없지만, 성격과 독자나 청중이 기본적으로 다른 일이다. 그러나 초기에는 어쩔 수 없이 두 일이 분화되지 않은 채 진행됐다. 그러다 보니 북을 연구한다는 사실만으로도 부당하게 주사파 취급을 받는 일도 왕왕 있었다. 그럼에도 1980년대 말에는 북을 연구하겠다는 사람들이 부쩍 늘어났다. 그러다가 동구 사회주의 국가들이 무너지고 소련이 넘어지자, 유행처럼 몰려들었던 연구자들이 썰물처럼 빠져나갔다. 김일성 주석이 세상을 뜨자마자 북에는 자연재해가 몰아닥쳤고, 사람들은 굶어 죽어갔다. 북을 다룬 어떤 논문의 제목은 〈3분에서 3년까지〉였다. 북의 붕괴는 피할 수 없는 일이고 시간문제일 뿐인데, 지금 당장 북의 체제 붕괴 소식이 들려와도 하나 이상할 것 없고 잘 버텨야 3년이라는 것이었다.

그런데 북은 예상을 뒤엎고 살아남았다. 서방이나 남쪽의 언론매체들은 이북이 너무나 예측할 수 없고 변덕스럽다고 비난하곤 한다.

그러나 북의 진짜 문제는 북이 너무나 예측 가능하다는 점이다. 1930년대 항일무장투쟁 시기에 확립된 북쪽 지도자들의 기본적인 정책 방향은 전혀 변화되지 않았다. 1950년대 김일성이 한 연설문의 전문은 당 기관지인 〈로동신문〉에 아직도 종종 실려 오늘날의 북한 주민들에게 지침으로 제시되고 있다. 서방 세계에서는 이미 설득력을 상실한 '전체주의 이론'은 아직도 탈냉전 이후 서방의 북에 대한 인식을 지배하고 있다. 북에 대한 이런 판에 박힌 인식은 외부 사람들이 북을 더 잘 이해하는 것을 방해하고 있다. 북의 핵 개발을 둘러싼 의혹이 고조됐을 당시에도 서방의 정책 결정자들과 관찰자들은 북에 대한 자신들의 인식을 변화시키지 않았다. 북을 보고 새삼스럽게 '벼랑 끝 전술' 운운하지만, 북은 한국전쟁 이래 언제나 벼랑 끝에 서 있었다.

북에는 민망한 지진해일 성금액

남에게 북은 늘 위험한 존재였다. 그러나 1990년대 중반 이후 이런 이미지는 갑자기 변해버렸다. 무서운 존재에서 통일되면 거지떼가 되어 몰려올지 모를 귀찮은 존재가 되어버렸다. 이러니 늑대 팔아먹으며―학계에서는 '적대적 의존'이라 부른다―살아온 수구세력의 서식 환경은 자꾸 파괴되는 것이다. 북에 대한 또 하나의 정형화된 사고는 북은 절대로 변하지 않는다는 명제를 고집하는 일이다. 이는 생각보다 뿌리 깊은데, 서구에서는 전체주의적 시각에서 공산체제를 바라볼 때 나타난다. 동구가 무너질 때 같이 무너진 이론인데, 북이 살아남은 탓인지 한반도 남쪽에서는 여전히 건재하다.

과연 북은 변하지 않았는가? 개성공단 문제를 입장 바꿔놓고 생

1969년 6월 서울 동대문 일대에서 벌어진 청소년들의 반공 시가행진 대회. 플래카드에 적힌 '북괴'라는 용어는 당시 아주 일반적으로 쓰였다. (대한민국 정부기록 사진집)

각해보자. 일본 자본을 끌어들이려던 나진선봉지구가 실패했다. 중국 자본을 유치하려던 신의주 특구도 아무런 성과를 거두지 못했다. 북은 평야 지대에 배치된 최정예 부대를 뒤로 빼고 개성 일대를 공단으로 제공했다. 북의 입장에서는 한국전쟁 때 엄청난 대가를 지급하고 그나마 얻은 땅을 내놓은 것이다. 그런데 겨우 냄비를 생산했다. 교회 나간다면 "시작은 미미하나 그 끝은 장대하리라"는 성경 말씀으로 위로라도 해보겠지만, 성경과 담쌓은 공산주의자 동포들 보기 민망할 따름이다. 만날 삽질하는 사병 수를 '몰래'—〈조선일보〉의 허가를 받지 않고(?)—9천 명 줄였다고 난리치는 우리나라는 과연 남북관계에서 북이 변한 만큼 변한 것일까? 남아시아 지진해일 피해에 정부가 5천만 달러 지원을 약속했고 어쩌면 총액 1억 달러를 복구비로 지원하게 되리라는 보도가 있었다. 잘한 일이다. 그런데 제발 그 소식이 가족 중에 누군가가 굶어 죽어간 북녘 동포에게는 전해지지 말았으면 한다. 수구세력이 '퍼주기'라고 거품을 물던 대북 식량지원 총액이 얼마던가? 생각하기조차 민망할 뿐이다.

대한민국 사병은 똥개인가
_언제까지 "까라면 까"라고 강요할 것인가

2002년 가을 〈한겨레21〉 추석 합본호(427호)는 당시 평균 2만여 원에 불과하던 사병 월급 문제를 처음으로 제기했다. 독자들은 뜨거운 반응을 보였지만, 처음 편집진에 사병 월급 문제를 다뤄야 한다고 문제를 던졌을 때, 편집진의 반응은 좀 미지근한 편이었다. 특히 군대 갔다 온 남자 기자들은 대한민국 국민이 다 아는 문제인데 새삼 무슨 얘깃거리가 되겠느냐며 고개를 저었다. 그때 여기자 한 사람이 잔 다르크 언니처럼 나서주어 대한민국에서는 처음으로 일반병의 월급 문제를 갖고 일을 꾸미게 되었다. 나름대로 공들여 같이 작업하고 책이 나오기를 기다리다가 가판에 깔린 책을 보는 순간 얼굴이 화끈거렸다.

끔찍한 '화장실의 추억'

표지에 큰 활자로 '대한민국 사병은 거지인가'라고 박혀 있었기 때문이다. 일당 700원이 말이 되느냐고 거품을 물며 문제를 제기했지만, 막상 매우 '선정적'인 제목을 보자 민망하기도 하고 또 난감하기도 했다. 그러다가 일단 이렇게 나온 거, 제목 잘 달았다고 생각을 고쳐먹기로 했다. '그래, 어느 거지가 아무리 목을 잘못 잡았다고 한들 하루에 700원을 못 벌겠어?' 하고…. 사병 월급 문제는 임박한 대통령 선거와 시기가 맞물리면서, 각 당 후보들이 공약으로 받게 되었고, 불과 2년 사이에 월급은 무려(?) 70% 이상 오르게 되었다. 워낙 출발점이 낮다 보니 70%가 올라도 평균 3만 5천 원가량에 불과하지만, 그래도 55만 사병의 월급을 그만큼 올리려면 한 해에 1천억 원 안팎의 예산이 드니 참 비싼 글을 쓴 셈이다.

'대한민국 사병은 거지인가'라는 제목을 보고 민망한 마음이 들었던 때로부터 2년여의 시간이 흐른 지금, 우리는 '대한민국 사병은 똥개인가'를 논해야 하는 더더욱 참담한 현실을 맞고 있다. 세계 최대의 단위부대로, 한국의 모든 훈련소 중에서 가장 앞서간다는 논산 훈련소에서 중대장이 화장실 청소가 잘 안 되었다는 이유로 훈련병들에게 변기의 인분을 찍어 먹게 한 사태가 발생한 것이다. 사건이 나자 인터넷에는 온갖 이야기가 난무했다. 나도 찍어 먹었다는 사람도 많았고, 찍어 먹지는 않았어도 변기통에 '대가리 박아'를 해야 했다는 사람도 있고, 요즘 군대 많이 좋아져서 안 그렇다며 중대장이 이상한 사람이라는 의견도 상당히 올라왔다. 대한민국에서 사병으로 군대생활을 한 사람이라면 누구나 다 '화장실의 추억'을 갖고 있을 것이다. 나도 논산에서 훈련받을 때 화장실 청소 때문에 밥 먹다가 이단 옆차기를 당한 적이 있다. 선임하사가 "○번, 화장실 청소시키고 보고해"라고 하필이면 내 번호를 불렀는데, 내무반에 밥이 도착하자 다들 청소하다 말고 '밥이다' 하고 가버린 것이다. "아까 지시받은 놈 누구야" 하는 불호령에 엉거주춤 일어나는데 바로 이단옆차기가 들어온 것이다. 밥 먹을 때는 개도 안 때린다는데, 아, 군인은 개만도 못하구나 하는 것을 제대로 실감했다.

인분 사건. 참으로 참담한 심경이지만, 우리는 그동안 군이 사병들의 인권을 개선하기 위해 나름대로 많은 노력을 기울였고, 상당한 성과를 거두었음을 잊어서는 안 된다. 요즘 군대가 많이 좋아진 것도

충남 논산시 육군훈련소 '인분 사건' 실사를 나온 열린우리당 소속 국회의원들.

사실이다. 2년 전부터 '군대와 사회'라는 과목을 만들어 가르치고 있는데, 첫 시간에는 주로 복학생들에게 '나의 군대생활'이란 주제로 체험담을 발표토록 한다. 군 수뇌부의 거듭된 구타 및 가혹행위 근절 지시에도 불구하고 여전히 구타와 가혹행위가 남아 있는 것도 사실이지만, 입대에서 제대까지 2년여 동안 뺨 한 대 맞은 일 없었다는 사람들도 있어서 부러운 탄식을 자아냈다. 제비 한 마리 왔다고 봄이 온 것은 아니지만, 그래도 반가운 것은 사실이다.

군대에서 제일 많이 듣는 말 중 하나는 "요즘 군대 많이 좋아졌다"라는 말이다. 1960, 70년대에는 "지금이 쌍팔년(단기 4288년으로 1955년) 군대냐"라는 말이 있었고, 내가 군대에 잡혀갔던 1980년대 초반에는 "지금이 유신군대냐"라는 말이 유행했다. 어디 말뿐이랴.

실제로 군대는 많이 좋아졌고, 또 좋아지고 있다. 그러나 이런 노력의 와중에 왜 참담한 일이 또 벌어지는 것일까? 뒤이어 고참병의 가혹행위 등으로 인해 자살한 사병들 이야기가 연달아 보도되었다. 인분 사건뿐 아니라 사병들의 자살이 크게 부각된 것은 그런 사고가 최근에 갑자기 집중적으로 발생했기 때문은 아니다. 한국 사회의 민주화가 어느 정도 진전되면서 시민들의 인권의식도 향상되었고, 이제 군도 더 이상 시민사회의 눈길이 미치지 않는 성역으로 존재할 수 없게 되었기 때문에 과거 같으면 쉬쉬하고 넘어갔을 일들이 드러나게 된 것이다.

군대가 좋아진 것은 사실이지만, 사회는 더 빨리 더 많이 좋아졌다. 군에 몸담고 있는 분들은 오늘의 군을 과거의 군과 비교하면서 군이 좋아진 점만 강조하지만, 입대한 청년들이나 언론은 바깥 사회와 군을 비교하게 마련이다. 지금은 군사반란으로 집권한 독재자들 밑에서 온 사회가 거대한 병영이 되었던 시절이 아니다. 물론 병영국가의 잔재를 제대로 청산하지 못했지만, 한국은 다른 나라에 비해 놀라운 속도로 민주화와 경제 발전, 교육 기회의 확대를 이룩해왔다. 민주화와 경제 발전은 당연히 개인의 권리의식의 성장과 물질적 풍요를 가져왔다. 1950년대에는 우리 사회에서 가장 현대화된 집단이 군이었고, 바로 이 점이 군사독재가 30년간 지속될 수 있는 주요한 동력으로 작용했다. 문맹이 많고, 농촌 청년이 조직생활의 경험도, 과학기술과의 만남도 갖기 어려웠던 1950년대나 60년대에는 "군대 갔다 와야 사람 된다"라는 말이 나름대로 힘을 갖고 있었다. 그러나 사회가 군을 훨씬 앞질러간 80년대 이후 군대가 아무리 많이 좋아져도 민간과의 상대적 격차는 더 크게 벌어질 수밖에 없다.

폭력의 전가와 화풀이를 강요하는 제도

군이 사망 사고의 감소를 위해 구타 근절에 많은 노력을 기울였고, 큰 성과를 거두었지만, 군 수뇌부가 여기에 자족해서는 안 된다. 21세기의 군대에서 인분 사건이 벌어지고, 사병들이 고참의 가혹행위 등으로 자살하는 일이 벌어지고 있다면, 입영 당사자나 가족들 사이에 병역 기피 심리가 조성되는 것은 너무나 당연하지 않은가? 현재 병역 제도의 형평성이 심각하게 손상돼 있는 상황에서 이런 일이 발생했기 때문에 현역으로 입대한 자식을 둔 부모들은 "빽 없는 부모 탓"을 하며 가슴을 치고 있다.

인분 사건이 벌어진 뒤 군 주변에서 이 사건을 보는 시각은 크게 두 가지인 것 같다. 하나는 논산훈련소 소장 허평환의 발언으로 문제를 일으킨 중대장이 성격이상자라는 것이고, 또 하나는 열린우리당 국방위 소속 의원으로 현장을 방문한 뒤 해당 중대장이 열심히 일하다가 조금 지나쳐서 문제가 발생한 것이라는 박찬석 의원의 발언이다. 둘 다 심각한 문제가 있는 시각이 아닐 수 없다. 과연 훈련소장이 주장하는 것처럼 인분 사건은 성격파탄자인 중대장 개인 때문에 벌어진 일일까? 물론 휘하 훈련병들에게 인분을 찍어 먹게 한 중대장의 정신 상태는 분명 정상이라 할 수는 없을 것이다. 그러나 중대장 한 개인을 탓하기에는 현재 한국 사병들의 인권 문제는 너무나 심각하고, 특히 사병들을 바라보는 간부들의 태도에는 너무나 문제가 많다. "군인에게 인권이 있느냐"는 말, 아니 "군인도 사람이냐"라는 말조차 우리 귀에 낯설지 않다. 한국의 국방 제도 전반, 특히 병역 제도는 구조적으로 사병들의 인권이 보장될 수 없도록 되어 있다.

두 번째 시각도 심각한 문제를 안고 있는데, 군대 갔다 오지 않은

육군 신병들의 훈련 모습.

사람은 잘 모르는 일이지만 군대에서 구타 사고가 발생하면 때린 사람만 처벌받는 것이 아니다. 맞은 사람도 같이 영창에 간다. 이른바 원인 유발의 책임인데 쉽게 얘기하면 맞을 짓을 했으니까 때렸겠지, 가만히 있는 놈을 괜히 팼겠느냐는 것으로 그 '맞을 짓'을 처벌하는 것이다. 가정폭력에 대해 여자가 '맞을 짓'을 했으니까 때렸겠지 남편이 아무 이유 없이 손찌검을 했겠느냐와 똑같은 논리다. 그러나 군대에서의 가해자 옹호론은 가정폭력 때의 피해자 책임론보다 한 걸음 더 나아간다. 때린 고참병은 군대생활 열심히 하는 병사로, 뺀질뺀질한 애들은 고참이 돼도 내무반이 어떻게 되든 나서서 군기 잡지 않는데, 열심히 하는 애들이 잘하려다가 사고 친 걸 엄하게 처벌할 수 없다는 논리다.

군 당국은 군대 내의 구타나 가혹행위와 관련해서는 주로 사병 상호간의 가혹행위 근절에 주력해왔다. 그러나 우리는 사병 상호간의 구타나 가혹행위뿐 아니라, 간부와 사병 사이에, 나아가 간부 사이에 구타나 가혹행위가 여전히 존재함을 간과해서는 안 된다. 사병 상호간의 가혹행위도 사실 사병이 사병을 통제하지 않을 수 없는 현행 병역 제도—과도하게 많은 병력이 별다른 권리를 갖지 못한 채 불만에

찬 상태에서 24시간 영내생활—에서 기인한다. 사병 상호간의 가혹행위는 간부 내의 가혹행위, 간부와 사병 간의 가혹행위의 파장이 사병 내부로 미쳐서 발생하는 것이다. 사병 상호간의 가혹행위, 또는 고참의 횡포란 군대의 위계 내에서 발생하는 폭력의 전가이다.

이렇게 폭력이 전가되는 구조를 그대로 두고 인성 교육을 통해 가혹행위를 막아보겠다는 시도는 절대 성공할 수 없다. 공자님 말씀을 모은 『논어』에서 단연 빛나는 스타는 서른 살 젊은 나이에 세상을 뜬 안회(顔回)이다. 그가 죽었을 때 공자는 "하늘이 나를 버렸도다, 하늘이 나를 버렸도다!"(天喪子, 天喪子) 하고 크게 슬퍼했다. 애공(哀公)이 제자 중에 누가 학문을 좋아하느냐고 묻자 공자는 안회가 불행히 일찍 죽고 난 뒤에 학문을 좋아하는 자에 대해 들어보지 못했다고 답했다. 그렇게 사랑한 안회의 특징으로 공자는 불천노(不遷怒)를 첫 손가락에 꼽았다. 불천노, 글자 그대로 풀이하면 노여움을 옮기지 않는다는 것으로 종로에서 뺨 맞고 한강에서 두들기는 화풀이를 하지 않는다는 말이다. 공자님도 그렇게 어려운 일로 보신 화풀이 안 하기가 인성 교육의 강화를 통해 이루어질 수 있을까? 인성 교육도 안 하는 것보다야 백번 낫겠지만, 화가 나게 되는 근본 원인을 그대로 둔 채, 그리고 폭력의 전가와 화풀이를 강요하는 제도를 그대로 둔 채 인성 교육만 한다고 달라질 게 뭐가 있을까?

단체 기합은 연좌제이자 헌법 위반

2000년대 들어 구타와 육체적 가혹행위는 줄어들었어도 군대생활은 여전히 군대 말로 '고롭다.' 표나지 않고 증거가 남지 않는 가혹행위는 얼마든지 있다. 군대 전체가 그렇다고 믿고 싶지는 않지만, 몇

몇 복학생들이 전하는 구타 근절 이후의 신종 가혹행위 사례를 보면 경찰 열 명이 눈을 부릅떠도 도둑 하나 막기 어렵다는 말을 실감하게 된다. 구타 근절 지시 이후 군대 내의 또 다른 변화는 징계입창, 즉 영창에 가는 병사들의 수가 급격히 늘었다는 점이다. 매년 군대 내에서 영창에 가는 사람의 수는 1만 명을 넘어 1개 사단 병력에 육박한다. 그런데 현행범으로 체포된 경우를 제외하고는 법관의 결정을 거치지 않은 모든 구금은 어떤 변명도 통할 수 없는 자의적 구금에 해당한다. 법관의 결정 없이 행정처분에 불과한 징계를 통해 인신의 자유를 구속하는 것은 큰 문제가 아닐 수 없다.

사병에 대한 징계로는 강등, 영창, 휴가 제한, 근신의 4가지가 있는데 왜 유독 징계권자인 지휘관들은 영창을 선택하는 것일까? 현재 사병들이 받는 월급은 계급에 따라 조금씩 차이가 있지만 대개 4만 원이 안 되는 실정이니 장교나 부사관들처럼 감봉을 적용할 수 없다. 사병들은 이미 영내생활을 하고 있으니, 영내 대기나 외출 금지를 의미하는 근신은 사병들에게 별다른 효과가 없다. 강등의 경우, 장교들과 달리 사병들에게는 약간의 창피함 이외에 그 어떤 실질적인 피해를 가져오지 않는 명예형이고, 계급보다는 입대 일자가 우선되는 분위기에서, 사병들은 계급에 연연하지 않으니 강등이 효과를 거둘 수도 없다. 휴가 제한의 경우, "1회 5일 이내의 범위 내에서 제한하며 복무 기간 중 총 제한 일수는 15일을 초과할 수 없고, 휴가 횟수(매 휴가시 최소 5일은 보장)의 박탈은 불가"하다는 등 제한이 붙어 있으며, 지휘관의 입장에서 볼 때 충분한 징계 효과를 거두지 못한다고 생각하는 것으로 보인다. 따라서 지휘관들은 사병들을 징계할 필요가 있을 경우 영창에 구금하는 것을 압도적으로 선호하고 있다. 그러나 군대 내에서 법관의 결정 없이 1년에 1만 명 안팎의 사병들이 영창에 구금되고 있다는 사실은 충격적이다.

인분 사건과 관련해 떠오르는 두 가지 문제는 단체 기합과 명령 불복종의 문제이다. 먼저 군대와 학교에서 널리 행해지는 단체 기합은 사라져야 한다. 나의 행동이 아닌 다른 사람의 행동으로 인해 처벌받아야 하는 단체 기합은 대표적인 연좌제이고,

인분 사건 직후의 충남 논산훈련소 입소식. 군대가 변하지 않으면 한국에서 인권의 신장을 기대할 수 없다.

따라서 헌법 위반이다. 군대에서 단체 기합을 시키면서 말인즉 연대의식과 단결심을 고양하기 위한 것이라고 하는데, 정말 단체 기합 받으며 연대의식과 단결심이 고양된 사람이 있는지 알고 싶다. 선생님이나 지휘관이 왜 내가 잘못하지도 않은 일로 부당한 처벌을 가하는가에 대한 불만은 잠시뿐, 땀 뻘뻘 흘리고 이 북북 갈면서 '원인 제공자'만 욕하게 된다. 이렇게 상습적으로 단체 기합의 원인을 제공하는 사람을 군대에서는 고문관(拷問官)이라 부른다. 어쩌다 한 번 당하는 건 참을 수 있을 것이다. 그런데 두 번, 세 번 당하고서 고문관보고 웃

어줄 수 있는 사람이 있을까? 왕따가 달리 생기는 것이 아니다. 이런 고문관들, 당연히 고참들의 보복, 아니 아주 특별한 '교육'의 대상이 된다. 이 '교육'은 흔히 "말로 안 되는 놈들 손봐줘야지"라든가 "말이 필요 없는 놈"이라는 욕설이 수반된다. 지금은 많이 줄어들었다고는 하지만, 군대에서의 구타 사고는 이런 고문관들 교육하다가 많이 일어난다. 정말 괴로운 건 고문관 자신이다. 내가 잘못해서 나 혼나는 건 괜찮은데 애먼 사람들이 나 때문에 고생하게 되면 미안하기도 하고, 고참들 한 따까리 할 거 생각하면, 아, 이건 생각만 해도 죽음이다. 자살이나 탈영이 괜히 일어나는 게 아니다.

만약 분대장이 불복종을 했더라면…

이런 단체 기합이, 또는 군대에서 종종 벌어지는 엽기적인 행동이 정신력을 배양하기 위한 것이라고? 우리는 히딩크가 가르쳐준 것을 벌써 잊어버렸다. 우리는 한국 축구는 체력은 약하지만, 악으로 깡으로 버틴다고 생각했다. 그러나 히딩크는 한국 대표팀은 일반적으로 알려졌던 것과는 달리, 체력은 강하고 정신력이 약하다고 지적했다. 죽어라 뛰어다니는 게 정신력이 아니라, 승리에 대한 의지와 자신감이 진짜 정신력이라는 것이다. 이제 한국군에 필요한 것은 민주화, 경제 발전, 남북 관계의 개선, 전쟁 양상의 변화에 걸맞게 새로운 병역 제도를 만들고, '신성'한 국방의 의무를 수행하는 병사들을 '신성'하게까지는 아니더라도 제복을 입은 민주시민으로서 최소한의 존엄성을 갖도록 대접하는 일이다. 그래야 정신력도 나온다.

흔히 군대는 명령에 살고 명령에 죽는다고 한다. 그런데 인분을 찍어 먹으라는 부당한 명령에 대해서는 어떻게 해야 할까? 중대장이 어처구니없는 명령을 내리는 그 현장에 소대장은 없었지만, 기간병인 분대장들은 있었다고 한다. 그들 중 아무도 중대장의 부당한 행위를 만류하지 않았고, 또 대대장이나 헌병, 기무 계통에 사후 보고도 하지 않았다. 만약 훈련병이나 분대장이 중대장의 부당한 명령에 복종할 수 없다고 말했다면 어떤 일이 벌어졌을까? 불의는 참아도 불이익은 못 참는다는 말을 들을 정도로 자신들의 권리에 민감한 신세대 훈련병들 중 어느 누구도 이런 터무니없는 지시에 저항하지 못한 이유는 무엇일까? 현재 군형법의 항명죄, 명령위반죄는 '적법·정당한 명령'에 한해서만 성립하도록 되어 있다. 그러나 군인 복무규율에는 명령에 대한 복종만 강조될 뿐, '적법·정당한 명령'이란 언급은 없다. 군사반란으로 헌법이 짓밟힌 나라, 광주에서 발포 명령을 받은 군인이 시민들을 향해 총을 쏜 아픈 기억이 있는 나라에서 부당한 명령을 거부한 사람에 대한 보호나, 거부할 의무에 관한 논의가 없었던 점은 부끄러운 일이다. 그저 군대는 '까라면 까는' 곳으로 남아 있다.

인분 사건은 군대 내의 공식 계통을 통해서 알려진 것이 아니다. 기간병들에게 가혹행위에 대한 보고의 의무는 없는 것일까? 왜 훈련병들은 소원 수리 등을 통해 알리지 못했는가? 훈련소장은 대책으로 소원 수리 잘 써내도록 우체통을 많이 설치하겠다고 하지만, 정말 이 일이 우체통이 없어서 여기까지 온 것일까? 우체통이 없어서가 아니다. 소원 수리를 써내도 소용이 없다는 것을 알기 때문이다. "여기는 군대다. 군대는 어쩔 수 없다"고 생각하기 때문이다. 아무리 인원이 줄었다고는 하지만, 아직도 막강한 기무부대와 헌병대는 언론을 통해 이 사건이 알려진 뒤에야 허둥댔다. 사병의 인권 문제가 지휘관의 관심사였다면 이 문제가 바깥에서 터지기 전에 군대 내에서 먼저 터졌을 것이다.

군인인권법의 제정이 시급하다

문민정부가 들어선 것이 1993년이다. 그동안 한국군에 대한 문민통제는 얼마나 진전되었을까? 우리 사회는 단순히 군의 정치적 개입이 차단된 것에 만족할 뿐, 군대는 여전히 성역으로 남아 있다. 군사정권 하에서 군인들의 처우와 복지를 위한 수십 개의 법령이 만들어졌지만, 일반 사병들의 권리에 대한 규정은 눈 씻고 찾아보려야 볼 수 없다. 군인도 사람이냐는 질문을 던질 수밖에 없는 사회에서 군인의 인권에 대해 논하는 것은 사치일까? 도대체 군인에게 어떤 기본권이 주어져야 하고 어떤 기본권이 법률에 따라 제약될 수 있는지를 가늠할 군인인권법의 제정이 시급하다. 군대가 변하지 않으면 한국에서 인권의 신장은 기대할 수 없다. 내 인격이 무시당한 경험, 남의 인격을 무시한 경험, 그 상처를 안고 매년 수십만의 젊은이들이 제복을 벗고 사회로 돌아온다. 인권 감수성의 하향 평준화가 군대에서 사회로 이어지고 있다.

한국군은 인해전술을 원하는가
_국방부·병무청은 대만에서 배워라

2004년 5월 26일부터 사흘간, 나는 나와 함께 '양심에 따른 병역거부권 실현과 대체복무제도 개선을 위한 연대회의'(이하 연대회의)의 공동집행위원장을 맡고 있는 이석태 변호사, 최정민 활동가와 더불어 대만을 방문했다. 이번 대만 방문은 원래 헌법재판소에 계류 중인 위헌 법률 심판에 대한 참고 자료 작성을 위해 준비됐는데, 대만 방문을 앞두고 5월 21일 서울남부지법에서 양심에 따른 병역거부자들에게 무죄를 선고하는 역사적 판결이 내려졌다. 이런 상황에서 우리와 비슷한 안보 환경 속에서 대체복무제도 실시로 양심에 따른 병역거부 문제를 해결한 대만의 사례는 비상한 관심을 끌게 되어, 많은 언론인들도 우리와 동행했다.

우리는 과연 병역자원이 부족한가

2001년 7월 8일부터 14일, 10인의 한국 참관단은 대만 내정부의 초청으로 대만을 방문해 대체복무제도에 관한 시찰을 한 바 있다. 이 참관단의 일원으로 대만을 방문했던 사람들 중 2명이 이미 양심에 따른 병역거부를 선언했는데, 그중 동성애자 인권운동가 임태훈씨는 구속 상태로 2심 재판을 받고 있다. 2001년 12월 여호와의 증인이 아닌 사람으로서는 최초로 불교신자이자 평화운동가인 오태양씨가 양심에 따른 병역거부 선언을 한 직후 연대회의가 결성될 수 있었던 것도 대만 방문을 통해 다져진 팀워크 덕분이었다.

대만 방문 동안 한 가지 의문이 내내 머릿속을 떠나지 않았다. 왜 한국은 대체복무제도를 대만보다 30년이나 먼저, 그것도 많을 때는 대만의 20배도 넘는 인원을 대상으로 실시하고도 양심에 따른 병역거부자들을 여전히 감옥에 보내야 하는가? 왜 한국은 병역 자원 운용에서도 효율성, 형평성, 민주성을 제고하지 못하는가? 양심에 따른 병역거부를 둘러싼 논쟁에서 가장 중대한 오해는 대체복무제도를 도입하면 우리 안보에 큰 구멍이 뚫릴 것이라는 생각이다. 또 대만이 대체복무제도를 2000년부터 실시할 수 있었던 것은 병역 자원이 남아돌기 때문이지만, 우리는 병역 자원이 부족하기 때문에 도저히 대체복무제도를 도입할 수 없다는 주장도 흔히 들을 수 있다.

대만은 1990년대 중반까지 2천만 조금 넘는 인구로 한국과 같은 규모인 60만 대군을 유지해왔다. 그러다가 1990년대 후반 45만으로, 2000년대 들어 38만 5천으로, 34만으로 다시 30만으로 급속히 병력을 감축해왔다. 현재 2,300만 인구가 30만의 군대를 유지하고 있는 상황이다. 이는 인구 76.67명당 군인 1명을 부양하는 것이다. 한국은 4,800만의 인구에 69만 명의 군대를 유지하고 있어 인구 69.57명당 군인 1명을 배출해야 한다. 대만이 최근 절반 수준으로 감군을 단행한 결과 현재의 인구 대비 병역 의무 부담은 한국보다 조금 가벼워진 상황이지만, 대체복무제도가 도입될 당시 약 40만의 병력을 보유했던 때를 기준으로 한다면 오히려 한국보다 인구 1인당 돌아오는 병역 의무의 부담은 더 무거웠다.

대만이 1990년대 후반 이래의 감군으로 병역 자원에 여유가 생겨 대체복무제도를 도입하는 전기가 되었다는 점은 분명한 사실이다. 그러나 한국이 병역 자원의 부족으로 양심에 따른 병역거부자들을 위한 대체복무제도를 마련할 수 없다는 것은 어불성설이다. 한국군이 처음 60만으로 팽창한 1954년 당시 한국 인구는 2천만에 불과했

한국이 병역 자원 부족으로 양심에 따른 병역거부자들을 위한 대체복무제도를 마련할 수 없다는 것은 어불성설이다. 논산훈련소의 신병들.

으나, 지금은 인구 규모는 2.4배 증가한 4,800만인 반면, 병력 수는 1할 조금 넘게 증가한 69만이다. 반면 복무 기간은 당시 3년에서 2년으로 3분의 1이 줄어들었다. 때문에 한국군은 1954년 당시에 비해 상당히 병역 자원이 넘쳐나게 되었고, 따라서 1970년을 전후한 시기부터 대체복무제도를 운영해온 것이다. 양심에 따른 병역거부권자들을 위한 대체복무제도의 개선을 주장하는 연대회의 등 시민단체나 종교 신자들의 요구에 대해 국방부, 병무청 등은 병역 자원의 부족으로 양심에 따른 병역거부자들을 위한 대체복무제도를 도입할 수 없다고

주장한다.

그러나 한국은 대만보다 훨씬 폭넓은 대체복무제도를 이미 30년 전부터 운영해왔다. 1969년 방위병 제도 도입, 1970년 전투경찰대설치법, 1973년 특례보충역 제도 도입 등은 한국이 대만보다 30년 먼저 광범위한 대체복무제도를 운영해왔음을 보여준다. 대만이 국위 선양에 큰 도움이 된다고 자랑하는 외교역과 유사한 제도도 한국은 대만보다 앞서 운용하고 있다. 최근까지도 공익근무요원 5만 5천 명, 산업기능요원 5만 5천 명, 전문연구요원 1만 5천 명, 공중보건의 4천 명, 상근예비역 3만 6천 명, 전·의경 5만 명 등 20만 명이 넘는 젊은 이들이 현역이 아닌 대체복무를 통해 병역의 의무를 대신해왔다.

지난 30여 년간 많게는 20만 명이 넘는 대체복무 인원을 운용해온 한국이 갑자기 병역 자원의 부족 운운하는 것은 전혀 설득력이 없다. 병무청이나 국방부는 양심에 따른 병역거부자들을 위한 제도 마련이 불가능해서가 아니라 해주기 싫어서 안 해주는 것일 뿐이다.

입영 대상, 쓰고도 쓰고도 남는다

한국이 과연 병역 자원이 모자라는 나라인가? 이는 두 가지 차원에서 검토돼야 할 문제이다. 하나는 한국이 지난 1954년 이래 대체로 60만에서 70만의 대군을 유지해왔는데, 이것이 적정한 규모인가 하는 점이다. 또 하나는 현재의 병력 규모인 69만 중 징집된 사병은 55만가량인데 매년 입영 대상이 되는 청년들의 수가 이를 감당하기에 부족해지는가 하는 점이다.

한국의 군 당국이나 사회에 병력 감축으로 인한 국방력 약화를 우려하는 분위기가 지배적이라고 말해주자, 대만 당국자들은 아직도 한국군은 병력의 머릿수를 그렇게 중시하느냐며 의아한 표정을 지었다. 현대전에서 전투력은 화력이 좌우하는 것이지, 병력 수는 큰 영향을 미치지 못한다는 것이다. 전투력 강화에 큰 도움을 주지 못하는 반면, 국민들에게는 과도한 부담을 지우게 되는 많은 병력을 보유하는 것보다 소수 정예의 과학화된 군대를 운용하는 것이 국방의 효율성을 높이는 길이다.

과연 한국군의 적정 규모가 얼마여야 하는가를 파악하기 위해서는 고려할 사항이 여러 가지이다. 그러나 한 가지 분명한 것은 보병의 비중이 한국전쟁 당시보다

한국은 대만보다 훨씬 폭넓은 대체복무제도를 이미 30년 전부터 운영해왔다. 공익근무요원제도 그중 하나다.

는 현격하게 줄어들었다는 점이다. 한국은 한국전쟁이 한창일 당시에 20만~25만의 군을 유지하다가 휴전 이후 60만 대군으로 늘려놓았다. 한국전쟁과 비교해본다면 전쟁 때 동원 가능한 예비군을 이미 모두 동원하여 군복을 입혀놓은 것이 현재의 한국군이다. 때문에 한국군에서 현역으로 복무한 뒤 전역한 사람들은 군대에서 가장 많이 한 것은 삽질이었다고 회고한다. 한국 사회는 1954년 한국군을 60만 대군으로 성장시킨 이래 단 한 번도 한국군의 적절한 규모가 얼마인지에 대해 시민사회 차원에서 논의해본 적이 없다. 한국은 현대전의 양상 변화, 동서 냉전 체제의 붕괴와 남북 관계의 변화, 한국 사회의 경제 성장과 민주화 등의 요인을 감안할 때 군 구조 개편을 포함한 국

방 개혁이 절실하게 요구된다.

한국의 병무 당국은 한국의 입영 대상 청년층의 인구가 줄어든다고 엄살을 피우고 있다. 출산 기피로 해당 연령층의 인구가 줄어든 것은 사실이지만, 감소 추세가 바닥을 치는 2006~2008년에도 연도별 19살 남자의 수는 32만 명을 넘는다. 2년의 복무 기간을 가진 55만 명의 사병 집단을 유지하려면 매년 27만 5천 명이 입대해야 한다. 19살 남자 인구가 2006년에 32만 명이 된다는 것은 1995년 이후 해당 연령 남성 인구가 최고에 달한 2000년의 42만 명에 비하면 10만이 줄어든 것이다. 그러나 32만 명이란 수는 여전히 매년 한국군이 요구하는 사병 수요를 다 채우고도 4만~5만 명이 남는 수이다. 과거 군이 필요로 하는 수요 인원을 다 채우고 남는 20여만의 잉여 인력을 각종 병역특례로 인심 쓰듯 떼어주던 일은 더 이상 할 수 없지만, 결코 현역 자원이 부족한 상황은 아닌 것이다.

한국은 입영 대상 인구가 바닥을 치는 2006년 상황에서도 오히려 대만이 운용하고 있는 대체복무 규모(매년 1만 명 내외)를 훨씬 넘는 인원이 여전히 잉여 인력으로 존재하게 된다. 입영 대상 청년층 인구의 감소로 현재와 같은 방만한 방식의 대체복무 인원 운용에는 감소가 불가피하겠으나, 한국의 잉여 자원 규모로 볼 때 매년 600명 내외의 양심에 따른 병역거부자 문제를 해결 못한다는 것은 어불성설이다.

그들에게 지뢰 제거 작업을 시키자?

대만에서 지난 3년간 대체복무제도가 시행된 경험을 보면 대체복무제도가 결코 쉽지 않다는 인식이 젊은 층에 퍼지면서, 현역의 수급은 전혀 문제되고 있지 않다. 또 일반 젊은이들 사이에는 대체복무보다 현역을 선호하는 분위기가 지배적이라고 한다. 이는 "꼭 가고 싶습니다" 식의 박카스형 젊은이들이 상당히 많은 한국 젊은이들 사이에서 공익근무요원들이 현역에 비해 차별받는 것과 비슷한 상황이다. 대만에서 대체복무제도 도입의 진도사 역할을 한 중타이리 역정서(병무청) 부서장의 아들도 대체복무를 마다하고 현역으로 입대했다고 한다.

한국 병무청의 자료를 보더라도 신체검사에서 병역 면제나 공익근무요원 판정을 받은 뒤 자기 비용으로 질병을 치료하고 재신체검사를 신청한 사람이 재신검 신청 제도가 생겨난 1999년 3월부터 2001년 9월까지 2년 6개월 동안 모두 1,059명으로 집계됐다고 한다. 이미 수십 년간 대체복무제도를 운영해온 경험에 비추어볼 때 양심에 따른 병역거부자들에게 대체복무제도를 허용한다고 해서 현역병 수급에 차질이 오리라는 것은 기우에 불과하다.

대만의 경우 대체복무자들도 한국의 공익근무요원이나 과거의 방위병과는 달리 내무생활을 하고, 기간도 길며, 일도 현역에 비해 쉽지 않다는 것이 입증되면서 대체복무와 현역과의 형평성 문제는 제기되지 않고 있다. 오히려 종교적 양심에 따른 병역거부자들의 복무 기간이 너무 길다는 의견이 설득력을 얻어 이들의 복무 기간이 처음 현역의 1.5배에서 지금은 1.1배로 줄어들었다.

지금은 줄어들고 있지만, 불과 4~5년 전까지 한국에서는 20만 가까운 인원이 대체복무를 해왔다. 이런 현실을 무시하고, 일부에서는 현역을 대신할 수 있는 대체복무란 없다고 주장한다. 한국의 현역들이 져야 하는 복무 부담이 워낙 크기 때문에 나온 얘기이다. 이 문제에 대한 진짜 해답은 적정 병력 규모를 산출하고—아마도 현재의 절반 이하로 줄여도 될 것이다—이를 일상생활이 불편한 장애인들을 제외한 면제자와 꼭 필요한 대체복무요원을 제외한 전체 인구가 공정하게 부담해 개인이 지는 부담을 최소화해야 할 것이다.

현재 인터넷에서 보면 일부 예비역들은 양심에 따른 병역거부자들이 할 만한 대체복무로 "한반도에 있는 지뢰 제거 작업을 시키는 것도 한 방법"이 될 수 있으리라고까지 말하고 있다. "지뢰야말로 전쟁과 폭력의 상징이므로 그것을 제거하는 일은 그들이 원하는 평화를 실천하는 적극적인 방법"이라는 친절한 설명을 달아서 말이다. 어떤 예비역들은 이렇게까지는 아니더라도 소록도에서 한센씨병 환자들 수발 및 봉사나 무의탁·무연고자들이 모여 있는 각 지방 정신병동에서의 봉사, 또는 시한부 생명을 사는 에이즈 환자를 위한 봉사 활동 등은 되어야 대체복무를 받아줄 수 있다고 말한다. 제발 그렇게 해달라고 말하고 싶다. 평화주의적 신념에서 양심에 따른 병역거부를 선언한 사람들이 제일 하고 싶어하는 일은 이라크의 전장에 가서 전쟁으로 상처받은 사람들의 고통을 함께 나누는 것이다. 총을 들고 가서 알량하게 평화와 재건을 위해 왔다고 하는 것이 아니라, 한국에서 온 평화의 벗으로서 진정 피해자들과 고통을 나누려 하는 것이다. 그러나 정부는 이들의 출국을 허락하지 않는다. 이라크에 갈 수 없다면 그들은 지뢰 제거라도 좋다고 말한다. 총을 들지 않는 일은 그만큼 그들에게는 절실한 문제이다.

대체복무 중 자살자·의문사 1건도 없어

한국은 2001년 12월 불교 신자이자 평화운동가인 오태양씨를 비롯해 모두 14명이 평화주의적 양심에 따라 병역을 거부했다. 반면 대만의 경우 종교적 양심에 따른 병역거부자들에 대한 보호 조치는 대체복무제도 도입과 함께 마련됐던 반면, 평화주의적 양심에 따른 병역거부자들을 위한 보호 장치는 차후의 과제로 미뤄졌다. 이 문제는 2001년 7월 한국 대표단이 처음 대만을 방문했을 때도 논란이 됐던 부분이다. 그런데 대만에서는 아직 비종교적 평화주의 양심에 따른 병역거부자는 나오지 않았으며, 이들을 위한 입법 조치도 마련되지 않았다.

대만에서 대체복무자를 위한 훈련에는 제도 도입 당시에는 4주간의 기초 군사훈련이 포함돼 있었다. 종교적 이유로 대체복무를 신청한 사람들은 이 4주간의 훈련을 면제받는 대신 4~11개월을 더 복무한다. 한국에서도 병역특례자들이나 공익근무요원은 4주간의 군사훈련을 받으면 집총하지 않고 대체복무를 할 수 있다. 대만은 최근 대체복무자들의 훈련 과정에서 군사·사격훈련을 삭제했다. 대체복무자들의 교육 내용이 법적으로 규정돼 있지는 않기 때문에 대체복무자들을 위한 훈련에서 군사·사격훈련을 삭제하는 작업은 별도의 입법 조치 없이 이루어졌다. 대체복무요원들이 실제로 총을 들고 싸워야 할 일은 없고, 유사시에도 현역과 예비역으로 충분하기 때문에 이들에게 군사훈련을 시켜야 할 이유는 없다고 국방부나 역정서가 모두 판단했다. 대신 대체복무자들에게 긴급구조 과정, 체력훈련, 전문 과정, 예절 교육 등을 강화해 실용적이고 생동감 있는 교육을 하고 있다.

대만은 대체복무자들에게 불필요한 군사훈련을 강제하지 않는 방식으로 양심에 따른 병역거부 문제를 완전히 해결했다. 비종교인으로 평화주의적 양심에 따라 병역을 거부하려는 사람들은 전문 자격을 갖추거나 자원봉사를 많이 하여 자격 요건을 갖추고 대체복무에 지원하면 된다. 이들은 집총하지 않고 병역의 의무를 대체할 수 있다. 한국의 경우 병역특례의 자격을 갖춘 많은 사람들이 4주간의 군사훈련 때문에 3년여를 감옥에서 보내고 평생을 전과자로 살아야 하는 일이 많았다. 대체복무자들에게 꼭 필요하지 않은 군사훈련을 없앰으로써 대만은 평화주의적 양심에 따른 병역거부로 인해 앞으로 발생할 수도 있는 문제를 미연에 방지한 것이다. 한국전쟁 때도 20여만의 병력으로 전쟁의 대부분의 기간을 치렀고, 현재 70만의 대군에 300만의 예비군을 보유한 나라에서 대체복무자들이 군사훈련을 받지 않으면 안 되는 절박한 사연이 과연 있는가?

2001년 1차 대만 시찰에서도 지적됐지만, 대체복무제도는 군대 내 인권 문제를 크게 개선시켰다. 대체복무 인원 중에서는 자살자나 의문사가 1명도 발생하지 않았다. 군내에서도 복무 부적격자들이나 신체 등급이 떨어지는 사람들이 대체복무로 걸러질 뿐 아니라, 일단 대체복무와 현역 중에서 일정한 선택의 기회를 준 뒤 현역에 응한 사람들만으로 군을 운용하다 보니 사병들의 복무 적응도가 크게 향상됐다. 이 때문에 군에서도 자살, 의문사, 각종 안전사고가 크게 줄어들어 지휘관이나 사병 모두 만족스러워하고 있다.

효율성도 높이고, 인권 침해도 막고

한국의 경우 문제는 대체복무자들에게 전혀 선택권을 부여하지 않는다는 점이다. 한국국방연구원의 연구에 따르면 공익근무요원 중 현역과 같은 신체 등급을 받았으나 학력이 고등학교 중퇴 이하라는 이유로 공익근무요원 판정을 받은 신체 등급 1~3급자의 54%가 현역 복무를 희망하고 있으며, 4급자의 경우도 40%가 희망하고 있다. 반면 양심에 따른 병역거부자 등 군 입장에서 볼 때 군에 데려와도 아무런 쓸모가 없는 사람, 또는 복무 부적응자로 사고 요인이 있는 사람 등은 아무런 선택권이 없이 군에 끌려가 감옥에 가거나 사고를 쳐서 본인이나 전우의 생명과 신체에 큰 손실을 입게 된다.

국방의 효율성을 높이고, 인권 침해도 막을 수 있는 것이 대체복무제도이다. 우리와 여러모로 비교되는 대만의 상황을 살펴보기 위해 가난한 시민단체에서 2차례에 걸쳐 대만을 방문했고, 또 대만의 입법위원과 역정서 고위관리를 2번이나 초청했다. 그런데 대만 역정서 책임자에게 확인한 바로는 정작 한국 국방부나 병무청에서 대만의 대체복무제도를 살펴보러 관리를 파견하거나 자료 요청을 한 바 없다고 한다. 연대회의를 비롯한 시민사회나 여호와의 증인 쪽에서 한국의 심각한 병역거부 문제 해결을 위한 좋은 참고사항으로 대만 이야기를 지난 3년간 목이 터져라 외쳤는데도 말이다.

연대회의는 그동안 주로 인권의 관점에서 양심에 따른 병역거부자들을 감옥에 보내서는 안 된다고 촉구해왔다. 이 입장에는 변함이 없지만, 양심에 따른 병역거부자들을 못마땅하게 생각하는 분들에게는 대만 사람들처럼 인권이 아닌 실용주의의 관점에서 이 문제를 바라볼 것을 권유한다. 한국전쟁 때도 인해전술을 쓰는 중국군을 상대로 20만 조금 넘는 군대를 운용한 한국 땅에서, 경제력에서 우리의 30분의 1, 인구에서 우리의 2분의 1에 불과한 이북을 상대로 과연 69만 대군을 운용하는 것이 합리적인지 한번 진지하게 검토해봐야 한다. 이미 30년간 많게는 20만이 넘는 대체복무 인원을 유지해온 나라에서 양심에 따른 병역거부자들을 위한 대체복무제 도입이 정말로 불가능한 것인지를 따져봐야 한다. 그들을 감옥에 보내는 것과 사회봉사를 시키는 것 중 어느 편이 공동체에 도움이 되는지를 따져봐야 한다. 국방의 의무는 다양한 형태로 구현될 수 있다는 점을 인식해야 한다. 대체복무제를 통해서 과도한 부담을 주고 있는 병역의 의무를 개선하는 길이 열릴 수 있다는 점을 고려해야 한다. 대만은 실용주의적 개혁을 통해 인권 문제도 해결한 좋은 사례이다.

'여호와의 증인' 앞에서 부끄럽다
_혁명가들보다 더 비타협적으로 군대를 거부했던 그들

2004년 5월 21일 서울남부지방법원 이정렬 판사는 양심에 따른 병역거부를 이유로 기소된 여호와의 증인 신자 4명 중 3명에 대해 무죄를 선고했다. 정부 수립 이래 50년이 넘는 세월 동안 1만여 명의 양심에 따른 병역거부자들을 감옥에 보낸 끝에 나온 새로운 판결이다. 획기적인 판결이란 바로 이런 때 쓰는 말인가 보다. 이 판결은 1심 판결로 아직도 항소심과 대법원의 최종 판결을 거쳐야 하지만, 양심에 따른 병역거부의 해결이 더 이상 미룰 수 있는 문제가 아님을 분명히 했다는 사실만으로도 큰 의미가 있다.

'오욕'의 사법부 역사

나는 이번 판결을 보면서 1971년 사법 파동 이래 한국의 사법부가 걸어야 했던 '오욕'—전두환 시절 대법원장을 지낸 이영섭씨가 퇴임사에서 한 표현—의 역사가 떠올랐다. 한국의 사법부는 사법부가 인권의 최후의 보루여야 한다는 시민들의 여망에 부응하지 못한 채 오욕의 길을 걸어왔고, 안팎에서 사법 개혁을 촉구하는 소리에 대해서 "법관은 판결로 말한다"는 말만 할 뿐 제대로 응대하지 않았다. 그런데 한 젊은 법관이 진짜로 판결로 말해버렸다. 시민들의 신뢰를 받지 못했던 사법부가 이제 인권의 최후 보루로 거듭나려 한다고! 양심에 따른 병역거부권을 인정하지 않는 사람들은 입을 모아 남북이 대

1976년 3월 19일 39사단 헌병대 입창 중 구타로 인한 비장 파열로 사망한 이춘길(가운데). 군 당국의 조치는 그의 장례에 부대장 명의 부의로 1만 원을 보낸 것이 전부였다.

치하고 있는 분단 상황에서 양심에 따른 병역거부권을 도저히 인정할 수 없다고 말한다. 양심의 자유가 중요하기는 하지만, 한국의 정황상 양심에 따른 병역거부권을 인정할 수 없다는 것이다. 그런데 50여 년간 진행된 재판에서도 번번이 이런 정황 논리로 헌법상의 권리인 양심의 자유가 무시돼왔다. 이번 판결은 정황 논리 이외에 변변한 헌법적 근거 없이 양심에 따른 병역거부권을 인정하지 않았던 대법원의 판례를 깨고, 헌법상의 양심의 자유에 기초하여 무죄를 선고한 것이다. 이 판결은 헌법이 장식품처럼 듣기 좋은 말만 나열해놓은 사문서가 아니라 우리의 일상생활을 규정하는 권리장전임을 일깨워준 명

판결이다. 아마도 한국 사법 사상 이번 판결보다 더 적극적으로 인권을 옹호하고 신장하는 데 기여한 판결을 찾기는 어려울 것이다.

한국의 남성 판사들은 대개 법조인으로서의 첫발을 군법무관으로 내딛게 된다. 군법무관이 되면 제일 먼저 하는 일이 집총거부자들을 항명죄로 처벌하는 것이었다. 아무리 간단한 사건도 공소장이 한 페이지는 된다지만, 집총거부자들의 공소장은 다섯 줄 정도였다고 한다. 한 사람을 3년 정도

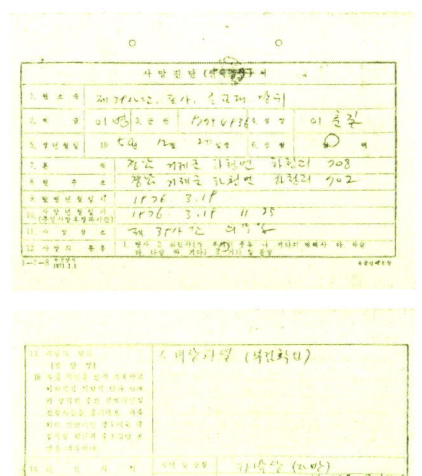

군 당국의 사망진단서.

감옥에 처넣는 판결을 내리는 데 걸리는 시간은 단 3분여. 누구에게나 돌이켜보면 부끄러운 일이 있게 마련이지만, 아마도 한국의 법관들 대부분에게 군법무관 시절 양심에 따른 병역거부자들을 너무 쉽게 처벌한 것은 쉽게 잊어버릴 수 없는 일일 것이다. 양심의 자유의 너무도 명백한 헌법적 근거와 아울러, 아마도 이 점이 보수적인 법원이 양심에 따른 병역거부에 관한 한 사회 일반에 비해 좀더 열린 입장을 보여오게 한 것은 아닐까?

이 땅에서 양심에 따른 병역거부자들이 나타나기 시작한 지는 60년이 넘지만, 이 문제가 사회적으로 공론화된 것은 불과 3년여에 지나지 않는다. 2001년 2월〈한겨레21〉345호에서 약 1,600명의 양심적 병역거부자들이 투옥돼 있다는 기사가 보도되기까지, 한국 사회

는 이 문제에 대해 완벽하게 무지했다. 이 기사를 보고 많은 인권운동가들이나 진보적 지식인들이 부끄러워했다. 사실 여호와의 증인들이 집총을 거부해서 감옥에 간다는 거야 누구나 다 아는 일이 아니었던가? 그런데 우리는 이 때문에 감옥에 가는 사람들이 몇 명이나 되는지에 대해 관심을 기울이지 않았다.

1990년대의 인권운동에서 가장 상징적인 해결 과제는 비전향 장기수 문제였다. 비전향 장기수가 누구인가? 그들은 우리 사회에서 가장 배척받는 '빨갱이'가 아니었던가? 비전향 장기수 문제가 한국의 인권운동에서 당면 핵심 과제로 떠오른 것은 '빨갱이'에게도 인권이 있다는, 즉 인권의 보편성에 대한 자각이 뒤늦게나마 이루어졌기 때문이다. 그런데 한국 사회에서 인권의 보편성이 적용돼간 과정을 보면, 양심에 따른 병역거부로 인해 징역을 살아야 했던 여호와의 증인들은 '빨갱이'보다도 더 못한 처지에 있었던 것이 분명하다. 2000년 6월 15일 남북 정상회담으로 비전향 장기수 문제가 대부분 해결된 다음에야 여호와의 증인을 중심으로 한 양심에 따른 병역거부 문제가 인권 현안으로 등장한 것이다.

여호와의 증인들은 국가주의·군사주의·권위주의가 만연한 한국 사회에서 그야말로 '왕따'를 당해왔다. 그들은 묵묵히 자신들의 내면의 명령에 따라 온갖 박해를 무릅쓰고 집총을 거부해왔다. 친일파들이 경영자로 등장한 대한민국에서 사상이니 양심이니 하는 것은 차라리 경멸의 대상이거나 위험물이었다. 비단 친일파들만이 아니었다. 양심과는 거리가 먼 비도덕적인 자들과의 싸움에 익숙해져 있는 탓인지, 학생운동이나 민주화운동을 하던 사람들도 너무 일찍 '전술'에 눈을 뜨며 약아져갔다. 그 시절 사람들은 경찰에 잡혀가면 대부분

별다른 양심의 가책 없이 반성문이나 각서 쓰고 '훈방' 되는 데 익숙해져버렸다. 그런 우리에게 전향서라는 '그까짓 종이 한 장' 쓰지 않고 수십 년 감옥에 앉아 있는 비전향 장기수들이나, 눈 딱 감고 4주 군사훈련 받으면 병역특례로 빠지는 길이 널려 있는 한국에서 3년의 징역을 택하는 여호와의 증인들의 존재는 큰 충격으로 다가왔다.

여호와의 증인, 1930년대부터 시련

일본 제국주의가 만주를 군사적으로 강점한 1930년대부터 여호와의 증인들은 탄압받기 시작했다. 1939년 1월 일본에서 두 명의 여호와의 증인 청년들이 양심에 따른 병역거부를 선언하여 투옥됐다. 전쟁을 준비하는 자들은 평화를 사랑하는 사람들을 '광적인 평화론자'로 몰아붙였다. 1939년 6월 일제는 일본, 대만에 이어 조선에서도 여호와의 증인들에 대한 대대적인 체포를 단행했다. 조선에서 체포된 여호와의 증인은 38명이었는데, 당시 교세가 미약했던 여호와의 증인 거의 전원이 체포됐던 것과 마찬가지이다. 이 중 5명은 옥사했고, 해방이 되어서야 옥문을 나선 사람은 33명이었다. 참으로 가슴 아픈 일이지만, 많은 민족주의자들이나 사회주의 혁명가들이 일제의 탄압 아래 무릎을 꿇었고, 또 신사 참배 강요로 인해 좋은 목사님들도 믿음에 상처를 입었다. 해방 당시 전국의 교도소에서 비전향을 견지하고 있다가 옥문을 나선 사회주의 혁명가는 20여 명에 불과했다. 그런데 여호와의 증인들은 33명이 비전향으로 옥문을 나섰다. 그리고 그들은 모두 평신도들이었다.

일제 강점기에 여호와의 증인들이 일제의 전쟁 수행에 협력하지 않고 총을 들기를 거부하여 옥고를 치른 것이 이른바 등대사(燈臺社)

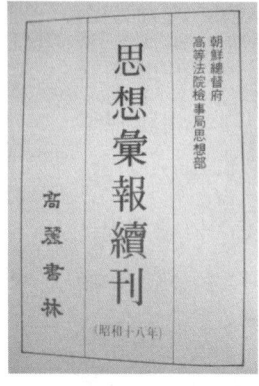 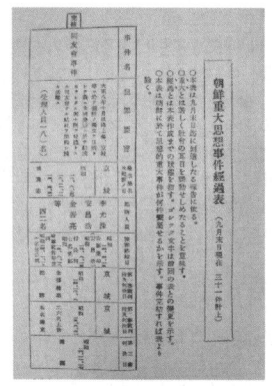 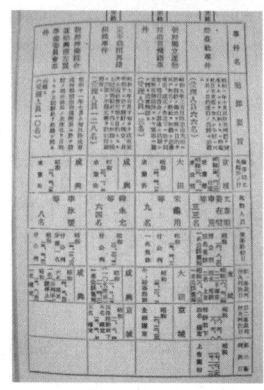

일제 강점기에 여호와의 증인들이 일제의 전쟁 수행 협력을 거부해 옥고를 치른 등대사(燈臺社) 사건은 독립운동사 서적에 '항일운동'으로 기록돼 있다. 사진은 이 사건을 기록한 조선총독부 고등법원 검사국 사상부의 '사상휘보' 자료.

사건이다. 이 일을 두고 여호와의 증인들은 종교적 믿음을 지키다 보니 그렇게 된 것이라 말하지만, 정부가 편찬한 독립운동사 서적에는 등대사 사건이 항일운동의 하나로 기록돼 있다. 국사편찬위원회가 펴낸 『한민족독립운동사자료집』의 별집은 일제 강점기에 투옥된 독립운동가들의 신상기록카드를 모아놓았는데, 여기에는 치안유지법 위반으로 투옥된 여호와의 증인들의 사진이 첨부된 신상기록카드가 여러 장 수록됐다.

여호와의 증인들의 양심에 따른 병역거부는 일제 강점기나 대한민국 정부 수립 뒤나 다를 바가 없다. 그들은 똑같은 행동을 했을 뿐이다. 똑같은 행동을 했는데, 일제 강점기에 한 행동은 독립운동으로 찬양받고, 군사독재 시절에 한 행동은 반국가사범으로 처벌받는다는 것을 어떻게 봐야 할까? 나치는 여호와의 증인들 수천 명을 강제수용소에 감금하고 "국법을 준수하고 손에 무기를 들고 조국을 방어"한다는 내용의 선언문에 서명할 것을 강요했다. 서명 강요라는 형식이 없었다 뿐이지 박정희도, 전두환도, 김영삼도, 김대중도 그리고 노무현도 양심에 따른 병역거부자들을 똑같은 논리를 강요하며 처벌하고 있다. 그래서 똑같은 양심에 따라 병역을 거부하고 할아버지는 일제의 감옥에 갔고, 아버지는 군사독재의 감옥에 갔고, 그리고 민주화가 되었다는 마당에 아들은 '민주화된' 감옥에 여전히 간다. 남부지법의 판결이 있던 2004년 5월 21일까지 양심에 따른 병역거부자들에게는 여전히 일제 강점기가 계속되고 있었다.

헌병대 입창 중 맞아 죽은 청년

일본의 극우파들이 '대일본제국의 마지막 군인'이라 찬양한 박정희가 다스리는 병영국가에서 군인이 되기를 거부하는 여호와의 증인들은 철저한 탄압의 대상이 되었다. 병역 기피율 0% 프로젝트에서 여호와의 증인들은 최고의 걸림돌이었다. 1975년 2월 18일 병무청장은 대통령 박정희에게 "종교적인 양심을 이유로 병역 의무를 거부하는 일부 여호와의 증인 신도들을 계몽 선도하기 위하여 그들 대표자와의 간담회를 개최"했다면서, 여호와의 증인 신도 대표들이 "일부 신도의 병역기피 행위는 그릇된 소행"임을 인정했고, "병역기피 방조 등을 하지 않고 병역의무자의 의무 이행을 권유"하기로 했다고 보고했다. 한마디로 이 보고는 허위였다. 2001년까지 아무런 소리 소문 없이 매년 수백 명씩 감옥에 끌려가면서도 양심에 따른 병역거부를 견지해온 여호와의 증인들이 병역거부가 "그릇된 소행"이라고 인정했다는 것은 있을 수 없는 일이었다.

그런데 이런 허위 보고를 올린 병무청이나 군 당국은 이를 실현하기 위해 무리수를 두지 않을 수 없었다. 병역 기피율 0%를 달성하기 위해 징역을 살고 나오는 사람들—1970년대에는 지금과는 달리 징역을 살고 나와도 영장이 계속 발부됐다—이 채 교도소 문을 나서기 전에 병무청 직원들은 이들을 입영통지서도 없이 다시 잡아가 총을 주고 다시 거부하면 재판에 회부하는 악랄한 방식을 사용했다. 아무리 흉악범이라 해도 형기를 마치고 나오는 사람을, 교도소 문 앞에서 가족이 기다리는데 손 한번 잡아볼 시간도 주지 않고 다시 잡아가야 할 절박한 사연은 어디에 있었을까? 이런 분위기에서 맞아 죽는 사람들이 나오기 시작했다. 경남 거제 출신의 이춘길이라는 청년은 1976년 3월 19일 39사단 헌병대에 입창 중에 구타로 인한 비장 파열로 사망했다. 군 당국이 취한 조치는 그의 장례에 부대장 명의로 부조금 1만 원을 보낸 것이 전부였다. 살벌했던 유신시대에 생때같은 아들을 잃은 홀어머니는 진상 조사니 배상 청구 같은 것은 꿈도 꿀 수 없었다고 한다. 비슷한 시기에 김종식이라는 청년도 집총을 거부하다가 논산훈련소에서 맞아 죽었다. 군복무만 위험한 것은 아니었다. 병역거부의 양심을 지키기 위해서 그들은 목숨을 내놓아야 했다.

일부에서는 양심에 따른 병역거부가 병역기피 수단으로 악용될 것을 우려한다. 병무청에서는 "양심적 병역기피"라는 희한한 말을 만들어 사용하기도 한다. 또 일부에서는 양심에 따른 거부권이 인정되면 여호와의 증인 신자가 급격히 늘 것을 걱정하기도 한다. 그러나 대체복무 판정 절차를 잘 세운다면 양심에 따른 병역거부권이 병역기피 수단으로 전락하는 것을 막을 길은 얼마든지 있다. 여호와의 증인이 늘어날 것에 대한 걱정은 정말 기우이다.

병역기피 악용, 걱정 안 해도 된다

양심에 따른 병역거부운동이 시작되면서 여호와의 증인이 아닌 사람들 중에서도 2001년 12월 이래 불교 신자이자 평화운동가인 오태양씨에서부터 아이들에게 평화를 가르치던 사람이 총을 들 수는 없다고 선언한 초등학교 교사인 최진씨에 이르기까지 모두 14명의 병역거부자가 나오게 되었다. 그들 중 한 명은 어려서부터 여호와의 증인이었던 청년이다. 그에게 왜 여호와의 증인을 포기했으며, 그런데도 감옥에 가야 하는 병역거부는 또 왜 하려는지 물어보았다. 그는 수줍어하면서, 20대 청년으로서 좀 자유로운 삶을 살고 싶은데, 여호와의 증인으로 살자니 지켜야 할 것이 너무 많아 도저히 힘들어서 못 하겠다고 말했다. 그러나 양심에 따른 병역거부만은 어릴 때부터 당연한 것으로 생각했고 평화 신념만은 지키고 살아야 하겠기에 감옥을 가더라도 병역거부는 해야겠다는 것이다. 병역기피를 목적으로 여호와의 증인이 되려는 사람들은 답답할 정도로 규율이 엄격한 여호와의 증인 쪽에서 받아들이지 않을 것이니, 걱정할 필요는 전혀 없다.

과연 양심에 따른 병역거부자들을 위한 대체복무제도를 도입하는 것이 시기상조일까? 대한민국은 이미 50년에 걸쳐서 1만 명을 감옥에 보내왔다. 이미 남북간의 국력과 군사력 격차는 벌어질 대로 벌어진 지 오래이다. 3대에 걸쳐 감옥에 가야 했던 50년이 시기상조라면 얼마나 더 긴 세월이 흘러 저들의 증손자, 고손자까지 감옥에 보내야 대체복무제 도입을 고려해볼 수 있단 말인가? 양심에 따른 병역거부자들을 위한 대체복무제도 도입을 꺼리는 사람들은 이 제도를 도입하면 안보가 불안해진다고 주장한다. 그러나 대한민국은 이미 지난 30년간, 많게는 15만 명, 적게는 7만여 명을 방위, 공익근무요원, 전문연구요원, 산업체 특례요원 등 각종 명목으로 포괄하는 대체복무제도를 실시해왔다. 내가 말석을 차지하고 있는 '양심에 따른 병역거부권 실현과 대체복무제도 개선을 위한 연대회의'라는 조금 긴 이름을 가진 단체가 대체복무제도의 '도입' 대신 '개선'이란 단어를 택한 것도 그 때문이다. 만일 대체복무제도를 실시하면 안보가 불안해진다든가, 병력 자원이 부족해서 대체복무제도를 실시할 수 없다면 지난 30여 년간 수만 명씩 대체복무제도는 어떻게 운영해왔단 말인가?

양심에 따른 병역거부자들을 포함하는 대체복무제도의 실시—기존의 대체복무제도와의 차이는 4주간의 군사훈련 대신 4~6개월 복무 기간을 연장하는 것—는 가능성의 문제가 아니다. 의지의 문제일 뿐이다. 세계 10위 수준의 경제력을 자랑하는 한국이, 이북의 국가예산보다 많은 돈을 국방비에 쏟아붓는 한국이 돈이 없어서 육군 사병들에게 똑같은 전투복 팔 접어 입다가 펴서 입게 하면서 사계절을 보내게 하였겠는가? 대체복무제를 도입함으로써 입영 대상자들에게 선택권이 주어진다면, 군 당국은 우수한 인력 자원을 확보하기 위해 여태까지의 말도 안 되는 복무 여건을 신속히 개선하지 않을 수 없다.

이번 서울남부지법의 판결이 갖는 또 하나의 중요한 부분은 양심에 따른 병역거부권의 문제를 여호와의 증인이라는 특정 종교의 신앙의 자유 차원이 아니라, 평화주의자들까지를 포괄하는 일반적인 양심의 자유 차원에서 적극적으로 해석했다는 점이다. 사실 이 문제로 토론회에 여러 번 나가봤지만, "그럼 저 사람들을 계속 감옥에 보내자는 말이냐"고 물어보면, 어떤 식으로든 대책이 필요하다는 점을 부인하는 토론자들도 없었다. 이제 많이 처벌했으니 "봐줄 때도 되었다"는 것이다. 그러나 이번 판결은 양심에 따른 병역거부권이 기분에 따라 봐줄 수 있는 대상이 아니라, 양도할 수 없는 권리의 핵심적인 요소에 해당한다는 점을 명백히 했다는 것이 큰 특징이다.

100년 전엔 '아파트'도 금기였다

양심에 따른 병역거부권은 우리 사회에서 아직도 낯선 권리이다. 많은 사람들이 불안해하는 것도 사실이다. 이 부분에 대해서는 다른 기회에 상세히 논하도록 하겠지만, 지금 한 가지 지적해두고 싶은 것이 있다. 오늘 우리가 너무도 당연하게 누리고 있는 일상생활의 많은 부분들은 지금부터 100여 년 전만 해도 다 금지된 것들이었다. 요즘 우리가 많이 살고 있는 아파트만 하더라도 어디 감히 대궐보다 높이 집 지을 궁리를 할 수 있단 말인가? 낡은 기준으로 본다면 우리는 어쩌면 숨쉬는 것만 빼고는 모두 범법 행위를 하고 있는지 모른다.

양심에 따른 병역거부권을 인정하는 것은 시기상조가 아니라 너무 늦은 것이다. 세계 200여 국가 중에서 아직 30여 나라가 양심에 따른 병역거부권을 인정하지 않고 있다고 하지만, 한국만큼 많은 사람을 가혹하게 처벌하는 나라는 찾을 수 없다. 병역거부권을 인정하지 않는 나라 중에서도 실제로 병역거부자를 처벌하는 나라는 한국을 제외하고는 5개국에 불과하고, 수감자 수도 다 합쳐야 70여 명에 불과하다. 우리는 처음 문제 제기될 때에 비해 3분의 1로 줄었다 하지만, 아직도 세계의 모든 양심적 병역거부로 인한 수감자를 합친 것의 7배가 넘는 사람들을 가둬두고 있다. 평화를 추구하는 것이 그렇게 두려운 일인가? 남을 죽이는 일에 동참을 거부하는 행위가 그렇게 위험한 일인가?

대한민국사 3
© 한홍구 2005

초판 1쇄 발행 2005년 7월 5일
초판 33쇄 발행 2020년 3월 13일

지은이 한홍구
펴낸이 이상훈
편집인 김수영
본부장 정진항
편집1팀 권순범 김단희
마케팅 천용호 조재성 박신영 조은별 노유리
경영지원 정혜진 이송이

펴낸곳 한겨레출판(주) www.hanibook.co.kr
등록 2006년 1월 4일 제313-2006-00003호
주소 서울시 마포구 잔다리로 70(신수동) 화수목빌딩 5층
전화 02-6383-1602~3 팩스 02-6383-1610
대표메일 book@hanibook.co.kr

ISBN 978-89-8431-153-4 03900

- 값은 뒤표지에 있습니다.
- 파본은 구입하신 서점에서 바꾸어 드립니다.